[MIRROR]
理想国译丛
012

想象另一种可能

理
想
国
imaginist

理想国译丛序

"如果没有翻译,"批评家乔治·斯坦纳(George Steiner)曾写道,"我们无异于住在彼此沉默、言语不通的省份。"而作家安东尼·伯吉斯(Anthony Burgess)回应说,"翻译不仅仅是言词之事,它让整个文化变得可以理解。"

这两句话或许比任何复杂的阐述都更清晰地定义了理想国译丛的初衷。

自从严复与林琴南缔造中国近代翻译传统以来,译介就被两种趋势支配。

它是开放的,中国必须向外部学习,它又有某种封闭性,被一种强烈的功利主义所影响。严复期望赫伯特·斯宾塞、孟德斯鸠的思想能帮助中国获得富强之道,林琴南则希望茶花女的故事能改变国人的情感世界。他人的思想与故事,必须以我们期待的视角来呈现。

在很大程度上,这套译丛仍延续着这个传统。此刻的中国与一个世纪前不同,但她仍面临诸多崭新的挑战,我们迫切需要他人的经验来帮助我们应对难题,保持思想的开放性是面对复杂与高速变化的时代的唯一方案。但更重要的是,我们希望保持一种非功利的兴趣:对世界的丰富性、复杂性本身充满兴趣,真诚地渴望理解他人的经验。

理想国译丛主编

梁文道　刘瑜　熊培云　许知远

本译丛获理想国文化发展基金会赞助支持

[荷] 伊恩·布鲁玛 著　倪韬 译

罪孽的报应
德国和日本的战争记忆

IAN BURUMA

THE WAGES OF GUILT:
MEMORIES OF WAR IN GERMANY & JAPAN

广西师范大学出版社
·桂林·

The Wages of Guilt: Memories of War in Germany & Japan
Copyright © 1993, Ian Buruma
Simplified Chinese translation copyright © 2018
By Beijing Imaginist Time Culture Co., Ltd.
All Rights Reserved

上海市版权局著作权合同登记　图字：09-2017-1054号

图书在版编目（CIP）数据

罪孽的报应：德国和日本的战争记忆 / (荷) 伊恩·布鲁玛著；倪韬译. —上海：上海三联书店，2018.1（2019.12重印）（理想国译丛）

ISBN 978-7-5426-6200-2

Ⅰ.①罪… Ⅱ.①伊… ②倪… Ⅲ.①法西斯主义 – 政治思想史 – 对比研究 – 日本、德国 Ⅳ.①D093.135.3 ②D095.165.3

中国版本图书馆CIP数据核字(2018)第010147号

罪孽的报应

德国和日本的战争记忆

[荷] 伊恩·布鲁玛 著　倪韬 译

责任编辑：殷亚平
特邀编辑：简心怡　刘广宇
装帧设计：陆智昌
内文制作：陈基胜
监　　制：姚　军
责任校对：张大伟

出版发行／上海三联书店
　　（200030）上海市漕溪北路331号A座6楼
邮购电话／021-22895540
印　　刷／山东临沂新华印刷物流集团有限责任公司
版　　次／2018年1月第1版
印　　次／2019年12月第2次印刷
开　　本／965mm×635mm　1/16
字　　数／250千字
印　　张／22.5
书　　号／ISBN 978-7-5426-6200-2/D·378
定　　价／75.00元

如发现印装质量问题，影响阅读，请与印刷厂联系调换。

导读

国家以什么理由来记忆

徐贲

伊恩·布鲁玛（Ian Buruma）的《罪孽的报应：德国和日本的战争记忆》是一部政治性的游历思考记录，就像梁启超的《欧游心影录》和《新大陆游记》或英国移民作家奈保尔（V. S. Naipaul）的一些游历作品，可以称其为"政治游记"（political travelogue）。梁启超第一次到他不熟悉的欧美进行考察，他是带着中国问题去寻找对强国智民有用的经验，从一开始就是很明确的。然而，布鲁玛却不是这样，无论是在日本或周边国家学习、工作，还是在德国游历，他起初并没有"研究战争"的想法，这个目的是后来才渐渐形成的。《罪孽的报应》便是他的研究结果。然而，这并不是一本关于二次大战本身的书，而是关于战后德国和日本如何"应对"各自战时罪孽的不同方式：一个是以悔罪的方式承受责任；另一个则是以抵赖和健忘来躲避报应，但历史失忆同样时刻伴随着罪孽的重负，不拿起只会变得越加沉重。

一、战争与国家罪孽

对孩提时的布鲁玛来说，头号敌人是德国人。他于二次大战结束了六年之后出生在荷兰，对德国的"敌人"意识是他那个国家的成年人传递给他的。尽管荷兰与德国有着文化上的相似性，或许正是因为如此，战后的荷兰人在地理和心理上都努力与德国人划清界限。一直到四十岁出头，布鲁玛才开始思考德国人如何记忆二战的问题。这时候，他作为学生和编辑* 已经在日本和周边国家呆了许多年。所见所闻引起了他的思考，"很好奇日本人是如何看待和记忆战争的，他们对战争抱有什么幻想；在了解过去后，又如何审视自我"。他对德国人的相同追问也随之产生。因此，《罪孽的报应》中对日本的观察和思考显得更加深入、透彻，对于作为日本侵略战争受害者后代的中国读者来说，是特别值得关注的部分。

布鲁玛注意到，直到今天，日本人的民族主义和浪漫主义言谈中经常"掺杂着大量德国人名：斯宾格勒、赫尔德、费希特，甚至还有瓦格纳。日本的浪漫主义者越是强调日本性的精髓，他们的口吻就越像德国的形而上学者"。特别耐人寻味的是，"战前德国吸引日本人的那些元素——普鲁士威权主义、浪漫民族主义和伪科学种族主义——在日本留存了下来，反观在德国却十分不受欢迎"。为什么会这样？正是带着这个问题，他决定拓宽原先的认识，写一本关于日本和德国战争记忆的书。

这是一部由个人游历观察、见闻、对话、访谈，以及对文学、电影、大众文化作品和知识分子争论等相关话题之感想和思考所合成的"游记"。书可以一段段分开来阅读，随处都有亮点。但是，那些似

---

* 他是《远东经济评论》（*Far Eastern Economic Review*）的美术编辑。

乎独自成章的部分之间有着多重议题联系，贯穿着对战争记忆、国家罪行和民族悔罪等问题的思考。从二次大战结束至今，这些问题一直是世界乃至中国的思想界和政治、历史研究领域的重点关注对象。这不是一部专门的学术研究著作，却以其翔实的具体材料和敏锐的思考在学者中引起了不同寻常的回应。

布鲁玛通过他的政治游记要表明的是，决定一个国家命运的不是其种族或文化的固有本质特征，而是政治结构。对德国和日本战后悔罪起到关键影响的，是两国战后不同的政府制度及其形成过程。

这令人想起蒋百里在日本发行的学生杂志《浙江潮》上以笔名"飞生"对梁启超《新民说》的批评。梁启超提出用铸造新民、改造国民文化来改造中国政治。蒋百里对此持不同的看法，他写道："自理论上言，则有新民固何患无新政府；而自事实上言，则必有新政府而后可得新民也。"蒋百里认为，政府容易改变，但国民性则积重难返，"不教之以变少数、短年易变之政府，而教之以新多数、积重之民俗，吾知其事之万不可期"。他主张："治乱国，则当用简单之法……教野蛮柔弱之国民，则当简单直捷，以鼓励其前进之气。"梁启超写了《答飞生》回应道："大抵有新政府而后有新民欤，抑有新民而后有新政府欤？此二说者，殆与'时势造英雄，英雄造时势'之语，同一理论，互相为因，互相为果，强畸于一焉，均之非笃论也。"能够通过改变政府来改变国民性固然好，但现在的政府不足以依赖，怎么办？还不是非得"从新民处下一番工夫"不可吗？所以，"今日欲改造我国家，终不得不于民智、民德、民力三者有所培养"。

布鲁玛认为，德国人从纳粹统治转变到民主宪政，之所以发生了民智和民德的改变，表现出新的国民风貌，是政治制度发生实质变化的结果，不是一下子有了不同的德国文化。相比之下，日本的政治制度没有发生这样的实质变化。他在分析日本不能像德国那样悔罪的根本理由时直奔主题地指出,"没有对政治责任——准确地说,是对战争与和平的责任——的承担,日本就不可能产生一种面对过去的成熟态度。必须先有政治变革,接着才会有心态变化。修宪只是一部分努力;更换政府起码同样重要。因为只有一个新政府才能与战后秩序一刀两断,而这一秩序至今仍然受到战时政权的玷污"。裕仁天皇便是日本秩序的延续和无法一刀两断的具体代表。

美国学者露丝·本尼迪克特(Ruth Benedict)曾提出一种人类学上的解释,认为德国与日本战后的表现不同,原因在于日本人有亚洲人的"耻文化",而德国人则属于基督教的"罪文化"。对此布鲁玛提出了质疑,他认为"德国人和日本人是危险民族,民族性格中存在某种劣根性"这种文化差异本质论观点是错误的。

在布鲁玛看来,问题的关键是"政治因素",而不是"文化因素"。他要告诉那些抱怨民族弱点或以民族文化特色为借口的人,文化决定论和命定论都不应是历史发生的解释。无论一个国家曾经在罪孽和灾难中陷得多深,出路还是有的,就是自由民主价值和制度的建立。而即使是德国,在悔罪成为共识的今天,仍然会有新纳粹分子从事政治的而非文化的颠覆。布鲁玛警告:

> 当领袖掌握的权力不受限制,追随者又获准可以欺凌弱者时,世界各地的人都可以成为危险分子。脱缰的权力会勾起个体和暴力团伙心中的野蛮。尽管程度和形式并不相同,但奥斯维辛和南京大屠杀永远都是其例证。可是,在联邦德国,或者说在日本,今天的形势并不是这样。人性并未改变,政治格局却已今非昔比。这两个国家的人可以用选票把卑鄙无赖赶下台。

那些选择无视这点而去寻找民族性"该隐记号"的人，并未从过去当中吸取教训。

我们可以从四个方面来比较战后德国与日本在悔罪问题上的巨大差异。涉及对战争性质的思考和国家认同，它们分别是：政体的改变和国民的政治成熟；民族主义的影响；确认加害者和受害者；天皇制与以希特勒为首的纳粹极权的不同。这四个方面都尤其与日本人不愿悔罪或根本觉得无罪可悔有关，也都归结为布鲁玛的基本论点：不是文化特殊性的弱点，而是政治上的不成熟，限制了国家对过去罪孽的记忆与悔悟。

二、差别的宪政与政治成熟

国家政治制度的改变可以成为转变国民价值观和行为准则的条件和推动力量。然而，改变主要是通过内部自主发生，还是由外部力量逼迫着强制发生，这二者间有着极大的不同。战后德国和日本便是这样两种不同的情形。布鲁玛指出，德国战后的政体重建在很大程度上是由德国人自己主导的，"1949年，德国法学家起草了《德国基本法》。1954年，西德正式成为主权国家，尽管国内仍然留有西方大国的驻军。德国通过了一部紧急状态法，授权自己掌管本国防务。除柏林以外，占领已正式宣告结束。但在日本，从某些方面看，军事占领至今仍未完结"。

战后日本的宪法是由美国人出于自身利益主导的，布鲁玛评述道，这部"读起来就像是直接从英语翻译过来的宪法，剥夺了日本的自卫权。多数日本人已对战争无比厌倦，且高度不信任军事领袖，于是欣然接受"。这里主要涉及日本宪法第九条："日本人民永远放弃以国权发动的战争"，此外"不保留陆、海、空三军和其他战争力量"。但是，冷战的爆发又促使美国人做出一个自相矛盾的政治决定，逼迫日本人推翻自己的宪法，建立一支本不应该存在的军队——自卫队。

这就造成了德国与日本战后政治发展和国民政治成熟的差异。德国战后有明显的文化断层，德国人通过广泛而积极的宪政讨论，在政治上迅速成熟，相比之下，日本人则一直处于政治幼童阶段，迟迟没有成熟起来。布鲁玛介绍了哲学家雅斯贝尔斯、哈贝马斯（他们对问题的讨论提供了具有普遍意义的价值参考和新语言），文学家君特·格拉斯等人的思想贡献，以及发生在德国的相关争论，包括对纽伦堡审判的不同立场与观点。是民主制度保障了战后德国思想活力，德国人是在不同意见的存在、交锋和争论中成熟起来的。布鲁玛提供了这样一个细节，生动地展现了德国人政治讨论的热情："德国电视里，唇枪舌剑的讨论节目比比皆是，人们围坐在圆桌旁，就时下热点问题展开辩论。听众坐在小桌边，边小口呷饮料，边听嘉宾们滔滔不绝的发言。气氛一般很严肃，有时争论会趋于白热化。人们很容易嘲笑这类节目的一本正经，但是其中自有值得称道之处。部分得益于这类谈话节目，大批德国人才对政治辩论熟悉起来。"

相比之下，日本没有德国的那种思想断层和活力激荡，"没有流亡作家和艺术家返回故乡，拷问那些留下来的人的良知。日本没有自己的托马斯·曼或阿尔弗雷德·德布林。在日本，所有人都留了下来。不少原左派人士在1930年代正式放弃他们的政治立场，过程颇为正规，被称为Tenko，直译是改宗，但战争一结束他们就重新捡起马克思主义。有的作家，比如永井荷风，曾在私底下表达过对战时日本状态的震惊，并在日记里嘲讽军国主义的粗鄙拙劣。然而，'内心移民'差不多算是任何日本作家——少数共产党人除外——所能做出的最大程度的抗议了"。

德国人能从宪政和自由民主的立场反思过去,而日本人则做不到。大多数上了年纪的日本人承认,确实发生了罪恶的事情,然而,就算是那些非常厌恶战争的人士,他们也缺乏合适的道德参照和政治哲学语言,无法像雅斯贝尔斯或哈贝马斯那样对过去进行深入反思和讨论。布鲁玛在文中曾一笔带过这种缺失的"公共发声":在1990年为期一周的法兰克福书展,德国的君特·格拉斯和日本小说家大江健三郎之间进行了一场公开讨论,"两人都在战争期间长大成人,也就是说,都在学校里被灌输了军国主义宣传。他们也因此成为了反法西斯事业的文学倡导者,尽管大江不同于格拉斯,迄今还没怎么就政治发过声"。

美国人对日本人政治上不能成熟负有责任,布鲁玛指出,"日本被置于一份慷慨的《凡尔赛条约》之下:虽丧失主权,财政却未遭压榨。美国鼓励日本人致富,但他们危险的双手不得再染指战争。此时的国家管理者,和当初管理日本帝国的几乎是同一批官僚。选举体制被人操纵,使得一个腐朽的保守派政党在几乎长达四十年的时间里一直大权在握。这一安排既合乎美国的心意,也很对日本官僚、自民党政客、大财团的胃口,因为其确保日本一直会是一个富强、稳定的反共盟友。但除此之外,这种安排还扼杀了政治辩论,阻碍了日本人走向政治成熟"。

正是由于在政治上的幼稚,日本社会在对待国家罪行的思考上严重滞后于德国。与善于独立思考的德国公众相比,日本社会里却充斥着沉默的大多数和糊涂的大多数。在日本始终难以形成对战争罪责、人道灾难、记忆伦理、新型国家认同等重大问题的深入反思和公共讨论,也使得日本难以摆脱在国际政治中的被动局面。作为一个强大的、非西方的现代国家,日本需要有更大的国际尊敬和影响，但是，由于与曾经被它侵略的亚洲国家之间的宿怨无法肃清，日本难以真正赢得他们的信任和尊敬。日本由于不能彻底地清算过去，所以总是困扰于一些被忽略或不能认真对待的问题，处在道义和政治双重被动的窘境之中。

三、浪漫民族主义和宪法爱国主义

战后日本和德国不同的第二个方面，是日本没有办法像德国那样摆脱战前和战时起过关键作用的浪漫民族主义，从文化的自我认同转变为对自由宪政共同体的认同。日本人的浪漫民族主义原本受德国影响，自认为在"民族性格"上与德国人相似，但战后的德国人摒弃了这种浪漫民族主义。相比之下，日本人不仅做不到，甚至都不能清醒地意识到浪漫民族主义的虚妄和危害。这标志着日本在政治上的不成熟，同时也是政治上不能成熟的必然后果。

布鲁玛从政治而非文化的角度提出德、日两国的浪漫民族主义问题："在对战争的看法上，日本人和德国人之间存在一道鸿沟——我们这里姑且暂时抛开联邦德国和民主德国的区别。问题在于，为什么会这样呢，为什么德国人的集体记忆看似和日本人如此不同？是文化原因，还是政治因素？答案是从战后，还是从战争本身来找寻？或许德国人更有理由哀悼过去？"德国人更有理由对浪漫民族主义恋旧，但德国人并没有这样做，而日本的情况则正好相反。

在与德国人和日本人的接触过程中布鲁玛发觉，"我经常从德国人那里听到'典型德国做派'这句话，而且口气几乎清一色都是贬义。相反，日本人说'典型日本做派'时，通常都带着一丝自我辩护和自豪"。日本在19至20世纪师从德国，获益良多，但学到的东西和德意志联邦共和国的自由气氛已经格格不入了。战前的日本同德国一样，以知识分子和政客为首的精英人士往往感到有必要借助浪漫民族主义，来抵消某种民族自卑感。他们引进费希特的浪漫民族主义理论便是为了振奋日本人的自尊心。

战后的日本继续表现出强烈的民族主义恋旧。布鲁玛在观察中发现，"时至今日，在经过日本人因地制宜的改造后，这些（民族主义）理论中的大多数依然广泛出现在电视、大学院校和流行期刊中。犹太人主宰世界这一凭空想象出来的阴谋论在日本民间神话外围沉淀了下来，而在战前受到舶来德国思潮大力提倡的单一种族意识形态在日本则远未绝迹"。

有意思的是，日本人愿意觉得自己像德国人，但德国人却不愿意拿自己与日本人对比，这是因为两个国家有了不同性质的国族自我认同，正如布鲁玛所看到的，"这两个民族在彼此身上都看到了自己吹嘘的品质：尚武精神、种族纯洁、自我牺牲、严于律己等等。战后，西德人竭力想要摆脱这种形象，日本人则不同。这意味着，在日本任何对昔日德日联盟的眷恋之情，在德国则很可能让人感到难堪"。布鲁玛提供了一个例子——他的书里穿插着许多这样有趣的例子——1987 年，位于柏林的日德中心正式对外开放。为了庆贺其诞生，"日本人提议举办研讨会，探讨神道教天皇崇拜和日耳曼民族神话之间的相似性。这么做并无批评或嘲讽之意：出主意的是东京一座神道教寺庙的僧侣。德国人礼貌地回绝了"。

战后，德国人以认同德国宪法来构建自己的国族认同，而日本人更多的是用抵抗"他者"——主要是"反美"——来找回自我。在这一点上，日本的左翼和右翼人士找到了共同点。布鲁玛写道："日本的左翼和平主义同常和右翼有联系的浪漫民族主义存在共通之处：左右两派都对被美国人夺去集体记忆一事心怀怨恨。浪漫民族主义者认为，战后的美国占领者有意瓦解了神圣传统，比如说天皇崇拜，失去它日本人就会丧失身份认同。"许多左翼和平主义者实际上是浪漫型的反战主义者，他们相信，"美国为了掩盖自身罪行，且为日本军国主义招魂以利冷战，便试图抹去有关广岛的记忆"。在这里，"广岛记忆"成为日本人受害者心态的悲情国族认同的一个主要元素。

德国人战后之所以能够摆脱浪漫民族主义，一个重要原因是出现新的宪法爱国主义观念。哈贝马斯说："宪法爱国主义是唯一能让我们不与西方疏离的爱国主义。令人悲哀的是，基于信仰而生的对普世宪政原则的忠诚，只有在奥斯维辛之后——也端赖奥斯维辛——才在德意志这支文化民族（Kulturnation）中树立起来。"这是一种自由的爱国主义，它"意味着要斩断和过去、和'文化民族'的联系"。

只有运用新观念，才能更有效地终结旧观念，因此政治启蒙和教育下一代成为关键。布鲁玛对比了德国和日本教科书对下一代国族认同的不同影响。德国教育法明确规定，教学材料"不应阻碍学生形成自己的主见"。以巴伐利亚州高中历史教材为例，这个规定得到了严肃的对待，"课本每一章节的提问用意不在考验政治正确性，而是鼓励学生独立思考"。教材摘录了一段纳粹桂冠法学家卡尔·施密特1933年为纳粹党合法性辩护的话。施密特说，纳粹既非私人组织，也不是国家，它自成一体，法庭无权过问。紧随这段引言之后的是党卫队军校某校长于1937年所作的一篇演讲词，告诉军校学员说，他们将要成为新型希腊城邦国家里的贵族，只对希特勒惟命是从。巴伐利亚州高中的学生在读完语录后，被要求围绕"在一个建立于错误规范之上的国家，个体应如何行事"这一问题展开讨论。这便是德国人学习在政治上成熟起来的基本教育。

相比之下，日本教科书在文部省的监管下，被要求淡化和隐瞒

导读　国家以什么理由来记忆

日军的野蛮罪行。布鲁玛详细介绍了日本历史教授家永三郎的遭遇。他1952年编写了一本高中历史教材，1956年文部省认为，家永对日本亚洲战争的描写太过"一边倒"——换言之，太负面了。常有人令他重写。家永终于忍无可忍，于1965年起诉政府违宪。他在1967和1984年分别和政府又打了两场官司。1980年代，他被要求删除有关南京大屠杀、日军奸淫妇女和日本在伪满的医学实验等段落。家永称，审查教科书有违战后宪法对言论自由的保障。直到1992年，已经七十九岁的家永仍然在东京高等法院打官司，期间经历了不断的上诉和被驳回。家永感慨万分地说："纳粹德国及其轴心国伙伴日本之间的最大区别在于，不少德国人抵抗过，并为之献身。而在日本，几乎没人抵抗过。我们是个唯命是从的民族。因此，如今最重要的，不是我们是否打赢这场官司，而是应该毫不动摇地斗争下去。"像家永这样的人在日本是绝对的少数。

四、"战争受害者"的神话

在政治不成熟和浪漫主义民族主义之外，日本不悔罪的另一个重要原因是"受害者"心态——不仅是受害者，而且还是英勇抵抗的受害者。从战前到战后，日本一直存在着"日本人领导亚洲对抗西方"的神话。"反西方"是日本人国家认同的一个元素。在战后的日本，"反美"成为一个从"反西方"翻新而来的国族认同元素，焦点是美国加于日本的《和平宪法》："鹰派愤怒于美国人把日本变得一蹶不振；……鸽派则恨美国人阉割了《和平宪法》（指冷战时美国让日本拥有军队）。双方都很反感被人当成帮凶，且都感到自己是受害者，这也从一个角度解释了要日本人承认他们的战时问题为什么比德国人更难。"

记忆是有选择性的，就在日本人选择了"受害者"记忆的同时——也因为他们选择这一记忆——他们消除了自己作为对亚洲其他国家人民"加害者"的记忆。这是日本人历史短视和拒绝承认战争罪行的主要原因。

日本的"历史失忆"与德国对悔罪的念念不忘形成了鲜明的对比，其中特别典型的便是"广岛记忆"。日本人每年有两个纪念日：一个是 8 月 6 日的广岛原子弹爆炸纪念日，另一个是 8 月 15 日的日本战败投降纪念日。广岛成为美国"战争罪行"的证明，也成为"和平"反对一切战争的"民众抵抗"旗帜。广岛记忆成为日本人作为二战受害者和牺牲者的象征。布鲁玛指出："日本人就算要讨论战争，通常是指和美国的战争。许多对侵华战争持强烈保留态度的日本人在 1941 年听到日本进攻美国后，心中都洋溢着爱国主义自豪感。对南京大屠杀心怀愧疚，绝不意味对偷袭珍珠港也抱有同样的罪恶感。德国人一遍遍地被提醒要牢记纳粹和屠犹历史；反观日本青年，他们想到的只有广岛和长崎——兴许还有南京，不过仅仅是在得到了自由派学校老师和新闻记者的开导之后。"

在许多日本人看来，现在的广岛，特别是广岛的和平博物馆，是"世界和平的麦加"，一个具有宗教色彩的纪念中心，络绎不绝的来访者来此见证战争的罪恶和对日本平民犯下的巨大罪行。广岛的一位教授称美国投掷原子弹是"二十世纪最大的犯罪"。在广岛，日本是受害者的看法被小心翼翼地守护着，人们坚称广岛死者是无辜的，这种"无辜受害者"的记忆排斥了日本是侵略者的记忆。布鲁玛指出，"和平广岛"其实是一个神话。他写道："广岛根本谈不上无辜。1894 年，日本同中国打响'甲午战争'时，部队正是从广岛出发、开赴前线的，明治天皇也把指挥部搬到了广岛。这座城市因此变得富有，十一年后的日俄战争则让它更加富庶。广岛一度还成为军事行动的中枢……在遭到核打击时，广岛是帝国军队第二大本营（第一在东京）。简言之，这里遍地都是军人。"布鲁玛进一步指出："广岛市民的确是受害者，但凶手基本上是他们自己的军事领导人。"讽刺的是，1987年，当广岛当地一伙和平活动人士向市政府请愿，要求把日本侵略历史纳入和平纪念馆展览内容时，这个要求被拒绝了。

"日本是战争受害者"，这个神话能被日本不同意识形态的阵营所接受并各自做出解释，他们之间虽然有分歧和对立，却能在这个神话周围结成某种同盟的关系。日本的保守派把由美国主导的日本宪法视为对日本主权和尊严的侵犯，日本的左派虽然反对日本军国主义，但一样对美国抱有敌意，他们反美，认为冷战期间华盛顿干预了日本宪法第九款，迫使日本成为冷战冲突的帮凶。即使政治自由派也经常声称，美国在广岛和长崎投掷的两颗原子弹清洗了日本的战争罪孽，使日本人获得道德权利，可以"审判其他国家，特别是美国"。布鲁玛指出，这种态度成为日本一些"和平教育"的基调（当然在日本国内也是有争议的），在相当程度上，美国介入日本政治的方式应该为此负责。但是，日本的"和平主义"将国家罪孽变成了美德，在与他国相比较时，几乎成了优越感的记号。这种和平主义也会造成历史短视。

当日本人把目光从广岛转向南京时，这种历史短视尤为明显。许多日本人否认有南京大屠杀，这与德国形成了强烈的对比。在德国，只有极少数人不承认大屠杀，但在日本，相当庞大的保守势力坚持认为，对日军大规模屠杀中国平民的报道是夸大其词，平民伤亡是战争必然造成的结果。日本年青一代对日军罪行的认识之所以模糊而不完整，日本的教科书回避历史事实是一个主要原因。保守的教育部（文部省）和左派教师的争论对峙陷入僵局。德国教科书把对纳粹的抵抗提升到政治德性的高度，相比之下，在日本，当年支持战争的信仰价值观（神道教）和天皇制度至今仍然没有受到实质性的批判和否定。

五、从天皇脱罪到日本人赦免

阻碍日本充分认识侵略战争和人道灾难罪行的再一个政治因素，便是日本的天皇制度。布鲁玛敏锐地看到，日本国内对南京大屠杀的看法和立场就涉及天皇制度。这是他从对南京大屠杀的多种说法中一点一点仔细剥离出来的——像这样的分析例子在《罪孽的报应》还有许多，细心的读者不妨根据自己的问题意识细细体会。

布鲁玛汇集了多种关于南京屠城的观点。有一种观点是，由于经过精心策划，广岛原爆的罪行要比南京屠杀严重得多，"不像欧洲或中国，在整个日本历史中，你都找不到一起（像广岛那样）有预谋、系统性杀戮的事件"。布鲁玛认为这种观点并不是简单地否定南京大屠杀，是值得关注的，因为"既然作为暴行符号的南京屠城被一些人视为日本实施的'屠犹'，对二者加以区分就显得很重要"。就连反对否定南京大屠杀的日本人士也认为这场屠杀并不具有系统性。其中一位写道，他不否认南京大屠杀的规模之大和惨绝人寰，"但这或许是对淞沪抗战中守军激烈抵抗的一种报复"。另一位则认为："在战场上，人面临生存的终极选择，要么生，要么死。尽管一些极端行径为天理所不容，但心理上可能无法避免。然而，在远离战场的危险和无奈后，若仍按照一项理性计划实施暴行，那么便是邪恶的凶残行为。我们的德国'盟友'设立的奥斯维辛毒气室，以及我们的敌人美国投下的原子弹，是理性暴行的经典案例。"还有一种说法同样把南京屠城与希特勒灭犹加以区别："南京屠城的(军事力量)并不是某种足以毁灭世界的超自然力量,它也不能算是灭亡整个民族计划的一个步骤。"

面对这些"理解"南京屠城的说法,布鲁玛一针见血地指出,南京屠城是"在意识形态的教唆下"发生的,"侵略者杀死'劣等民族'是符合神圣天皇旨意的"。他写道:"这正是右翼民族主义者最耻于承认的一点……对于左派和不少自由派而言,南京大屠杀是由天皇崇拜(以及帝国主义崇拜)所支撑的日本军国主义的主要象征,这也就是它成为战后和平主义基石的原因。要避免另一场南京大屠杀,就有必要坚持《和平宪法》第九条。民族主义右派的看法恰恰相反。他们认为,要重塑日本人的真正认同,必须恢复天皇作为国家宗教领袖的地位,并且修改第九条,以使日本重新成为一个具有合法性的军事强国。鉴于这一原因,南京大屠杀或任何日本极端侵略行为的范例都必须被忽视、淡化和否认。"也就是说,否认南京大屠杀不是一个简单的历史认识问题,而是涉及维护天皇制度的合法性和权威。这是一个非常重要的看法。

认识纳粹德国与天皇日本的不同,是理解战后德国和日本在悔罪问题上出现巨大差异的关键之一。纳粹德国是现代极权的一党统治,它的宣传和组织对人民所进行的洗脑是与德国人的自由精神相违背的,德国人被纳粹意识形态改造了。日本是一种古老的宗教(神道教,它也是天皇制度的核心),日本人并不是在裕仁天皇时期才被神道教改造,一直到今天,这种国家宗教仍在延续,仍然是许多日本人的信仰。战后德国与希特勒的纳粹极权制度完全切割,战后日本则无法与天皇制度完全切割。二战期间,德国犯下的是"反人类罪",而日本犯下的则是战争罪行,厘清这一罪行的最大障碍,是天皇在战后日本政治制度中的位置。日本的浪漫民族主义核心是天皇,由于天皇的存在,日本的浪漫民族主义一直延续至今。德国放弃了这种浪漫民族主义，代之以"宪法民族主义"，甚至比许多其他西方国家更加坚持和强调宪政和自由民主政治的普适价值：自由、平等、人权和人的尊严。

日本之所以难以与过去断绝，一个主要的原因是暧昧不明的政治体制——日本并不是一个真正的"法西斯"国家。布鲁玛指出："比较容易做到的是改变政治体制，继而希冀人们的习惯和偏见会随之变化。这点在德国比在日本更容易做到。整整十二年，德国被控制在一个罪恶的政权手中，掌握政权的是一群兴风作浪的政治流氓。铲除这一政权算是完成了一半的工作。而在日本，这个国家的法西斯主政前后并没有明确界限。事实上，日本从来就不是一个真正意义上的法西斯国家，它既没有法西斯或国家社会主义执政党派，也没有希特勒式的元首。最接近这一角色的是天皇，但不管他有过哪些头衔，都算不上是法西斯独裁者。"

日本也没有德国那种明确的责任制度，在日本起作用的是一种被称为"不负责任的体制"（构成它的是"神轿""官吏""浪人"三种角色），日本的指挥系统"根本就是一笔糊涂账。因此，尽管战后德国的纳粹领导层被一锅端，但反观日本，不过是少了几位海陆军将领罢了"。天皇是这个不负责任的体制中最大的"神轿"，"1945年后，麦克阿瑟将军选择保留的恰恰就是这种权威象征，这一最神圣的'神轿'……利用帝制象征巩固自己的权力。结果，他扼杀了日本民主制度运转的希望，并严重扭曲了历史"。既然要保留天皇的权威，"裕仁的过去就不能沾上任何污点；可以说，象征物必须和以其名义犯下的罪行撇清干系"。所以，东京审判时，裕仁天皇不仅逃脱了制裁，法庭甚至都不能传唤他出庭作证。日美两国达成协议，最高"神轿"不得受一丝牵连。这是一笔政治交易，牺牲了战争受害者的正义，其非正义的后果一直延续至今。只要天皇还摆在这个位置上,"日本人就会在坦白过去一事上扭扭捏捏。因为天皇对发生的一切均负有正式责任,而通过免除他的罪责,所有人都得到了赦免"。

天皇不是希特勒,但这不是为天皇免罪的理由,"日本人的意识形态虽然并不包含'最终解决方案',但在种族主义的程度上和希特勒的国家社会主义难分高低。它即便没有驱使日军大开杀戒,也为其野蛮行径提供了合法性。日本人可是亚洲的'主宰者民族'……一位参加过侵华战争的老兵在电视访谈节目上说,他之所以杀起中国人来能丝毫没有良心不安,只因为他根本不把他们当人看。杀人甚至还有一层宗教意味,因为这是'圣战'的构成要素"。裕仁天皇和希特勒并不具备可比性,但发挥的心理作用却有着惊人的相似,而这种心理作用所驱使的行为——以活生生的无辜者为对象的杀戮和残暴——也是同样罪恶的。

* * * * *

任何简单、粗糙的对比都无法解释为什么战后会出现德国悔罪和日本不悔罪的差别。布鲁玛的《罪孽的报应》为我们深入细致地理解这一差别提供了帮助。他对这个差别的解释不是"历史化"的,而是有着明确的记忆伦理和人道价值取向,那就是,德国的悔罪是一种日本至今未能取得的政治成熟和道德进步。

历史化可能成为逃避历史责任的借口,它的目标是"拉开与过去的距离,冷眼看待历史",其结果往往是以常规历史来看待并非常规的、非常邪恶的事情。这样的历史态度会让"冷眼看待"变成"冷漠旁观",甚至让旁观者因为"理解"加害者而对他们产生认同感。认同加害者是不道德的,也非正义的。

日本的保守势力就是这样对日本二战侵略战争进行历史化处理，进而为之辩护的。他们说，战争是为民族存亡而进行的斗争，日本军人并不比其他国家的军人更坏，就荣誉心和牺牲精神而言，他们甚至更加优秀。这种历史化使得南京大屠杀这样惨绝人寰的杀戮正常化了。

然而，拒绝对过去罪恶历史化并不等于已经替受害者说话，事实上，今天的后人是无法代替当年的受害者说出真相的。我们今天所能做的也许正是像布鲁玛那样，不只是从个人道德良心，而且是从国家政治制度的优化（宪政和自由民主）来期待绝大多数人有意识地改变他们旧有的思考习惯和偏见，也就是布鲁玛所说的，在政治上成熟起来。

这不仅是针对日本的二战罪责，而且也适用于其他国家的严重政府过失或罪过。德国战后的悔罪在世界范围内获得了普遍承认和赞许，也成为政府改正错误的道德决心和行动勇气的象征。尤其是在政府仍拒绝对过去罪行忏悔的国家里，人们不断用德国的悔罪作为正面榜样，要求政府悔罪并要求政治制度有相应改变。这是20世纪以来世界范围内人们在政治上变得更加成熟的一种表现。

政治上的成熟包括道德上的成长，表现为——用历史学家巴坎（Elazar Barkan）在《国家的罪过》（*The Guilt of Nations*, The Johns Hopkins University Press, 2000, p. xxviii）中的话来说——"以越来越强的政治意愿，甚至紧迫感，来承认自己的历史罪过。承认罪过可以让加害者的良心更干净，也直接有助于他的政治效益。无论是其一还是其二，道歉都表达了一种因造成他人伤害而背负罪孽重负的痛苦，以及对受害人的同理心（empathy，即换位思考）"。了解日本战后在道歉和悔罪道路上所遭遇的障碍，不是为了单纯的道德谴责，而是为了对国家之罪和历史非正义有一个更好的认识，也是为了看到,在新的国际人权道德环境下,加害者对受害者所作的正式道歉已经是一种必需的道德义务,也是一种对未来仇恨化解和道德秩序重建的真诚政治承诺,在国际间是如此,在国家内部也是如此;对日本是如此,对所有其他国家也都是如此。

献给我的父亲

目 录

导读　国家以什么理由来记忆 / 徐贲 i

前言 001
序：敌人们 009

第一部分

第一章　反对西方之战 021
第二章　废墟中的浪漫 052

第二部分

第三章　奥斯维辛 075
第四章　广岛 099
第五章　南京 118

第三部分

第六章　历史站上审判席 141

第七章　教科书风波 179
第八章　纪念堂、博物馆和纪念碑 202

第四部分

第九章　一个正常国家 239
第十章　两座普通小城 260
第十一章　告别废墟 288

注释 307
鸣谢 315
索引 317

前言

足球，特别是欧陆足球，是检视各国国情一个很有用的风向标。2006年，德国举办了世界杯。除开决赛中齐内丁·齐达内的"铁头功"让人大跌眼镜外，这届世界杯还因为德国人迸发出的毫不做作、欢天喜地的爱国热情而显得与众不同。在过去，德国人有充分理由对在全世界面前挥舞民族标志物感到犹豫。这一次，他们这么做了，过程中流露出的友善让人无法将其误认为是什么邪恶的事。尽管德国队在2006年未能杀入决赛，但德国人似乎很骄傲于自己是德国人。

那届世界杯的另一大非凡之处在于，德国队赢球时，似乎没人会太往心里去。在过去可不是这样。比方说你是荷兰人、法国人、捷克人或波兰人的话，输给德国就好像又被侵略了一样。因此，难得战胜德国队时就会大肆庆祝，仿佛甜蜜复仇。二战结束半个多世纪后，这种情绪似乎终于消散了。对了，德国最好的两位球员都是波兰裔*。

---

* 这里指波兰裔球员米罗斯拉夫·克洛泽和卢卡斯·波多尔斯基。——除特别标明，本书页下注均为译者注

随着记忆淡去，人们的态度开始发生转变，尽管有些历史记忆挥之不去，很是要命。但我相信，这其中还有更深层次的意义。当我在1994年写作《罪孽的报应》一书时，世人仍很畏惧德国，也不信任这个欧洲经济强国。就在前不久，德国人在德累斯顿、莱比锡和柏林街头欢庆两德统一，震天响地高喊"我们是一个民族"的口号。这在那些记忆尚未淡去的人听起来有一丝不祥的意味，某些德国人尤其如此。但到2006年时，君特·格拉斯（Günter Grass）的那句名言——"有了奥斯维辛集中营的惨痛回忆，德国就应该永远分裂"——听着比1989年时更像是在自抽耳光，荒谬得无以复加。作为欧洲一分子的德国做得十分出色，几十年来一直规规矩矩参与欧洲机构和北约的事务，因此若再对新一代德国人心怀戒备，会显得心胸狭隘。毕竟二战时，他们可尚未降临人间。不过，德国人之所以获得邻国更多信任，是由于他们正一点点学着信任自己，尽管这一过程缓慢而痛苦，且有时并不彻底。

总而言之，在西德，小说家、史学家、记者、教师、政客和电影导演都已经反思过德国最近的一段残暴历史，有时会执念于此，但态度往往相当开放和坦诚。很少有德国学童会不知道自己国家过去的滔天罪行。如果说有杂音的话，那么也确实有部分人开始对这种不间断、填鸭式的教育感到厌烦。直到21世纪，依然有公众人物就战争发表不甚光彩或不成体统的言论，但这些人随即会遭到其他德国人的口诛笔伐。

对于德国人，二战根本就不是一件值得说笑的事，也不应该是。但在2008年，一位犹太裔瑞士导演拍摄的电影《我的元首》（*Mein Führer*）票房大热。这或许是个好现象。拿自己的国家开涮总比自抽耳光要好。倘若说人类史上最黑暗的篇章是可以"应对"的话，那么德国人总体而言可谓应对自如。

＊＊＊＊＊

同样的话，为什么不能理直气壮地用来形容日本呢？日本人在2002年同韩国联袂举办了一届世界杯。日本国家队的球员年轻而时髦，在他们意外获胜时，日本年轻人也会怀着同四年后德国人一样兴高采烈的劲儿，为国家队欢呼叫好。然而，韩国等亚洲邻国对日本的不信任感却并未消失。因为尽管那些挥舞旗帜的日本青年看着没有什么好勇斗狠的念头（或者对历史一点概念都没有，这也成问题），但他们一部分供职于政府和大众传媒的前辈，却仍在就战争发表起码是让人不安的看法。保守派首相依然年复一年地参拜供奉有战犯灵位的靖国神社。对战争罪行的辩解和否认之声依然不绝于耳。很明显，太多有头有脸的日本人并未"应对"过战争。

按理说日本人对此应感到更自如才对。亚洲的战争很血腥，既发生过南京大屠杀和马尼拉浩劫，也见证过劳工被迫修建泰缅铁路、最后活活累死的血泪史；从新加坡到苏门答腊，遍布着惨无人道的战俘营；中国在战时死亡上千万人。凡此种种，都在亚洲的历史上留下了永恒的伤疤。但与纳粹德国不同的是，日本并没有系统性灭绝一个民族男女老幼的计划——这个民族出于意识形态原因，被认为不配有生存权。

反常的是，这一切也许使日本人更难正视历史。第三帝国倒台后，除了部分精神失常的边缘群体外，鲜有德国人会容忍犹太人大屠杀，更别提以此为荣了。"我们并不知情"在1950年代是一种普遍反应，但到了1960年代，这句话在年轻一代眼里已经变得令人不齿，因而羞于提起了。这场蓄意的种族灭绝罪恶滔天，昭然天下，因此根本不容辩驳。

日本人从没取得像德国人那样的共识。右翼民族主义者喜欢借日本没有屠犹这点做文章，以此证明日本人根本没必要对这场战争感到愧疚。在他们眼中，这场战争跟其他战争一样。残酷么？没错，但历史上所有大国参与的战争都是残酷的。事实上，鉴于太平洋战争的对手是西方帝国主义者，这就是一场可以被正名的——甚至是神圣的——亚洲解放战争。

从1940年代末至1950年代，鲜有日本人会采纳这一观点，反观这一时期的多数德国人，却还在竭力忘却历史。战后最初几年，日本小说家和导演在面对军国主义罪行时都十分坦诚，这点实属罕见。这份坦诚在2009年反倒失色了。目标读者为年轻人的流行漫画书赞美日本军人和神风队员的英勇事迹，而中国人和他们的西方盟友则被描绘成一群奸诈好战之徒。2008年，日本航空自卫队参谋长宣称日本是被中美两国"拖入"战争的。

怎么会这样呢？人们往往认为这一定能在文化上得到解释。在东方人的观念中，耻感必须靠沉默、抵赖等做法来加以掩饰。我在写作本书的时候，对这一说法予以了大力驳斥，如今我依旧这么看。德国人在道德上并不比日本人更高尚，罪感和耻感也不比后者更强。曾几何时，他们的普遍态度也是逃避。

事实情况是，日本依然为历史问题所困扰，这些问题早在几十年前就应得到解决。之所以没有，更多是出于政治而非文化原因。这不光同1946年美国法学家起草的《和平宪法》有关，也同天皇体制扮演的角色有关。战后，麦克阿瑟将军出于权宜之计，豁免了日本皇族的战争罪行。

在德国，第三帝国走向覆灭是历史的一次彻底扭转。但即便处在盟军占领下，在天皇被迫放弃神圣地位后，统治日本的大抵还是同一批官僚和政治精英，不过凌驾在他们头上的是一部全新且更民主的宪法。因为在日本不存在类似纳粹党的组织，没有希特勒式的元首，日本军国主义就被归咎为"封建"文化和武士道精神的恶果。正如人们难以信任一个洗心革面的酒鬼会对烈酒点滴不沾一样，日本宪法禁止日本使用武力或保留武装力量。自此，美国就要肩负起保卫日本的责任。

纵然多数日本人对不用再上阵打仗由衷感到高兴，纵然为了便于成立自卫队，宪法很快被敷衍了事，但部分保守派对他们眼中这一践踏国家主权的做法感到甚是屈辱。对他们而言，从盟军主持的东京战争罪审判，到左翼教师和知识分子谴责日本的战争行径，所有这一切从今往后都将被视为民族耻辱。较为"进步"的日本人越是搬出战时暴行的历史来警告人们切勿背离和平主义，右翼政客和评论家就越会为日本的对外战争进行辩护。

* * * * *

换言之，历史观从一开始就是政治化和两极分化的。宪法和平主义者和修正主义者之间的冲突在 1950 年代曾导致政治动荡，为了拔掉这枚"肉中钉"，主流保守派尝试通过集中精力发展经济，把人们的注意力从战争和政治上转移开。

这一策略很成功。日本日渐富强，一党独大、长期执政的自民党建立了某种压制的稳定秩序。但历史拒绝远去。自民党内的民族主义右翼对战后协议的怨气持续发酵，并以一种粗鄙的形式呈现出来。凶神恶煞的青年穿着卡其军装，站在旗帜飘扬的卡车上，伴着高亢的战时军队进行曲喊出他们的反对之声——这跟 2002 年时球迷的欢腾气氛可不太合拍。

几十年来，奉行沙文主义的右翼无论对高中教育，还是对天皇地位等问题，观点都很反动，他们能得到约束，要拜有时同样教条的日本左翼所赐。马克思主义曾是教师工会和学界奉为圭臬的意识形态。然而，同世界各地一样，马克思主义的影响力在 1990 年代初苏联帝国解体以及波尔布特*一手酿成的惨剧广为人知后，已经日渐式微了。

---

* Pol Pot（1925—1998），柬共领导人，奉行恐怖统治，导致上百万人死亡。

这一思想体系的崩塌导致新保守主义在美国的崛起——或许只是昙花一现。在日本，后果更为严重。由于自民党实际上一党专权，边缘化的日本左翼又因为自身的教条主义颜面扫地，不只是走向衰落，而是彻底瓦解了。这等于帮了为战争唱赞歌的右翼民族主义者一个大忙，他们甚至在东京大学这样的进步思想堡垒里壮大力量。形形色色的委员会如雨后春笋般冒了出来，宗旨是"改革"历史课程内容，把教科书里有碍爱国自豪的史实一概阉割干净。

也许是因为对纯粹物质追求的厌倦，也许是因为对身不由己背负罪恶感到懊丧，也许只是因为无知——或者更有可能是以上三种情况兼而有之——日本年轻人心甘情愿地接受了这套爱国主义的甜言蜜语。中国惯于以日本的历史罪行作为把柄，进行政治施压，因此日本人对中国崛起的焦虑催生了一种好斗的爱国心理，甚至不惜以无视历史事实为代价。

就在《罪孽的报应》首版后不久，我曾短暂地认为事情会朝积极的一面发展。自从1955年以来，自民党第一次大权旁落，将执政地位拱手让给以社会党人、首相村山富市领衔的自由派和左派组成的联合政府。这位好好先生上台后所做的第一件事，就是在太平洋战争爆发五十周年之际，明确为日军的暴行道歉。

许多日本人同情村山。他对日本战时行径的明确悔悟定能让理性探讨日本防务和修宪变得较为容易。可惜，人们对于与战后秩序一刀两断的期待为时过早。村山无力改变日本政坛。到了1996年自民党再度掌权时，非但历史问题没得到解决，就连历史辩论也仍然充斥着政治意识形态色彩。实际上，这些根本就不算是辩论，不过是立场反动的政治宣传罢了。

鉴于德国和日本之间的这些区别，也许读者会以为我的书在德国更受好评。其实不然。该书在日本不仅销量更大，而且获得了更为积极的反馈。对此，我只能猜测个中原因。日本人乐见自己的国家被拿来和德国作比较，它们都有高效、干净、勤奋、守秩序等优点。

而战后的德国人坚定不移地想成为自由、进步的西方社会的模范成员，他们可并不热衷于被人拿来同日本人作对比，因为这太像是对战前"东方日耳曼人"尚武精神的一种肯定和赞许。

然而，如若我的看法是对的，即两国之间在历史记忆上的差异更多源自政治，而非文化，那么德国人这种神经过敏就毫无必要。不过，认为文化无关紧要、世界各国的人都是一个模子里刻出来的想法很天真——在过去也被证明很危险。但文化差异绝对论——学界的理论家喜欢管这叫"抓住本质"——同样大谬不然，而且也很危险。

我之所以写这本书，部分是想检验这些想法，探求类似的心理创伤何以影响了两个截然不同的国家。在进行这项冒险之前，我的直觉是——您愿意的话也可以管这叫偏见——来自不同文化背景的人们在相似局面下反应大致相同。总而言之，德日两国人的行为并不一致——但在东德（民主德国）、西德和日本，无论战时还是战后，局势也都迥异，今天亦是如此。

序：敌人们

在我的孩提时代，关于谁是我们的敌人这点从来就不是问题。苏联当然是一个，但在20世纪50年代的荷兰小学童眼里，苏联太过遥远。不对，敌人是德国鬼子。在我度过童年的海牙，德国人是漫画书里的魑魅魍魉。我这里说的德国人，不是纳粹，就是德国人。1940—1945年间德国占领荷兰，由之而生的恨意属于民族仇恨，而非政治敌对。德国人侵占了我们的国家，他们强迫我父亲在他们的工厂里劳动。他们沿着荷兰海岸线留下了一连串低矮的碉堡，活像一只只巨型石头蛤蟆，黑乎乎、湿漉漉的，还散发着阵阵尿臊味。它们是不久前一段沦陷史的遗迹。大人不许我们走近这些地堡，有传言说，曾有不听话的小孩儿进去了，结果被生锈的德国手榴弹炸得血肉横飞。

老师给我们讲德国人怎么怎么坏，他们自己又多么英勇。似乎老一辈人人都在抵抗组织里干过。确切地讲，大街转角处那个卖肉的要除外，因为他过去是"通敌荷奸"。没人去他那儿买肉。另外还要算上摆烟摊的女人，她曾有个德国相好，大家也不去她那儿买烟。

每年5月4日下午，同学们会齐聚大礼堂，听校长训话，纪念战争死难者。5月4日是追思日，隔天就是光复日。5月4日晚上，一支队列会迈着缓慢的步伐，穿过海边的沙丘，去往当年的德国刑场。我在黑白电视机上看到过这一幕。唯一能听到的声音是人们沙沙的脚步声、远处教堂的钟声和风掠过话筒的响声。5月4日这天，年轻人还会敲碎德国车的车窗，或者隔着老远辱骂德国游客。

校长平时是个风趣的人，但在5月4日这天会变得多愁善感。他身披长长的皮大衣，总是走在通过沙丘的队列之首，脸上的表情出奇坚毅，似乎再度与敌人狭路相逢。一次，我在画纳粹党徽"卐"时被他逮了个正着，他语重心长地教育我，可不能再画这玩意了，这是邪恶的象征，人们看到后依然会心情沉重。我当然是我行我素地接着画，不过是偷偷摸摸的，像是做了什么亏心事，心里却又无比兴奋，觉得自己打破了成人世界的某条神秘禁忌。

漫画书里的德国人（还有其他德国人么？）大致可分为两类：一类体态肥胖，头脑迟钝，滑稽可笑，加特·弗罗比*在好莱坞电影里将这一角色演绎得惟妙惟肖；另一类是瘦长个儿，老奸巨猾，戴着单片眼镜，刑讯时总会操一口德国腔"我们有办法让你开口"，比如《卡萨布兰卡》里的康拉德·维特（Conrad Veidt）。敌人既让人生畏，又十分可笑。对很多人来讲，加特·弗罗比的电影和模仿希特勒的段子让德语本身沦为笑柄，结果是我们都不肯好好学。德语老师不甘示弱，说这是歌德和里尔克†的母语，想借此唤起我们的学习热情，但弗罗比和希特勒彻底毁了这门语言在我们心目中的形象。

长大成人后，我们听到了更多的故事。在本地流传的有关德国情人和通敌分子的段子让位给了更宏大的叙事，比如集中营和屠杀

---

* Gert Fröbe（1913—1988），好莱坞德国演员，以饰演007系列中的大反派"金手指"闻名。

† 莱纳·马利亚·里尔克（Rainer Maria Rilke），20世纪最有影响的德语诗人。

犹太人，在此过程中，我们的历史观得以形成。我母亲幸亏出生在英国，才免于遭送出境，否则难逃一死。我们从漫画书中接受的偏见已然转化为一种道德义愤。这在一定程度上让生活变轻松了。知道有条鸿沟把我们和一个象征邪恶的国家分隔开，让人很是欣慰。他们是恶棍，所以我们肯定是好人。战后，在一个曾经被德国占领的国家长大，意味着自己站在天使这一边。

我们不去德国度假，不结交德国朋友，也很少听人讲德语，更别提自己讲了。我在说我们的时候，无疑是在以偏概全，但就算到了1989年，生平第一次我开始在德国广泛游历，这对我的荷兰朋友来说还是既有趣又略有些不可思议。对他们而言，伦敦、巴黎，甚至是纽约感觉都比柏林近。尽管荷兰和德国在文化、语言和饮食上有明显的相似性，朋友们和德国还是很疏远。

也许这是问题的一部分：荷兰人受的罪没有波兰人或俄国人多；毕竟，只要不是犹太人，他们会被划定为"北欧人种"。战前，荷兰国内对国家社会主义准则和"主宰者民族"（Herrenvolk）对抗布尔什维克主义的观念有很多同情之声。对此，我的老师们并不乐意记起。德国入侵不只是战争行为，更是一种辜负。对于一个始终活在被邻国吞并的危险之中的小国来讲，德国入侵犹如噩梦成真。这就解释了荷兰人为何在战后跟德国形同陌路。文化相似性令人尴尬，甚至存在威胁。边界务必清楚划定，这不仅是地理上的，还是心理上的；德国的形象必须变得不堪入目。

对于在第一次世界大战中失去兄长和父亲的人，克里斯托弗·衣修伍德（Christopher Isherwood）曾描述过他们的成长过程。他说，有些人年纪太轻，还不能上阵打仗，为国捐躯，他们便觉得自己似乎面临一项男子汉气概的考验，这项考验周而复始，必须一次又一次地通过，因为一个人没有办法弥补错过血洒沙场的遗憾。对于我们这些1945年后出生的一辈，情况和衣修伍德形容的虽大为不同，但战争还是投下了阴影，以至于我们当中一些人近乎为之着魔。因为我们也面临一项想象力的考验。让我们着迷的不是如果自己身着戎装，会不会表现英勇，一跃冲出战壕，顶着枪林弹雨和芥子气冲锋陷阵，而是我们会不会加入抵抗组织，会不会招架不住酷刑，会不会甘冒自己被遣送的风险也要藏匿犹太人。在我们头顶上投下阴影的不是战争，而是军事占领。

军事占领向来都是一件让人耻辱的事——不仅因为主权沦陷，政治权利丧失，而且还因为其戏剧性地凸显出人性弱点。在这一时期，英雄寥寥无几，只有白痴才会臆想自己是什么英雄。这样一来，也就更容易理解人们明哲保身而做出的卑劣妥协，比如偷偷摸摸讨好穿军装的主子，或者在盖世太保踹开邻居家门时当做没看见。在我长大的时候，人们竭尽所能想忘却耻辱，向英雄靠拢。我读过一堆有关荷兰游击队员和戴丝巾的英国皇家空军飞行员的故事书。然而，真正让我感兴趣的不是英雄人物，而是那些面目可憎的人，他们为求自保，不惜背叛祖国，对别人的遭遇熟视无睹，置若罔闻，他们身处痛苦的两难境地，做出了错误的选择。毫无疑问，这么说部分是因为我担心自己在同样情况下，也会落得和面目可憎的人一样不堪；部分又是因为在我看来，比起英雄主义，失败才是更典型的人性。这就是我想要深入了解我们昔日敌人记忆的原因，因为他们记忆中的过去充斥着最最可怕的失败：道德失败，政治失败，最后还有军事失败。这倒不是说纳粹比他们的受害者更有人性，但认为他们没人性的想法一样也是错误的——尽管这么想无疑让我们自我感觉良好。

二战的另一个敌人是日本人，不过他们距离太过遥远，因此难以在我们的想象空间留下多少影响。尽管我的一些朋友出生在荷属东印度，但这个地方对我而言毫无意义。然而，日本人也是漫画书里的魑魅魍魉：他们是小个子的黄种人，龅牙，戴眼镜。在一部脍炙人口的漫画书里，长着一头金发、风度翩翩的主人公巴克·丹尼（Buck Danny，百分百是"北欧人种"）和他的机组成员率领一群勇敢的美军飞行员与日本人作战。驾驶零式战斗机的日军在向他们进攻时大喊"万岁！"。人们告诉我，不能相信日本鬼子，他们对人命没有半点尊重，未作警告就偷袭了珍珠港。他们拔掉人的指甲，逼迫白人妇女向天皇鞠躬。我的某位高中老师曾作为奴工参与修建泰缅铁路。我的婶婶曾是"鬼子集中营"里的阶下囚。亚力克·吉尼斯*曾在日本人的威逼下钻进一个滚烫的铁笼子。

上世纪七八十年代的大部分时间我都待在日本或周边国家，倒不是为了研究战争。但我很好奇日本人是如何看待和记忆战争的，他们对战争抱有什么幻想；在了解过去后，又如何审视自我。我的所见所闻对欧洲人来讲常常十分惊人：虽然《桂河大桥》在日本取得了巨大成功，但是西方战俘遭受的虐待几乎无人记得。（我经常想，日本人到底更认同谁，是那个日本司令官，还是亚力克·吉尼斯？都不认同，一个日本朋友回答我："我们喜欢的是威廉·霍尔登扮演的美国英雄。"）巴丹死亡行军、马尼拉浩劫、新加坡大屠杀，这些事在日本鲜有提及。反之，日本人对在中国、菲律宾，特别是广岛和长崎所经受的苦难却记忆犹新，同样印象深刻的还有日本军人战后被关押在西伯利亚一事。日本人每年有两个纪念日：一个是8月6日的广岛原子弹爆炸纪念日，另一个是8月15日的日本战败投降纪念日。

想要探讨日本战争记忆这个念头把我引向了现代日本民族主义这一相关话题。我醉心于诸多天皇崇拜者、历史修正主义者和一心追求日本独特性的浪漫主义者的文字。尽管观点晦涩，但这并不妨碍他们成为电视脱口秀的座上客，也不妨碍他们的作品在日本名刊大报上广为发表。我开始注意到，这些人拐弯抹角且辞藻华丽的文章中掺杂着大量德国人名：斯宾格勒、赫尔德、费希特，甚至还有

---

* Alec Guinness（1914—2000），奥斯卡影帝，曾因为在《桂河大桥》里的精彩表演摘得影帝桂冠，他在片中饰演被俘盟军军官，被迫钻进直不起身的铁笼。

瓦格纳。日本的浪漫主义者越是强调日本性的精髓,他们的口吻就越像德国的形而上学者。这点也许是世界各地浪漫派民族主义者身上的共性,但19世纪德国的影响在日本尤为惊人。我越是研究日本民族主义,就越想追根溯源。打个比方,我渴望探寻那口滋养了诸多现代日本思想的泉水。自19世纪末以降,日本常视德国为楷模。耐人寻味的是,战前德国吸引日本人的那些元素——普鲁士威权主义、浪漫民族主义和伪科学种族主义——在日本留存了下来,反观在德国却十分不受欢迎。为什么会这样?正是带着这个问题,我决定拓宽原先的认识,写一本关于日本和德国战争记忆的书。

1991年夏,即两德统一后第二年,我因为要给一本杂志供稿,前往柏林出差。我在当地一份报纸里留意到一则告示,说犹太社区中心将举办一场讲座,演讲人是心理学家玛格丽特·米切利希(Margarete Mitscherlich)。讲座的题目叫"缅怀的努力:对于无法哀悼的心理学分析"。哀悼涉及的是纳粹时期。我本以为讲堂最多只会坐一半人,却发现听众不少,且多是年轻人,穿着很随意,乍看更像是来听摇滚音乐会的。长长的队伍一直排到马路尽头。对此,我其实不应感到意外。德国人不仅仅在电视、广播、社区会堂、学校和博物馆里上演着对战争的记忆,更是积极地开展围绕战争的检视、分析和反复剖析。人们有时能得出这样一种印象——在柏林尤其如此——德国人的记忆就像一条巨大的舌头,一遍遍地舔舐,想要找出那颗隐隐作痛的坏牙。

一些日本人对此困惑不解。一位年迈的德国外交官曾语气悲凉地向我回忆道,曾有日本同事告诉他,德国人对昔日罪孽的念念不忘和向受害者道歉的诚恳劲儿,必然会导致丧失德国人的本色。另一位年轻得多的后生跟我讲述了访问东京时的见闻,说他在啤酒馆里听到日本人唱德军进行曲时惊得目瞪口呆。我无意夸大这些反差。不是每个日本人都有历史健忘症,再说也有不少德国人想要忘记过去,比如有人就巴不得能在啤酒馆里听到这些老歌再度唱响。然而,我无法想象日本也会有米切利希这样的人,在东京市中心开办讲座,探讨为何"无法哀悼",还能吸引到这么多听众。日本也没有一名政客像在华沙犹太人隔离区遗址下跪的维利·勃兰特*那样,双膝跪地,为历史罪行道歉。

即便在战时,轴心国的关系也不是那么亲密无间。希特勒对一个黄皮肤的"主宰者民族"难免感到不放心,而日本人说到底是想把"白种人"赶出亚洲。然而,这两个民族在彼此身上都看到了自己吹嘘的品质:尚武精神、种族纯洁、自我牺牲、严于律己等等。战后,西德人竭力想要摆脱这种形象,日本人则不同。这意味着,在日本任何对昔日德日联盟的眷恋之情,在德国则很可能让人感到难堪。

原日本国驻柏林大使馆的故事就很能说明问题。这座使馆建于1936年,是一座纳粹风格的新古典主义丰碑,也是希特勒对新首都日耳曼尼亚(Germania)构想的一部分。使馆是希特勒和施佩尔†宏伟计划里为数不多真正破土动工的几幢建筑之一,战后被废弃。这个破败的空壳落到了自治主义者‡手里,这是一群身穿黑衣的年轻人,蹲在成堆没用的外交信件中间,追求无政府主义式的生活。但到了1984年,日本首相中曾根康弘和德国总理赫尔穆特·科尔(Helmut Kohl)决定在大使馆遗址上修建一个日德中心,供学者使用。德国人很清楚日本人身上有民族主义恋旧的毛病,他们希望中心能反映出自轴心国以来的时代变迁。中心于1987年正式对外开放。为了庆贺其诞生,日本人提议举办研讨会,探讨神道教天皇崇拜和

---

* Willy Brandt(1913—1992),德国总理,曾在华沙犹太人大屠杀纪念碑前下跪,提出过与共产主义阵营和解的"新东方政策"(Ostpolitik)。
† 阿尔伯特·施佩尔(Albert Speer,1905—1981),二战德国军备与战时生产部部长,出色的建筑师和工程师。
‡ Autonomen,二战后德国政治极左派的一个分支,组织成员之间联系较松散,但共同理念是反对既有的社会秩序和权威,主张自主空间,追求社会革命和无政府的理想状态。——编注

日耳曼民族神话之间的相似性。这么做并无批评或嘲讽之意:出主意的是东京一座神道教寺庙的僧侣。德国人礼貌地回绝了。

所有这一切表明,在对战争的看法上,日本人和德国人之间存在一道鸿沟——我们这里姑且暂时抛开联邦德国和民主德国的区别。问题在于,为什么会这样呢,为什么德国人的集体记忆看似和日本人如此不同?是文化原因,还是政治因素?答案是从战后,还是从战争本身来找寻?或许德国人更有理由哀悼过去?借露丝·本尼迪克特*的话来讲,这是不是因为日本人有亚洲人的"耻文化",而德国人则属于基督教的"罪文化"?

这些问题限制了我的探讨范围。由于引起我兴趣的是这些至今仍在德国和日本触发最激烈争议的部分,许多著名历史事件都被我排除在外。日军对阵朱可夫将军(Gen. Zhukov)麾下坦克部队的诺门罕战役(Nomonhan)† 具有重大的军事意义,同样重要的还有英帕尔战役(Imphal)‡ 和诺曼底登陆,但我对这些一概没有提及。以日本为例,我强调的是侵华战争和广岛原爆,这是因为这两件事相较于其他事件,已经以高度符号化的方式,牢牢嵌入日本的公共生活。无独有偶,在谈到德国时我着重写到了排犹,因为是它在(联邦)德国人的集体记忆上留下了最为敏感的伤疤,而不是大西洋上的 U 型潜艇战,甚至也不是斯大林格勒保卫战。

在着手写作本书时,我还无法预知之后发生的新闻事件将为我的叙事提供一种越来越戏剧化的背景。首先是冷战结束,接着是德国统一,再接着是海湾战争,最后,1993 年的日本大选一举打破了保守派自民党的政治垄断。我决定从海湾战争写起,那时我正好身在德国或日本,况且,那几个星期比 1945 年以来的任何其他事件

---

* Ruth Benedict(1887—1948),美国文化人类学者,著有《菊与刀》这部研究日本文化的名作。
† 1939 年日本和苏联在远东发生的一场战役,以日本关东军惨败告终。
‡ 1944 年二战期间日军从缅甸对英属印度所发动的战役。

都更加淋漓尽致地展现出上一次世界大战留给两国的创伤和记忆，甚至连越战也无法与之相比——尽管两国都未受邀参战。日本和德国的宪法均禁止自己国家卷入战争，这一安排引发了激烈争论：它们能否获得世人的信任，或者它们有没有信心参与到今后的武装冲突中？如今，在我写作本书的同时，德国飞行员正在前南斯拉夫上空巡逻，而日本自卫队亦在柬埔寨尝试进行维和，尽管他们还是没有合法使用武力的权利。

我们所处时代有许多陈腔滥调，其中之一是两个昔日的轴心国输掉了战争，但赢得了和平。许多人忌惮日本和德国的实力。欧洲人害怕德国人占据主导地位，而部分美国人已经将日美经济矛盾形容为一场战争。但是如果说其他国家的人对德日两国的力量寝食难安的话，那么许多德国人和日本人也一样。倘若说这两个民族在战后依然有什么共同之处，那就是他们身上都残留着对自己的不信任感。

德国正式统一一事并未在1990年为期一周的法兰克福书展上引发多少喧嚣或喜庆。书展每年都会关注一个特定国家的文学作品，那一年聚焦的是日本。作为书展的一个环节，君特·格拉斯和日本小说家大江健三郎进行了一场公开讨论。两人都在战争期间长大成人，也就是说，都在学校里被灌输了军国主义宣传。他们也因此成为了反法西斯事业的文学倡导者，尽管大江不同于格拉斯，迄今还没怎么就政治发过声。无论如何，他俩都是坚定不移的自由主义者（本书中的"自由主义者"都取美国通行的意义）。

这是一场别开生面的活动。格拉斯一上来就开门见山，哀叹德国统一。他说，有了奥斯维辛，德国应该永远分裂。一个统一的德国对自己和全世界都是一种危险。大江郑重其事地点点头，补充说日本也是个巨大威胁。他说，日本人从未正视过自己的罪行，日本仍是个种族主义国家。格拉斯回应说，没错，但德国也一样，在这点上无出其右者，所以德国也好不到哪里去。事实上，德国更糟，不然对波兰人、土耳其人和外国人的普遍仇视又作何解释呢？啊，那日本人歧视韩国人和阿伊努人*不也一样么？所以不对，日本才是最坏的，大江说道。

这一连串细数德国人和日本人不是的"双簧"进行了有好一会儿，接着对话陷入冷场。两人都琢磨着还能再说什么。冷场变成了让人不快的死寂，人们调整坐姿，等待散场。但紧接着，两人的思想恰到好处地擦出了火花，他们终于达成一致意见。我忘了究竟是格拉斯还是大江提出来的，总之有人说到三菱株式会社和戴姆勒－奔驰公司宣布达成了全新的"合作伙伴关系"。新闻记者戏言其为戴姆勒－三菱轴心。格拉斯和大江表情严肃，口径一致地称一段危险的友谊才刚刚开始。随后格拉斯从椅子里起身，给大江来了个熊抱。身材矮小的大江虽然不太习惯这套，却也尽力地予以回礼。

---

*　Ainus，居住在库页岛和北海道的原住民，与日本人外貌明显不同，更接近西方人种。

第一部分

第一章
反对西方之战

波恩

夜色笼罩。康拉德·阿登纳*搭乘火车横穿易北河，那时离战争爆发还有些年头。坐在开往柏林的卧铺火车里，他打着盹儿。随着列车驶向东方，阿登纳睁开一只眼，自言自语道："亚洲，亚洲。"（Asien, Asien）

这则故事当然有可能是虚构的，但是作为英占区基督教民主党的主席，阿登纳在1946年的确给美国的友人寄去了一封信，信里写道："我们面临巨大的危险。亚洲就在易北河的那头。只有一个由英法这样的西欧国家引导且经济政治运转良好的欧洲，才能阻挡亚洲意识形态和强权进一步来犯。而德国的自由地区是西欧不可或缺的一分子。"

阿登纳口中的来犯者指的是苏联共产主义。不过，他所用的"亚洲"一词耐人寻味。对于这位来自德国西部边陲、昔日古罗马城市

---

* Konrad Adenauer（1876—1967），战后西德首任总理，曾任科隆市长。

科隆的政治家而言，野蛮源于东方。无论是文明开化的罗马人还是查理曼帝国的势力，都没有渗透进那里。自由和民主定义了继承古罗马文明、信仰基督教和经过启蒙运动洗礼的西方世界，而亚洲则意味着古板、专制和战争。第三帝国就是亚洲的。阿登纳的使命是把他的德国——西德——带向西方，并去除亚洲的痕迹，就好像切除癌症毒瘤。14

我在海湾战争爆发后的第二周——也就是1991年1月的最后一周——来到阿登纳钦定的西德首都波恩。雪下得很大。波恩这个地方挺有意思，因为海湾地区的军事冲突让人不断回想起上一次世界大战。有时候，旧伤口看着像是新近才形成，似乎德国依然满目疮痍。

同全世界大多数人一样，之前一个礼拜我通过电视关注着战事的进展。我看的是英国电视台的节目，气氛简直可以用欢快来形容。每天早晨和夜晚，退役的海空两军将领穿着双排钮夹克出现在荧屏上，在地图上指出战事推进的路线。他们的话语中透露出一股职业自豪感和爱国热情。在专业性探讨和新闻记者揣测之余，人们不由感到，英国重现了往日的雄风，虽然排场不大，但也令人欣喜，就好像几十年来的经济耻辱、帝国消亡和整体衰落只不过是一场噩梦。轮到打仗，谁是真汉子谁是小毛孩，即见分晓。

一位以煽动性沙文主义观点著称的英国报纸专栏作家写道，外国人或许在制造汽车或电脑方面比英国人在行，但等到打仗的时候，等到要有人来捍卫西方、捍卫我们的生活方式和自由等事物的时候，英国人是靠得住的，能和美国人肩并肩站在一起。德国人做得到么？由于德国政府在是否全力支持这场战争上踯躅不定，其作为西方盟友的可靠性饱受质疑。又一次，胆怯的欧洲大陆人得指望英国人充当他们的救世主。在这种危难时刻（诸如危险、勇气和荣誉这些词再度流行），什么"共同市场"政策不啻为鸡毛蒜皮的小事，是小商贩之间的讨价还价；在这种危难时刻，英国人再度一枝独秀。

第一章　反对西方之战

彼时的英国，既有让人感动又有让人同情之处。就在萨达姆·侯赛因发兵攻打科威特前不到一年，一个由喷火式战机和飓风式战机组成的飞行编队，与一架兰开斯特轰炸机飞越伦敦上空，以纪念不列颠战役。那天阳光明媚，战机的机翼掠过白金汉宫，机身闪闪发光。我在北伦敦一座山顶上目睹了这出飞行表演，周围人山人海，有老有少，还有年轻人，均仰首凝视着空中的老式飞机。没有叫喊，没有欢呼，也没有笑声。更多的，只是一种默默的自豪和忧伤，这种忧伤近乎痛苦。英雄迟暮，回首过往时一向如此。

在波恩，气氛则大为不同。机场巴士驶进城时，我首先留意到的是老旧住宅楼窗户上垂下来的床单，上面用红黑两色写着各种标语："莫用鲜血换石油！""我们还年轻，不能死。""世上没有正义战争。""每颗炸弹都在摧毁我们的希望。"一周前，波恩爆发了大规模反战游行。楼房的窗户和墙壁上依旧贴着"我们很害怕！""别再打仗了！""布什是战犯！"这些字样的海报。空气中弥漫着一种难以抑制的狂躁，一种世界末日近在眼前的气氛。这个世界就要完蛋（Weltuntergang），埋葬它的是战争和生态灾难。

波恩的建筑是18世纪风格，很朴素，衬托出启蒙时期的古典主义之风。这座城市没有德皇威廉治下的柏林那种恢宏气势。覆盖着肮脏积雪的集市广场上屹立着一尊贝多芬的铜像，一面白旗插在他冰冷的手中，上面是"禁止轰炸"的图案。铜像前扎着几顶帐篷，也绘有横幅和标语。帐篷外，一块块展示牌上满是各种照片和文字。横幅和我之前看到的一样，还是"莫用鲜血换石油！"等口号。一块展示牌写着："记住这些图片。"底下是一堆照片、剪报和素描，主题各式各样：一战时躲在战壕里的士兵；二战期间被轰炸的城市；纳粹士兵在乌克兰行军；赤身裸体的越南小女孩逃离凝固汽油弹轰炸；以军在黎巴嫩；美国轰炸机起飞，赴巴格达执行任务。"世上根本就没有正义战争。"标语写道。

一个四十出头、留络腮胡穿滑雪衫的男人在分发宣传册，见我拿了一份，便跟我谈起他的见解："这场战争完全是出于物质原因而打的。伊拉克用毒气对付库尔德人的时候，我们袖手旁观，现在倒开打了。必须立刻停止战争。"他说话语气并不盛气凌人，像个习惯于被人误解的先知，有种众人皆醉我独醒的味道。

我的反应和旅德外国人经常按捺不住要说的一样——带着不同程度的自以为是。我提醒他想想纳粹："1938 年的'水晶之夜'*后我们也是袖手旁观，这是 1939 年不动武的理由么？""呃，"他应了一句，"我那时还没出生，所以说不上来。但我知道，以色列在 1948 年屠杀过巴勒斯坦人。可如今我们的外长根舍（Genscher）却还跑到以色列去送钱、送武器——全都因为我们心中有愧。你觉得这样对么？"

我没有料到他会说德国人"心中有愧"，因为他是个和平活动者、绿党成员，从年龄来看应属于"六八一代"†，成长于激进的六十年代。他关于以色列和德国人"罪孽心理"的那套论调在诸如《德国国家报》（*Deutsche National-Zeitung*）这份极右刊物上不难见到。这份报纸出版地在慕尼黑，发行人是老牌极右翼人士格哈德·弗雷（Gerhard Frey），他与阿登纳的"西方"素不对付。该报最近出版的一期对前往以色列提供帮助和安慰的德国政客冷嘲热讽，并谴责海湾战争是美国人搞种族灭绝的典范。"波斯湾地区的种族灭绝，"该报写道，"是典型的反人类罪行。"该报还刊登了"屠杀美国印第安人"和"以色列的恐怖战争"等文章。这倒不是说《德国国家报》是份反战主义报刊。它对德国国防军乃至党卫队大肆吹捧，还以折扣价向读者兜售印有德国军人戎装照的日历，并推销闪电战的纪录片录像带。

---

* Kristallnacht，1938 年 11 月 9 日至 10 日凌晨，希特勒青年团、盖世太保和党卫队袭击德国和奥地利的犹太人，砸毁犹太人的商店，导致街上堆满了碎玻璃，史称"水晶之夜"。

† "68er"，1968 年 5 月，西欧各地爆发学生造反浪潮，始于法国，称为"五月风暴"。青年抗议的矛头表面上对准越南战争，但内里其实是对欧洲深刻的社会矛盾发泄不满，特别是反对精英和权威人物。

然而，这些宣传所流露出的情绪，和那些上了英国电视节目、满面红光的退役空军将领身上洋溢的自豪感，几乎完全不是一回事。因为前者旨在为自己开脱，似乎有些事有必要被掩盖，又似乎德国人的罪孽通过宣扬以色列的恐怖行径或美国屠杀印第安人就能得到缓解，甚至一笔勾销。在这里——或许也只有在这里——德国政坛的两个极端才产生了交集。一头是《德国国家报》，另一头是柏林和平运动的一位发言人，他称空袭伊拉克是"自希特勒以来最严重的战争罪行"。

上一次世界大战的回响随处可闻，但其在极端政治思潮中发出了最强音。对美国物质主义毁灭世界的担忧，长久以来就是左右两派共有的论调。海湾战争期间，这种担忧似乎成为了现实。对美国的怨气由来已久，人们以为是右派的专利，其实左派也有。1991年11月，斯图加特出现了一座非官方背景的战争罪法庭，对美国人的"生态战争罪"和在伊拉克犯下的"种族灭绝"进行审判。声名显赫的和平活动人士阿尔弗雷德·梅西特斯海默（Alfred Mechtersheimer）提醒听众，纽伦堡审判是胜利者的正义。一位社会党政要批评西德人对美国卑躬屈膝。但如果说左右两派对美国共同的敌意还算相对直观，他们对待以色列的态度则从来没那么简单。美国让人想起的是轰炸机摧毁德国城市，是诺曼底或阿登战役的激战，是黑市和拿着巧克力、丝袜勾引德国姑娘的黑人美国兵。而一提起以色列，便是大屠杀（Holocaust）。

我被人引介给旅居波恩的一个以色列人，鉴于对方想隐去真名，我姑且管他叫迈克尔。迈克尔是德国罪行方面的行家，怨气颇重。我在以色列大使馆见到了他，这是座位于波恩市郊、守卫森严的别墅。我俩坐在一间没有窗户的房间里聊了会儿，屋里只有一张空荡荡的写字台，墙上挂着以色列的风景照。迈克尔身材敦实，一头卷发，三十出头的他是"六八后"，出生在俄国，还是孩子时就移民西德，童年是在科隆附近度过的。他是学校里唯一的犹太孩子，这段经历很不愉快，因为他总被当成特例区别对待。老师会请他给全班讲发生在奥斯维辛的事。别的孩子调皮捣蛋时免不了挨罚，但老师会对他网开一面。

几个月后，我在读彼得·施耐德（Peter Schneider）的小说《爸爸》（Vati）时联想到了迈克尔。小说的主人公是个男孩，爸爸是纳粹战犯，原型是奥斯维辛集中营的医生约瑟夫·门格勒（Josef Mengele）。儿子老抱怨他在学校受到的待遇："他们的想法让我感到压抑。生物老师因为给我打低分还向我道歉，让我千万别把这看成是对我家里人所作所为的惩罚。哪怕不做功课，老师也不会骂我偷懒。他们说，这是因为'我家的实际情况比较复杂'。"

迈克尔说，德国有心结。"我相信，如果你给德国人做心电图测试，随便谁，老少都行，你会发现，一提到犹太人，对方的肾上腺激素水平就会猛增。"

他说，这就是海湾战争在德国造成如此巨大恐慌的原因。以色列大使馆成天接到带着哭腔的人打来的电话。其中一些人询问一旦战况恶化，他们能否帮助以色列儿童避难，战争结束后又能不能把孩子送回去。得劝这些德国人平静下来，迈克尔说完耸耸肩。"哈，"他微微一笑，"做德国人可真难啊。"

迈克尔不光讨厌年轻的和平主义者，也讨厌老一代的人，那些为人父者，那些有罪的人（Täter）。他说，老一辈人战后几乎统统变得很亲犹。牧师、市长、教师、神甫一有机会就去以色列。一种有趣的角色互换出现了。迈克尔称，战前犹太人给人的印象是一群温和、文弱的和平主义者。反之，德国人则有着普鲁士式的纪律性，如"克虏伯钢材一般坚强"云云。可如今，以色列人已是严守纪律和不辞辛苦的战士。不少上了年纪的德国人为此很佩服他们，而看不上懒惰而又不爱卫生的阿拉伯人。于是德国人倒成了和平主义者。"我们以色列人现在看不上这些德国士兵。"迈克尔说。

到了六十年代末，特别是1967年的"六日战争"后，人们的态度开始发生转变。许多德国年轻人对他们父母支持的事物一概反对。他们批判父母的过去，憎恨他们的沉默，也反感他们的亲犹立场。学生中的激进派宣称自己和受害者站在一起，尤其是和巴勒斯坦人。他们永远也不会和罪人——也就是那些凶手——扯上干系，在德国不会，在越南不会，在以色列也不会。他们会为父母的怯懦作出补偿，他们会抵抗，他们是理想主义者。他们会为了把世界从生态灾难中拯救出来而战斗，抗击美国的消费主义和以色列的穷兵黩武。迈克尔说："他们觉得支持左派是杜绝反犹主义的一剂疫苗。"因此，在迈克尔眼里，成千上万的德国和平示威者不是成千上万个吸取了历史教训的良善之人，而是代表了"百分百德国新教徒的刻板，既咄咄逼人，又缺乏宽容，不通人情"。

1991年2月，以色列作家阿摩司·奥兹（Amos Oz）就海湾战争这一话题接受了《法兰克福汇报》（*Frankfurter Allgemeine Zeitung*，缩写FAZ）的采访。[1] 奥兹是自由派，而FAZ是保守派报纸，对和平运动、绿党、左派或"六八一代"鲜有同情。报纸编辑赞成德国出兵参加海湾战争，或者最起码也应该坚定支持联合国军。FAZ立场反共，亲北约，奉行自由主义（这里取19世纪欧洲通行的词意，而非20世纪美国语境中的自由主义）。其中一位编辑是约阿希姆·费斯特（Joachim Fest），他写过一本关于希特勒的著名传记，后翻拍成电影，让他发了笔财。希特勒时代——尤其是在影片中——被描绘成某种集体疯狂，一场杀机四伏的闹剧，一个伟大国家历史中一次精神失常的偶发事件。

那一周，费斯特情绪激动，因为在他看来，德国在政治和军事上缺乏坚定，却对和平过度忧虑，再度显示出这个国家是自身历史的囚徒。费斯特经常表示，德国理应重新成为一个正常、负责任的大国。他指的"大国"，和阿登纳说的是一回事：一个正常的西方大国。在他看来，这一目标在受到一种条件反射式的负罪心理所妨碍后，反而催生出了道德优越感：我们这些罪孽深重的人如今要治愈世界的痼疾。这一点阻碍了德国承担其作为西方盟友的义务。英、法、美三国在缺乏德国积极支持的情况下仍然不惜动武，爱国人士费斯特对此感到很尴尬，甚至很丢脸。我提到反战示威时，他叹了口气，说道："都赖希特勒。"

阿摩司·奥兹跟《法兰克福汇报》不是一路人，因为他信奉的自由主义属于中间偏左。然而，他在采访中以批评的口吻谈到了欧洲左派，特别是德国左派看待第三世界时的浪漫主义眼光。从他们的态度中，他读出了几分卢梭对"高贵野蛮人"（noble savage）的崇拜之情——对那些不幸受难的人有一种近乎神学般的推崇。"或许，"他谈到，"这是基督教高度简化和富于感情的印象造成的，根据教义，受害者经过受难，灵魂可以得到净化。"

也就是说，犹太人经过大屠杀，灵魂得到了"净化"，"仿佛毒气室里喷洒在受害者身上的是一种道德清洁剂"。他们肯定要比别人更纯洁，也更出众。但是，这种纯洁性在有罪之人的子子孙孙身上作用如何呢？能说他们心底里其实也想成为受难者么？

海湾战争期间曾曝出新闻，说德国公司卖给伊拉克的毒气不久后将被安装在飞毛腿导弹上，用来对付以色列，这对道德纯洁构成了残酷的考验。世上战争都是非正义的，但犹太人正面临德国毒气的威胁。这可不是道德悖论的问题，和平运动因此内部分裂，诗人兼词曲作者的沃尔夫·比尔曼（Wolf Biermann）过去曾经反对美国的导弹基地落户德国。他的政治信仰和《法兰克福汇报》相去甚远，但因为声援海湾战争，惹恼了昔日许多同仁。"莫以鲜血换石油，"他在《时代周报》（*Die Zeit*）里写道，"这是最新的一句反美口号。哎！美国人当然也关心石油……而我为此感谢上帝……没错，我乐见有龌龊利益的存在。要不然以色列就会孤军奋战了。"[2] 比尔曼的父亲死在了奥斯维辛。

有个德语词，很难译成英文，但概括了不少德国人在海湾战争期间的情绪：betroffen。辞典给出的翻译如下："受到震惊、失望、惊骇和迷惘的冲击或影响。"这些解释没一个确切的，也许法语词bouleversé在语义上最为接近。betroffen在和平主义者、自由派和社会党人中间使用很广泛，出现频率和经常挂在德国保守派嘴上的"正常国家"（normal nation）一样高。betroffen意味着一种罪恶感、耻辱感，甚至是无地自容。说某人betroffen，就是说他无言以对。但它还隐含了道德纯洁性这层意思，betroffen是"掌控过去"的一种方法，展示悔悟和认罪的态度，并换取宽恕和灵魂的升华。

西德国内频繁出现劝人"哀悼"过去、"为哀悼努力"（Trauerarbeit）的训诫，这是净化过程的一个环节。在六十年代发表的著作《论无法哀悼》（The Inability to Mourn）中，亚历山大·米切利希和玛格丽特·米切利希剖析了影响战后德国人不愿面对过去的道德麻木。他们因为战败而麻木，记忆又似乎出现了阻塞。他们既不愿意也无法为哀悼努力，或承认罪过。他们似乎全然忘记了自己曾顶礼膜拜一位致几百万人死亡的领袖。不少德国人在过去沉醉于纳粹运动所提供的自吹自擂戏码，乐此不疲。米切利希夫妇认为，德国人在第三帝国倒台后对此抵赖，是希望不仅能逃避惩罚或罪恶感，而且还能逃避战败后接踵而至的那种彻底一蹶不振的情绪。只有那些失去过的人才有资格哀悼。但德国人到底失去了什么？当然，犹太人算一个，但这很难让人感到是德国人的损失。许多德国人失去了家园、儿子、荒唐的理想和领袖，但是这一切并不是米切利希夫妇"为哀悼努力"的对象。恰恰相反，1945年后，对希特勒的凭吊应该是不可能存在的。三十年过去，玛格丽特·米切利希会说，无力哀悼这点再也不适用于年轻一代。她说的没错：德国处处哀悼犹太人，而在个别极端主义圈子里，希特勒一样有人缅怀。

betroffen的状态有些许宗教涵义，这和在德国有悠久、深厚传统的敬虔主义（Pietism）有些近似，后者首见于17世纪菲利普·雅各布·斯本纳（Philipp Jakob Spener）的著作。斯本纳一心通过强调辛勤劳动和个人精神付出来改革教会，并在日常生活中传播福音。

戈登·克雷格（Gordon Craig）这样写道："敬虔主义的核心是个体的道德自新，这点可以在经历忏悔的煎熬、幡然醒悟并认识到上帝必然的仁慈后获得实现。"[3] 敬虔主义是对法国启蒙思想中世俗和理性观念的消解。它影响了19世纪的德国中产阶级，也鼓舞了普鲁士军官和俾斯麦身边的人。我认为，波恩的以色列人迈克尔在谈到德国反战人士身上的新教刻板时，所指的正是这一精神。

海湾战争期间，波恩就有 betroffen 之感。本来不应该是这样，因为当时正值狂欢节，是人们穿着奇装异服参加派对、喝啤酒、抱女人、放声歌唱的时节。但这一切在战争时期和大难临头之际显得不合时宜，于是狂欢节委员会改头换面，成了危难关头委员会。对于所有自愿取消狂欢节庆典的团体，莱茵兰-普法尔茨（Rheinland-Pfalz）地方政府都给予资金补偿。这一手段果然奏效。只有科隆举办了一场非官方的街头庆典，口号是"我们照样过日子"。

柏林一个由音乐学院学生组成的团体搞了一场反战日活动，据他们的发言人说，原因是"所有学生都感到很难过，很彷徨（betroffen），我们觉得有必要聚集在一起，表明大家的担忧"。学生们造了个祭坛，点燃蜡烛。当地一家电台播放了他们的和平之歌，歌词不断地重复一句话："我们彷徨无措，深感震惊。"

我下榻宾馆外的广场又阴冷又空旷。一个不起眼的啤酒摊旁，几个年轻人喝着酒，不时手舞足蹈，大喊大叫，就像在过节。浸透醉意的歌声从我房间的窗户飘了进来。听着他们用力跺脚打节拍，我脑海里浮现出不计其数的战争片，片中德国人的欢天喜地与其残暴行为形成了极具讽刺的反差。身在德国，最好还是尽力避免做这样的联想，因为哪怕一个人的记忆来源只是电影，也很容易变得自以为是和偏激。

看着电视，我再度感叹英德两国间的区别。德国电视里，唇枪舌剑的讨论节目比比皆是，人们围坐在圆桌旁，就时下热点问题展开辩论。听众坐在小桌边，边小口呷饮料，边听嘉宾们滔滔不绝的发言。气氛一般很严肃,有时争论会趋于白热化。人们很容易嘲笑这类节目的一本正经,但是其中自有值得称道之处。部分得益于这类谈话节目,大批德国人才对政治辩论熟悉起来。

海湾战争期间,电视观众很难避开圆桌讨论。实在是太多了,不停换频道的话,还能同时关注几场辩论。牧师是这些节目的常客,一些西装革履,一些穿着牛仔裤。他们的出现恰到好处,因为辩论的核心是良知问题。一个人能问心无愧地参战么?某位德国战斗机飞行员表示自己很难对别人痛下杀手,他不知道自己良心上是否过得去。一位在美国空军基地附近医院工作的年轻医生则说,自己为救治在海湾战争中受伤的美军飞行员感到良心不安,因为这么做让他成了帮凶。

在一档具有代表性的节目里,讨论嘉宾席中坐着曾经的反纳粹抵抗主义战士、应征入伍的新兵、年事已高的家庭主妇、上班族母亲和几名高中学生。二十七岁的母亲安格莉卡发言说,鉴于"我们在二战时干的坏事",德国必须帮助以色列。不过,参战的话肯定一点好处都没有。

"那英国人和法国人怎么说?"原抵抗主义战士开口了,"是不是应该把脏活都交给他们干,我们自己躲在家里?"(他没提美国人)

"哦,"安格莉卡回应,"我们不能违背自己的信仰。过去接受的教育告诫我们再也不要打仗,我们怎能不予理会呢?身在他国时,我们耻为德国人,世人一直都怕我们,现在他们却责怪我们不够果敢……"

十八岁的高中生安德烈亚说道:"我们发动了两次世界大战。这叫人怎么忘得了?我可不为自己身为德国人感到自豪。"

但是,等到年长的家庭主妇谈起她在二战期间的磨难——轰炸、吃不饱饭、出征的父亲和儿子没能回来——并呼吁应反对所有战争时,年轻学生发话了:"我能理解,战争时期会发生很多可怕的事,但是如果我们在该出手时不出手,坏事一样会发生。"

听众席中发出了难以置信的叫声,然而学生的话得到了原抵抗组织战士的支持。后者把萨达姆·侯赛因比成希特勒,认为应该制止萨达姆,就好像当初应该制止希特勒一样:"萨达姆已经杀害了上万人。难道就因为我们良心有愧,开不了枪,就可以对他听之任之么?"

最后,穿着牛仔裤和花衬衫的年轻士兵终于开口了。当被问及他对杀人有何感想时,他答道:"如果德国或北约遭到攻击,我将不得已而为之。但如果是我不支持的战争,我会抗命。"

他的回答沿袭了战后联邦德国宪法给出的正统解释。在德国,新兵是可以以良心不安为由拒绝参战的。"命令就是命令"(Befehl ist Befehl)这句话再也不能成为实施暴行的借口了。另外,德国军队只能为保卫德国或盟国领土作战。德国是北约成员,因此对盟国领土的普遍理解是北约领土。右派想要扩大这一解释的外延,左派至今都坚决抵制。

但是这位士兵参与的并非是法律层面的讨论。他试图回答一个有关道德和良知的问题。而且他给出了诚实的答案,比起许多和平主义者一味拒斥战争——所有战争——的立场,这或许更能反映出当今德国青年的心态。"六八一代"胸怀一种高于一切的道德目标:要和父母那辈人彻底划清界限,打破他们罪恶的沉默,散播和平的讯息,或者干脆就说德国人再也不会受到战争的诱惑。社民党主席奥斯卡·拉方丹(Oskar Lafontaine)在海湾战争期间宣称,要德国人参战就"好像给一个改过自新的酒徒吃酒心巧克力一样"。你几乎能听到焦虑的尖叫。

费斯特说的也许没错。事情之所以这样,恐怕是因为希特勒。然而海湾战争显示出,对于德国和平主义,不能简单斥之为反美主义或对阿登纳口中西方世界的背叛。现实的矛盾是实实在在的:至少有两代人所受的教育是放弃战争,再也不把德国军人送上前线。换言之,他们所受的教育就是盼望德国成为放大版的瑞士。可是,他们也被教育要对以色列的命运负有责任感,而且若要成为西方国家的公民,就要坚定地融入西方盟国大家庭中。问题在于,他们是不是两方面都能做到。如果萨达姆果真是另一个希特勒,而且德国没能拉犹太人一把的话,那该如何是好?

这就是拿希特勒做类比会让人痛苦的原因。而汉斯·马格努斯·恩岑斯贝格尔(Hans Magnus Enzensberger)也正是决定拿这点开刀。他在《明镜周刊》(*Der Spiegel*)里把萨达姆比作希特勒。[4] 恩岑斯贝格尔是出色的诗人和散文家。他很清楚怎么触及德国同胞的痛处。他能用技巧娴熟的语言煽动人们的情绪。有人欣赏他在《明镜周刊》上的文章,但也有不少人对之怒不可遏,特别是左派知识分子。在柏林时,我曾听过一名批评家斥责恩岑斯贝格尔是叛徒。他背叛了什么?我追问。背叛了精神(Geist),对方回答。许多年来,恩岑斯贝格尔本人一直是左派知识分子。他这代人,在纳粹统治下成长起来,上学念书,然后加入希特勒青年团,在战争末期被征召进防空部队。战后,恩岑斯贝格尔同君特·格拉斯和海因里希·伯尔(Heinrich Böll)等作家一道,形成某种左派的反纳粹团体,旨在扫除德国威权主义的残余势力。多年来,追剿纳粹思想余孽或多或少成了他为之全身心付出的一项事业。

在为《明镜周刊》撰写的文章里,恩岑斯贝格尔表示萨达姆同希特勒一样,不仅是个独裁者,还是全人类的敌人,是个热衷制造死亡、自寻死路的恶魔。他若有条件,定能摧毁全世界,当然,他自己的人民也包括在内。他和希特勒一样,蔑视自己国家里的一部分人。问题是,到底是什么造就了这些十恶不赦的恶棍?恩岑斯贝格尔的答案是那些被侮辱的人。一群永远的失败者,因为知识水平不如人,因为贫困,抑或因为自感无力左右生活,长久以来变得垂头丧气,心灰意懒。德国人能在阿拉伯人身上发现自我的存在,恩岑斯贝格尔写道。

毫无疑问德国人很难接受这样的类比。恩岑斯贝格尔写道,这一认识"将颠覆任何从种族角度阐述眼下军事冲突的基础。另外，它还将揭示，尽管没人愿意重提法西斯主义，但它仍具有潜在的延续影响。德国实业界从来就不必为其向希特勒提供的殷勤服务进行忏悔。如今他们抱着同样的热情急于帮助希特勒的继任者，只能说是一脉相承。单靠无知不足以解释为何相当一部分德国青年更同情巴勒斯坦人而非以色列人，或者反对乔治·布什甚于反对萨达姆·侯赛因"。

对潜在延续性的批评是战后反纳粹团体的一贯主张，但恩岑斯贝格尔的话确有其新颖之处。也许他对伊拉克人的评价有失公允，毕竟他们可没有像德国人支持希特勒那样倾力支持萨达姆。但对于那些自认为通过悲天悯人的修行，或急不可耐地手持蜡烛、企盼和平就能甩掉历史包袱的人，他们身上的延续性没能逃过恩岑斯贝格尔的眼睛。

恩岑斯贝格尔这代人学会了不信任德国人。四五十年代的延续性依旧清晰可见，加入希特勒青年团和防空部队的经历仍然历历在目。恩岑斯贝格尔的反纳粹团体对西德人兴冲冲地奔向物质繁荣满腹狐疑。物质繁荣就像一层厚厚的白雪，把过去覆盖起来，掩藏所有痕迹，也遮蔽一切声音。恩岑斯贝格尔写过一首著名的诗，开头是这样的：

> 我的父母，
> 天真地把我带到这片土地上，
> 但我在这里失去了什么？
> 土生土长，却又无所适从，
> 我人在这儿，心却不属于这儿，
> 这片温馨的肮脏之地，
> 是我舒适而温存的坟墓。

由于一年前发生的事，海湾战争期间世人对德国人的不信任感格外强烈。眼看两德合并，邻国心里忐忑不安。这很好理解；它们曾经沦陷，很清楚德国人能做出什么事来。但同时显露出来的还有恩岑斯贝格尔这代人，或至少是反纳粹团体成员对德国人的不信任。君特·格拉斯反对统一的理由是一个统一的德国制造了奥斯维辛集中营。他在使用"奥斯维辛"一词时，几乎带有宗教意味，好像这是个护身符，拿在手里摇来晃去，如同一只凶煞之眼，可以起到辟邪的作用。"奥斯维辛"长久以来一直是对抗潜在连续性的主要驱邪物。

换个不那么抽象笼统和老生常谈的说法，西德人不信任东德人——东德军人行进时依然踢正步，他们的小布尔乔亚做派很有三十年代的遗风；东德政府体制虽然建立在反法西斯基础之上，却残留了许多纳粹时期的余毒，令人担心；简言之，东德人生活在"亚洲"。以色列人迈克尔将"西佬"（Wessies）与"东佬"（Ossies）的相遇比作展示道林·格雷（Dorian Gray）的画像*，西德人看到的是自己的形象，对此并不高兴。

一位知名的西德作家在我提到东德人时翻了翻白眼，说他厌倦了历史的重蹈覆辙。"净化，再教育，这些我都见识过。我不喜欢那些东德人，他们是什么样的人我一清二楚，我不想跟他们扯上关系。"听到这话我很惊讶，后来将其转述给文学批评家罗兰·维根斯坦（Roland Wiegenstein）。他的寓所在柏林，十分宽敞，里面摆放着钢结构的黑色皮质家具，墙上挂着大幅抽象画。

维根斯坦穿着入时考究。他的品位有很显著的战后（après guerre）风格。"我很清楚他这话是什么意思，"他说道，"我比他大不了几岁。联邦德国变身文明人的速度之快，真乃奇迹。我们现在

---

* 英国作家王尔德作品《道林·格雷的画像》中的美少年，他为了永葆青春出卖灵魂，让画像代替他变老变丑，自己则走上堕落的道路。

算是西方世界的一分子了,吸收了民主体制,但原民主德国的人依然困在前现代时期。他们是丑陋的德国人,和战后的西德人像得很,我是和这批人一起长大的。他们现在都还不算是文明人。"

丑陋的东佬们穿着剪裁蹩脚的西服,牛仔裤洗得发白,脚蹬塑料鞋。对他们文化的鄙视不仅仅是势利眼在作祟。其中的潜台词是,西德人自己也险些变成踢正步的纳粹地下支持者,好在他们脱胎换骨,算是成了现代欧洲人。就在德国统一前不久,"六八一代"的小说家帕特里克·聚斯金德(Patrick Süskind)著文道,在他看来(潜台词是对其朋友和西德同胞亦是如此),托斯卡纳都比德累斯顿要近。

猜忌心是德国政治语言的一部分。诺伯特·冈泽尔(Norbert Gansel)是德国联邦议会议员兼外交问题专家。海湾战争期间,他正好年满五十,和维根斯坦一样,他的穿着也很时髦,上身是一件紫红色的西装。他给我和自己各倒了一杯日本清酒。"口感跟石油一样滑爽。"他评价道。我猜这句话里有讽刺之意。他讲话很小心:"我个人信奉的政治哲学,也许连我的政治抱负,都和不信任感有关。我不信任我代表的选民,他们的父辈和祖辈把希特勒推上台,纵容他迫害犹太人。"他的写字台上方挂着一幅德国北方港市基尔(Kiel)的照片,那是冈泽尔出生的地方。图片展现的是1945年满目疮痍的基尔。看到我盯着这幅图,他说道:"不管谁挨炸,保管都能得到我们同情。"

冈泽尔在研究纳粹历史上花了不少时间,他大学论文写的就是党卫队。1970年代时,他曾尝试推翻纳粹法庭作出的判决,但直到1980年代后期才取得成功。其中一大障碍是纳粹的司法系统从来没得到过清算。随着时间推移,这种延续性才宣告终结。冈泽尔告诉我,五六十年代司法失灵的情况再也不可能出现了,新一代政治青年业已成熟。行凶者(Täter)的子孙在质疑过去时已经不像"六八一代"那样自以为是了。德国人变现实了,冈泽尔说,比日本人现实得多。

海湾战争的爆发就像冲了个凉，精神为之一振。

很难说到底哪一点更让人振奋：海湾战争还是东佬们的到来。二者几乎同时发生，这点则平添了几分压力。德国社民党素有一种民族主义式中立（nationalist neutralism）的传统，不少左派政治家认为与西方国家结盟阻碍了德国统一。1950年代，社民党在这方面的民族主义色彩比保守的基督教民主党还要浓厚。多年来，左派一直抨击阿登纳治下的德国继承了纳粹遗产，还对美国卑躬屈膝。但如今德国统一了，"奥斯维辛"的幽灵又回来了，外加一群思想狭隘的"东佬"的涌入，阿登纳当年的看法算是得到了证实。德国需要西方，西方也需要德国，只是其需要的方式让德国人尤其是社民党人感到深深的不安。

将德国推入西方盟友的怀抱之中，譬如北约和欧共体，意味着埋葬对德国人的猜忌心，起码人们是这么希望的。成为欧洲人的德国人会感到更加正常，为西方所接纳，也更像文明人。德国，这个古老的"中央之国"，位于中欧的庞然大物，曾对其身份定位忧心忡忡，又为历史包袱所累，如今摇身一变成了西方国家。这种美好的状态在一年里却两次遭到挑战：先是两德合并，接着是海湾战争。不出意料，结果有几种。一种是对民智未开、非西方的"东佬"本能的排斥，另一种是在要不要同西方盟友一起出兵一事上瞻前顾后，踌躇不前。

在波恩的最后一个晚上，雪依旧下个不停。我约了位年轻的政治学者共进晚餐，晚餐是土豆饺、香肠配啤酒。说他年轻，其实也还好，只是不属于"六八一代"。此君并非和平主义者，对德国政府在支持西方同盟一事上的优柔寡断颇有微词。他似乎并未受到对本国文化猜疑心的掣肘，热情地给我介绍本地菜肴和一两家酒吧点唱机里播放的音乐，音乐欢快得有些瘆人——海湾战争铺天盖地的世界在此恍如隔世。他告诉我，德国军队现在算是真正意义上的公民军队了，所有人都必须服役。这也正是讨论良知和道德如此重要的原因，所有人都有这方面的顾虑。另外，由于德国宪法规定国家安全和盟友的安全是绑在一起的，军事冒险几乎断无可能。"你看，"他说道，"我们德国人真的不想再自行其是了。"

天色不早了，我俩结伴走回我下榻的酒店。酒店年代久远，过去曾有许多显赫的客人入住，但在前台发放的历史简介里，1930年代和1940年代早期这段历史不知为何被跳过了。一路上，我们走过拿着和平旗的贝多芬雕像，走过"警示柱"旁举行烛光祷告的反战青年，走过写着"莫用鲜血换石油"和"德国的钱和毒气正被用来屠杀世界各国人民"的标语。我向他透露自己计划写一本探讨德国和日本战争记忆的书。他的反应似有几分愕然，甚至说得上是震惊，但嘴上并无表示。过了不久，我俩道别后，他突然转身跟我说："拜托，请别夸大我们和日本人的共同点，我们很不一样。我们德国人可不会为了把公司做大做强就睡在公司。我们只是人，普通人罢了。"他没有说西方人，但也许就是这个意思。

东京

在东京，海湾战争似乎离人们很遥远。没有横幅，没有警示柱，也没有烛光祷告或和平示威。比起废墟和弹痕依旧清晰可见的德国，战争的概念在日本显得更为遥远。鉴于整个东京在1945年陷入一片火海，这座城市没剩下什么可以让人回想起上一次世界大战的事物。1936年未遂军事政变中被占领的宾馆没有毁于战火，倒是在1980年代一波房地产热潮中被拆除了。过去对日本主要战犯实施绞刑的监狱，如今被一栋摩天大楼和购物中心所取代。

1970年代至1980年代早期，人们仍能在火车站候车厅和神道教寺庙前见到日本帝国军队的退伍老兵，他们或失明或残疾，靠做工粗糙的义肢方能站立；这些身穿白色和服、戴着墨镜的老人拉着破破烂烂的手风琴，曲目都是伤感的军旅老歌，指望人们赏几个钱。

一身美国最新款行头的年轻人走过他们身旁,大多瞥都不瞥一眼,好像这些糟老头儿根本不存在,又好像他们只是游魂野鬼,只有自己才看得见自己。年纪大一些的路人偶尔会扔给他们几个铜板,还是偷偷摸摸的,好像在用钱把丢人现眼的亲戚给打发走。这些身穿白色和服、鬼魂一样的人勾起了谁都不愿记起的往事。而如今连他们也永远消失了。在东京,唯一能唤醒上一次世界大战记忆的只有飘散在空中的一些零散片段,比如弹子房里传出的军队进行曲。

六本木是东京最时尚的几大区之一。1945 年来,这里一直笼罩着一种淡淡的西方味道。从前这里有个美军基地,如今则散发出奢华气息。外国模特快步奔向时尚工作室,年轻男子开着保时捷在大街上飞驰,淑女们在意大利北部风味的餐厅里享用简便午餐。浮华之间,矗立着一片难看的灰色混凝土楼群,破败的模样与周边环境很不相称,好像它们压根儿就不该出现在那儿。日本防卫厅总部*就设于此,当时其还算不上部级机构,仅仅是一个厅,尽管防卫厅长官拥有内阁大臣的职级。这些老楼是上一次战争仅剩的一点印迹。战前,这里的主人是日本帝国陆军,战后换成了美军。

在官方层面,日本是没有海、陆、空军的。1946 年,牢牢盯着日本人的美国占领当局塞给前者一部宪法,其中第九条声明"日本人民永远放弃以国权发动的战争",此外"不保留陆、海、空三军和其他战争力量"。自卫队是一个并不牢靠的妥协产物。实际上,日本的兵员人数相当庞大,只是宪法禁止其向海外派兵。

随着 1950 年前后冷战爆发,美国人再也不希望日本只充当解除武装、奉行和平主义的楷模。于是国家警察预备队应运而生。左派对此表示抗议,但无济于事。随后,同样顶着国民巨大抗议声浪的《美日安保条约》(Treaty of Mutual Cooperation and Security between the United States and Japan) 签署通过。理查德·尼克松

---

* 2007 年升格为防卫省。——编注

在 1953 年访日期间曾说宪法第九条是个错误。许多日本保守派同意他的说法，但他们的意见不占上风。冷战恶化后，部分得益于朝鲜战争，日本商界开始欣欣向荣，左派则不断丢失阵地。再后来，自卫队的身份得到了合法化，不少日本人至今仍然认为这么做的前提不仅值得怀疑，而且违宪。

  防卫厅主楼不管从内还是从外看，都一样毫无特色。我约了曾任防卫厅参事官的萩次郎*在这里见面。他的办公室布局简单，甚至有些寒酸：只摆了张写字台、一张沙发、一个碗柜和几个铁皮文件柜。墙上挂着一幅日历，图案是太平洋海滩上少女的招贴画。萩次郎身材瘦削，身穿一件蓝西装。我向他打听日本公众舆论。大多数国民觉得日本在这场战争中应扮演什么角色？他回答说多数人反对出兵。1990 年 11 月曾出台过一部支持派兵的特别法案，但后来不得不撤销。多数日本人一谈起军队就联想到过去的帝国陆军，他说。但是不同年龄阶层的人们立场不尽相同。萩次郎告诉我，对二战有切身记忆的人激烈反对日军出境作战，不管战场在哪儿。30—50 岁之间的人态度没那么强烈。至于年轻人，他们很容易受大众媒体影响，不是倒向这边，就是倒向那边。

  他提到了日本宪法第九条。信任的问题在德国经常出现，现在又冒了出来。萩次郎说："日本人不信任自卫队，因为他们连自己也信不过。这就是他们为什么需要宪法，好阻碍任何安保措施通过。"

  这句话颇为耐人寻味：日本人信不过自己。在我俩的谈话临近尾声之际，这种说法又出现了一次。我告诉萩次郎自己刚去过德国。他笑笑，蹦出一句让我意外的话："我很喜欢德国人，但我觉得他们是个危险民族，说不出为什么——也许是因为种族、文化和历史吧，诸如此类。其实我们日本人也一样：我们也习惯于走极端。从

---

* 萩次郎于参事官后，曾担任防卫厅人事局长，并于 1997—1998 年间任防卫厅长官。——编注

民族性来讲，我们日本人和德国人都具有高度的集体自律。当我们把精力用在正道上时，就是好事，但一旦滥用就会出大乱子。"说到这儿，他顿了顿，补充了一句："我还认为日本人和德国人都是种族主义者。"

当然，很多人对这点深信不疑。他们曾劝我相信德国人和日本人是危险民族，民族性格中存在某种劣根性。但我未曾想在日本防卫厅总部也会听到同样的话。尽管萩次郎将两个民族放在一块儿，但依我个人经验来看，德国人对二者之间的联系倾向于避而不谈。我经常从德国人那里听到"典型德国做派"这句话，而且口气几乎清一色都是贬义（相反，日本人说"典型日本做派"时，通常都带着一丝自我辩护和自豪）。许多德国人对自己被和日本人相提并论——甚至进行比较——感到很不自在（这一点又和日本人不同，他们经常这么对比）。我遇到的德国人常常强调他们和日本人有多么不同，正如"西佬"会强调他们和"东佬"的区别。这让我感到，"道林·格雷"这层因素或许在起作用。对于部分西德人而言，他们如今如此"开化"，如此自由，如此个人主义，又如此西化。反观日本人，他们的集体纪律、对权威人士的俯首帖耳，以及对待工作的军事化态度，似乎离一个才刚刚克服——也许远未克服——的自我形象并不是太远，这点让人不悦。

这么想并非全然没有道理。日本在19至20世纪师从德国，获益良多，但所学之物和德意志联邦共和国的自由气氛已经格格不入了。同德国一样，以知识分子和政客为首的日本人往往感到有必要借助浪漫民族主义来抵消某种民族自卑感。引进费希特的浪漫民族主义（organic nationalism）理论是为了振奋日本人的自尊心，即便那时的日本正在经历全盘西化，向西方列强看齐。1920—1930年代日本遭到了西方列强的排挤，这时斯宾格勒关于西方衰落的思想则让人感到宽慰。但时至今日，在经过日本人因地制宜的改造后，这些理论中的大多数依然广泛出现在电视、大学院校和流行期刊中。

犹太人主宰世界这一凭空想象出来的阴谋论在日本民间神话外围沉淀了下来，而战前受到舶来德国思潮大力提倡的单一种族意识形态在日本则远未绝迹。

在希特勒的德国，日本因为在思想深处实现了纳粹主义的抱负而备受推崇。拿纳粹宣传家乌拉赫（Albrecht Fürst von Urach）的话说，日本人的天皇崇拜是"世上最独特的一种糅合了国家形态、国家意识和宗教狂热的产物"。[5] 当然，狂热在纳粹的词典里是个褒义词。读到纳粹关于日本的著作时，人们的印象或许是德国宣传家希望通过宣传，向德国人灌输类似日本远古诸神传承给后人的那种文化。

对于国家行为——恰如个体行为——在多大程度上是由历史、文化或民族性决定的这一命题，多数日本人表现出了近乎走火入魔的关切。海外战争期间，日本电视里看不出多少彷徨失措（Betroffenheit）的迹象，也没有退役将领详细盘点战术和战略。相反，媒体和学界专家大谈这场发生在十万八千里之外的战争，姿态颇为超脱。这场战争在他们口中往往被描绘为西方和中东地区之间的一场文化或宗教冲突。关于穆斯林、基督徒和犹太教之间宿怨的讨论有很多，此外还有人详细分析美国人的性格，以求理解乔治·布什和施瓦茨科普夫将军（Gen. Schwarzkopf）的行事风格。

这种对文化的关切在私下谈话中也层出不穷。一次，我和三三两两的日本朋友相聚在东京某条巷子里，把酒言欢。这条巷子是战后为数不多的几条没变过样的街道之一。当中一段人称"黄金街"，过去是廉价红灯区。我们坐在一家居酒屋里，地方十分狭小，只能容纳大概十个人。居酒屋的名字取自一部先锋派法国电影，烟雾缭绕的空气中飘着比莉·荷莉戴（Billie Holiday）的歌声；这家店以经常招揽知识分子光顾为荣。多数酒客对海湾战争的看法是，这纯粹是一场为美国利益而打的战争。我的朋友均四十出头，热衷文艺事业。他们认为海湾战争关乎文化认同，美国人想要迫使阿拉伯人接受和美国人一致的世界观。

那么自由和民主呢？我问。这些原则难道不值得捍卫么？我们能容忍一个穷凶极恶的国家侵略他国么？我很清楚自己这么说并不很有说服力；科威特很难算得上是民主国家。但我的初衷是抛砖引玉。得到的答案很有意思，是一种变相的反西方论调。

"民主，"一个漫画家开口道，"并不是普世的，它只是一种西方理想，西方人谎称其具有普世意义。这恰恰是这场战争错误的原因：西方试图把想法强加给非西方国家。美国人不仅伪善，还很傲慢。"

一位著名的电影导演使劲点头，表示如果当初美国人不来的话，日本只会更好。他指的是1853年美国海军将领佩里率部侵入日本的"黑船事件"。"他们夺走了我们的文化，"他说道，"我们现在几乎都不知道自己是谁。"

我与他相熟，知道他这么说只是在煽情。但是，同日本艺术家和知识分子交谈时经常会出现这一幕：但凡在讨论日本和外部世界的时候，身份认同这个话题几乎无一例外都会横插一脚，导致的结果是怪异的认同感。我曾在左倾的《朝日新闻》里读到过下面这封来信，作者是中村哲。中村是医生，属于"六八一代"，对中东事务很积极。信件内容如下："当我们谈论世界新秩序的时候，有必要理解我们的亚洲同胞，他们有着和西方人不同的价值观和文化。我们必须反思对亚洲的态度。仅仅五十年前，我们日本人处在传统社会和西式现代化这对矛盾中，同美国打了一场仗，为此吃尽了苦头。这场战争至今尚未终结。是时候重新思考在广岛和长崎逝去的几百万（原文如此）'英灵'有何意义了。"[6]

这种说法在语气和思路上与风靡三四十年代的日本泛亚民族主义高度相似。自19世纪以降，日本曾激烈地抗击过西方对亚洲的主导，时而显得缺乏变通，但始终值得敬佩——这一观点并不新鲜。它肇始于1860年代的"尊皇攘夷"运动，在日本的战争宣传中颇为促销。在1964年出版的《大东亚战争肯定论》中，林房雄曾为其进行辩护。战后，他的反西方民族主义观成了右翼卫道士的模板。

但林房雄过去是共产党，而且他曾写道，在一个理想世界里，日本再也不会因国际政局而分化，所有日本人都会往一处想。他的原话是："一种日本式思维将会诞生。"[7] 这些字眼里能读出怀旧。太平洋战争期间，日本人被教导"一万万心一齐跳动"（一亿一心）。

海湾战争期间，理想中的世界还遥不可及。《朝日新闻》的一项民意调查显示，七成的受访者反对对伊拉克动武，但在二十来岁的年轻人中，有29.6%的人支持动武，还有起码相同比例的人回答"说不上来"。中村刊登于《朝日新闻》的来信反映出，投书该报的读者中间存在一种普遍的论调，只不过他文字中的感情色彩更加鲜明而已。有封具有代表性的来信是这样写的："纵观历史，我们日本人如今总算有权利和义务对战争说不，并向世界传授我们的切身经验，诉说我国无辜平民如何沦为惨烈轰炸的牺牲品。"

这一论调在许多日本人看来，代表了宪法第九条的立场。1946年，当时的日本首相币原喜重郎向麦克阿瑟将军提出抗议。他说，日本应该放弃战争、作出道德垂范这种说法固然很好，但在现实世界里，没有国家会效而仿之。麦克阿瑟回应道："就算没有国家效仿，日本也不会吃什么亏。那些不支持的人才是不对的。"长久以来，多数日本人一直秉承这一看法，然而海湾战争让他们有所动摇。

这一看法值得尊崇，但也建立在某种"虚无的背叛说"之上。根据这一传说，日本成了个崇尚道德、爱好和平，独树一帜的国家，却遭到了清算其战争罪行的战胜者的背叛；在越南、阿富汗和尼加拉瓜，它遭到了背叛，在军备竞赛和冷战中也是如此；针对广岛和长崎的"毫无必要"甚至是出于"种族报复"的核打击，以及之后各大国发动的一切军事行动——包括讨伐萨达姆·侯赛因的决定——都让日本成了受害者。对此最笃信不疑的是左派的男男女女，他们对宪法第九条的坚持，就好比牧师爱护其祷告书一样。

海湾战争正式结束后几个月，一位名叫松本健一的文学批评家在《东京新闻》上撰稿，文中他将萨达姆入侵科威特比作日本偷袭珍珠港。[8] 从某种意义上来讲，这和恩岑斯贝格尔在《明镜周刊》里拿萨达姆和希特勒作比较有异曲同工之处。松本写道，萨达姆为泛阿拉伯理想而战的声明"让人不寒而栗地联想起日本军国主义者，他们在珍珠港事件爆发前夕曾傲慢地宣称'亚洲是一家'"。伊拉克和日本都与西方帝国主义展开了"圣战"。但是在松本眼里，二者的相似性还不止于此："日本和伊拉克出于几乎完全一致的理由发动了战争。"西方大国因为切断两国的贸易和原材料供应，被指责让战争变得无法避免。于是乎，战争对日本和伊拉克就成了一件名义上关乎生死存亡的大事。"日本，"松本写道，"尚未对其战时暴行进行过忏悔，因此如果我们不能自我批评，就没有资格指责伊拉克人采取非人道行为和违反国际法。"

写到这儿都还不错。类似的自省文字在主流日本媒体中十分罕见。但是紧接着，指向自己的手指突然来了个一百八十度大转弯："另一方面，美国大众传媒对于空袭伊拉克之初的反应，让人回想起日本在太平洋战争初期捷报频传时的欣喜若狂……"结论是："海湾战争再次让我认识到了战争的乏味和残酷。在听闻首相海部俊树表达对多国联军的坚定支持，并谋求向中东派遣自卫队之后，我大为震惊。日本陷入野蛮状态也就是五十年前的事，但这个国家的保守派政客似乎并未从中吸取多少教训。"

那么，我们就得出这样一条结论，即各方一样野蛮：战时的日本、萨达姆、布什、日本保守派政客，概莫能外。和平主义目标也许很高尚，质疑美国媒体的兴高采烈或许不无道理，但这种看法为图省事，不分青红皂白。比如所有战争都是非正义的：这就好像波恩集市广场上的警示柱，或认为轰炸巴格达是1945年以来最严重战争罪行的主和派教授。历史就是一个筐，什么都能往里装。

然而，日本和德国有一处天壤之别：以色列。日本人对犹太人没有负罪感；没人会发了疯似的给以色列驻东京大使馆打电话；日本也没有自己的沃尔夫·比尔曼。海湾战争勾起了不少德国人对大屠杀的回忆；但对于多数日本人来说，这只是另一场战争，一场距离他们十分遥远的战争，其爆发过程有点像自然灾害。或许，如果联军的轰炸目标不是伊拉克而是中国乃至朝鲜的话，日本的战争罪孽就会起作用。但就算是那些对中国和朝鲜抱有歉意的日本人，也不会把日本发动的战争和屠犹看成一回事。

拒绝对历史作出区别对待，并不仅仅是一种逃避罪责的办法。它也是和平主义的核心。就连对不同战争作区分，或承认有些战争师出有名，都已经是一种不道德的立场了。所幸对于德国和日本而言，和平主义恰好是一种用来麻木历史罪行之痛的办法。或者反之，如果一个人沉浸在里头无法自拔，和平主义就会把对国家罪行的内疚转化成一种美德，相比于其他国家的死不悔改，甚至成为一种优越感的标志。这也可以是历史短视的成因。

小田实是日本反对越战运动的鼻祖，也是一部描写广岛原爆小说的作者。他告诉我，日本必须坚持和平主义："所有国家当中，日本必须充当有良知的反对者。"但成为军事强国的日本会十分危险，小田说道。德国也一样。他认为，德国很快就又要成为一个单一种族的国家了。当我表示他的话有待商榷时，他说我是西方人、是白种人，根本没资格说三道四。

我问他对越战怎么看，他说自己看不出越战和日本的亚洲战争之间有什么区别。其实，正是越战促使他反思日本对亚洲的征服。他也不认为欧洲殖民主义同日本侵略中国和东南亚有何不同。当我指出我认为存在的区别时，他恼了，嗓门也大了起来。"你看，"他叫道，"我可没工夫陪你讨论历史的差异。殖民主义是罪恶的，事情就是这样。"他的圆脸涨得通红，大手砸得桌面砰砰响。坐在他身旁的朝鲜裔妻子没出声，只是盯着茶杯。我被提醒要注意自己的身份。

小田生于1932年，他记得当初在日本大败美国人之后，自己挥舞着旭日旗，心里别提有多骄傲了。他同样记得并且无法释怀的是，就在天皇宣布"战事发展对日本不利"、是时候投降了的前一天，家乡大阪被炸了个稀巴烂。小田说自己没有哭，让他真正难以接受的是，日本在战后本有机会和过去一刀两断，却被美国人生生给搅了。是美国人允许天皇保留皇位，并同意那些把日本引向战争的官僚和政客继续统治这个国家；也是美国人，通过建立自卫队，促使日本人亲手削弱了本国宪法；同样还是美国人，把日本人变成了美帝国主义在亚洲的帮凶。

小田的怨恨不无道理，但他对于西方的矛盾心理要比政治幻灭来得更复杂。这种矛盾心态接近于敌意，部分或许与年龄有关。毕竟，他少时接受的教育是仇视"美利坚-盎格鲁妖魔"（鬼畜米英）。而泛亚主义宣传与富有浪漫色彩的第三世界主义（Third Worldism）其实相距并不遥远。但是，尽管小田信奉第三世界理论，他并非只同情受压迫者，压迫者他也同情。他发起"越南和平"运动，目的之一就是要帮助美国逃兵和反战示威者。在小田眼中，美国大兵和原日本帝国军人一样，既是侵略者，也是受害者；说他们是侵略者，因为他们残害无辜百姓；说他们是受害者，因为他们也是迫于命令。

在日本，对待西方的态度除了复杂，没有第二个字眼可以形容。表面上，日本是亚洲最西化的国家，就连在小田实眼里，他大概也觉得纽约比北京更近吧（我敢说他对托斯卡纳也比对德累斯顿更熟悉）。即便19世纪的日本曾出现过一股驱逐外夷的运动，但与此同时也存在"脱亚"运动。19世纪与20世纪之交，日本在亚洲大陆的战争促生了一批浮世绘版画，在这些作品里，日军的身材普遍高大，肤色较浅，穿着欧式军装；而他们的对手则是侏儒一般的黄种人，留着辫子，身穿丝绸衣服。日本人的优势一露无余。

矛盾心理形态纷呈，这在不同观点的交锋中显露无遗。右翼自民党政客龟井静香几乎从任何角度来看都是小田实的对立面。虽说他们年龄相仿，身材都很敦实，有着农民般的粗线条，不过这也就是两人所有的共同点了。龟井在防务问题上是鹰派，他希望废除宪法第九条，在教育中注入更多爱国主义元素，让军人英雄成为学生引以为荣的对象，等等。他不相信日本的亚洲战争真有那么恶贯满盈。另外，他希望恢复天皇在这个家族式国家里神圣的一家之主地位，并重新确立神道教的国教地位。他认为，美国人在战后夺去了日本的认同感、自豪和雄风。

我在龟井位于东京、距离国会大楼不远处的办公室里拜访了他。和小田一样，他的谈吐很是粗鄙，而且是有意为之，倒不是为了表现得和我熟络，而是为了突出某种不拘小节的男子气概。我们交谈过程中电话响过一两次，对话也因此中断。龟井接电话时吐字不清，能听到的只有哼哼声或嘟哝声，分别表示肯定、否定或道别之意。

我问他怎么看海湾战争。他嗯了一声，开口说道："我们日本人有个词叫'建前'，就是官方真相的意思，你说事情什么样就是什么样。但我们还有另外一个词，叫'本音'，指的是真实感受、事情的真正面貌。现在，'建前'是指伊拉克入侵科威特这点无法容忍，'本音'则是说美国人在开战前没有征询我们日本人的意见。"不满的情绪清晰可见。龟井从相反的角度阐释了小田的观点：美国逼迫日本当了它的帮凶。

"接下来，"他继续说道，"还有以色列的问题。你知道，我们日本人消息很灵通。我们知道美国的真实面目。这儿的人在电视上见过亨利·基辛格。他是犹太人，我们知道犹太人在美国有多大势力。这些我们都知道。所以'本音'告诉我们，这场仗是为以色列而打的。"

这种论调在日本很普遍，很刺耳，但也容易产生歧义。问题的重点不在犹太人，而在于美国。在头脑闭塞的日本人看来，美国人和犹太人的利益常常被混为一谈，这种混淆也不只日本才有。正如所谓"永恒的犹太人"，"美国"是没有根基的世界主义、国际阴谋论等概念的代名词。龟井选用如此怪异和民粹（Volkish）的口吻来探讨这种普遍的偏执，具有多层含义：一是某些最丑恶的欧洲传说在日本扎下了根，二是屠犹历史在日本没有影响，三是日本在某些方面十分闭塞。我觉得这三种解释都说得通。

"在19世纪,"龟井解释道,"日本受到了西方帝国主义的威胁。中东的边界都是西方列强划定的,英国人对巴勒斯坦负有责任。伊拉克现在的行为和西方列强不久前的所作所为并没有什么两样。我个人就是这种印象。当然了,萨达姆肯定是不对的,但也不能说西方大国就是对的、其他民族的人就是错的。不能这么说。"

和小田乃至许多左翼人士一样,龟井也在种族的象限中思考问题。他用了"人种"这个词,甚至没用"民族"这个更常用的词。在日本右翼的话语中,"人种"对应的是德语里的人民(Volk),或者较中性的"国民"一词。

日本政府的官方立场是支持海湾战争,并出资九十亿美元声援联军的行动。日本社会党对此坚决反对,态度之强硬远超德国社民党。但政治永远都不是一件简单的事。龟井分析了自民党的立场:"我党的'本音'和社会党人差不多。我们支持战争,只是为了让美国人高兴。"

龟井不算是主流保守派,他是党内的极右派。作为右派,他在反美或反西方一事上比政府更加积极。他对在亚洲建立新同盟关系、脱离美国卵翼能说个不停。他表示日本人感觉亚洲比西方更易亲近。我告诉他,德国保守派坚持自己是西方的一部分,可以说,他们把西方同盟变成了德国民族认同的组成部分。我还跟他介绍了阿登纳的亚洲观。

龟井听完哈哈大笑,露出一排整齐的镶金牙。"哦,"他承认道,"美日关系的问题很难解决。这是个种族问题,真的。美国佬很友善,也很坦诚。但你也知道,关系要搞好不容易。你懂的,我们必须保持友好……"

他的话中同样能读出一丝混淆,这种混淆在日本司空见惯。龟井把政治问题和文化问题混为一谈,以为它们是一回事。事实上,日本官员之所以觉得他们必须与美国保持友好,和文化无涉,和种族更是扯不上边,倒是和两国之间一边倒的安保协定有莫大的关联。当然了,迥异于西方的文化传统也可能使日本比起西德来,更难融入西方世界。要是日本和西方之间确实存在一道边界的话——这条边界会比易北河还要难以跨越——这会有助于解释另一种成见（idée reçue）：在民主自由的西德，许多德国人尝试过坦诚面对自己国家的可怖过去，而日本人由于和他们不同，则做不到这样。

诚然，相较于西德人，日本人较少关注他们带给别人的苦难，更倾向于推卸责任。另外，不管形式上如何规定，自由民主体制在日本并未取得像在联邦德国那样的成功。文化差异也许能作出解释，但人们也能从更政治化的角度来审视这一情况。在1938年发表于伦敦的著作《同西方的战争》（The War Against the West）中，匈牙利学者奥雷尔·科尔奈（Aurel Kolnai）效仿希腊人，对西方进行了定义："对于古希腊人，'西方'（或'欧洲'）意味着拥有自由宪法和公认规则赋予的自治权的社会，在这个社会里'法律为王'；而在'东方'（或'亚洲'），神权社会掌握在上帝般的统治者手中，他们的臣民'像奴隶一样'为之效劳。"[9]

根据这一解释，希特勒的德国和战前的日本都属于东方。正如科尔奈的书名所暗示的，德国跟西方打了一仗。如今，阿登纳的德国也许算是找到了回归西方的道路。1949年，德国法学家起草了《德国基本法》。1954年，西德正式成为主权国家，尽管国内仍然留有西方大国的驻军。德国通过了一部紧急状态法，授权自己掌管本国防务。除柏林以外，占领已正式宣告结束。但在日本，从某些方面看，军事占领至今仍未完结。

日本的神圣统治者被美国人勒令卸下其神圣外表。这个喜欢罕见的甲壳类动物、也喜欢各种米老鼠手表和英式早餐的天皇，也许反而感到一丝宽慰，很快就顺从了。美国人随后颁布了一部读起来就像是直接从英语翻译过来的宪法，剥夺了日本的自卫权。多数日本人已对战争无比厌倦，且高度不信任军事领袖，于是欣然接受。这之后，冷战的爆发又促使美国人逼迫日本人推翻自己的宪法，建立一支本不应该存在的军队。世上最糟糕的局面就这样产生了：主权没有复得，不信任感依然存在，而不满情绪在日积月累。龟井等鹰派愤怒于美国人把日本变得一蹶不振；小田等鸽派则恨美国人阉割了《和平宪法》。双方都很反感被人当成帮凶，且都感到自己是受害者，这也从一个角度解释了要日本人承认他们的战时问题为什么比德国人更难。

就算真能从历史中吸取教训，这句话在日本也经受不住考验。在没有正式主权的前提下，诸如是否要安抚侵略者的问题没有半点意义。我在东京邂逅一位社会党政治家，问他如果西方早点动武的话，是不是德、日两国与西方就可不必兵戎相见了。他回答说："也许吧，我不知道。但我们拒绝任何依靠军事手段的解决办法。"当我问小田，一个国家是否有权帮助他国、对抗侵略者时，他的回答是"没有"。我指出，照他这么说的话，赢得战争的就会是轴心国了。对此他答道："你的思维方式显示你接受的教育是从受害者角度出发的，而我接受的则是从侵略者角度出发的那一套。"

这话固然没错，但依然坚信日本人和德国人是危险民族的是他，不是我。这里隐含着巨大的讽刺：麦克阿瑟将军和他的幕僚在努力使日本成为西方一分子的过程中，成功地让日本在精神上做到了这点。一个受胁迫且孱弱无力的帮凶根本算不上什么帮凶。近年来，日本往往被称作经济巨人、政治侏儒。然而，这一特征和传统日本心理——孤立主义、和平主义、在外国人面前的胆怯，或诸如此类的品格——的关系并不大，倒是和战后美国参与创造的政治大环境有莫大关联。要理解日本人对亚洲战争记忆的复杂性，就必须理解其战败之后面临的局面，必须退回到1945年。

第二章
废墟中的浪漫

对于日本人和德国人,很难说战争到底是何时开始的。我想不出公众印象中有什么画面标志着战争拉开序幕。在一张摄于1939年的著名照片里,德国士兵正移除波兰边境的路障,但那算是战争打响的时候么?如果不是,那德军1936年挺进莱茵河地区算不算?抑或者是吞并苏台德区、奥地利和捷克斯洛伐克?至于迫害犹太人的行动,应从希特勒上台的1933年算起,最迟也不会晚于1935年。当年,纽伦堡颁布了种族法。再或者,那些记录1938年11月9日晚犹太教堂起火的照片才真正标志着大屠杀的最初阶段?也许是为了避免混淆,许多德国人倾向于谈论"希特勒时代"(Hitlerzeit),而非"战争"。当人们真的提到"战争"时,浮现在脑海中的是东线战场上挨冻的德国士兵,以及被炸弹摧毁的德国城市。

对于日本,1931年建立伪满政权是走向虎视眈眈的一步棋,预示着日后的局势将愈加波诡云谲。针对中国的全面侵略始于1937年北京郊外的"七七事变",四年后的偷袭珍珠港则揭开了太平洋战争的序幕。这里顺便提一句,只有自由派的日本人才管二战叫太平洋战争。那些坚持认为日本打仗是为了把亚洲从布尔什维克主义和白人殖民主义魔掌中解放出来的日本人,管这场战争叫大东亚战争,一如"大东亚共荣圈"的说法。持这一论点的人将1941—1945年的战争与侵华战争区分开,至今依旧坚称后者为"支那事变"。另一方面,自由派和左派倾向于将这些战争糅合在一起,统称为"十五年战争"(1931—1945)。《大东亚战争肯定论》一书的作者林房雄断然不会是自由派,他的看法是,和西方帝国主义的斗争实际上始于1853年,标志是海军司令佩里率黑船来到日本。他以此为由提出了"百年战争"的说法。

如果说战争的开端难以判定的话,那么标志其结束的画面则十分明显,比如广岛上空升腾而起的蘑菇云。这一无比震撼的场景被美国空军摄影师记录在胶卷中。此外,日本天皇于8月15日通过广播宣读停战诏书,本来杂音就大,他还操着一口模棱两可的宫廷语言,恳请哽咽的臣民"忍受不能忍受之事"。这些历史片段在无数日本小说里都有记载,也被多次搬上银幕,成了战后日本最老生常谈的一部分话题,是国家战败、苦难和耻辱的缩影。

至于德国战败的符号,我想最有代表性的画面莫过于苏军士兵手举红旗、登上柏林断壁残垣的国会大厦楼顶了。有个东德人曾告诉我,照片里一个苏联军人的手臂上戴着好几块抢来的手表,就像一串串镯子。此君很有洞见地评论道,解放通常掺杂着非正义,因为解放者往往没比征服者好到哪儿去。为此我又端详了会儿照片,但没见有手表。长达四十年的苏联统治肯定让他的记忆出现了偏差,但他的直觉应该没有错。

要是希特勒烧焦的尸体有照片为证的话,毫无疑问它将成为1945年的象征之一。可惜没有,有的只是戈培尔*一家服毒自杀后的照片。他偏大的头颅形似一个畸形的葫芦,轮廓至今清晰可辨。除此之外,还有一张著名的照片:希特勒站在藏身的地堡出口处,

---

* Paul Joseph Goebbels(1897—1945),纳粹德国宣传部长。

带着伤感的眼神（也许不是伤感，只是恼怒？）最后看了一眼他被摧毁的帝都。这张照片有一种浪漫的甚至是戏剧性的吸引力：邪恶天才终于走到了穷途末路。

希特勒的覆灭和天皇玉音放送既象征着终结，又是一种诡异的延续。不管寓意有何区别，二者永远都将与毁灭牢牢联系在一起——毁灭的城市、毁灭的人、毁灭的理想。1945年最震撼人心的影像是广岛、柏林和东京的默片：寸寸焦土，弹坑连连；柏林这个带有19世纪建筑风格的城市面目全非；东京则到处都是焦炭和溢满水的弹坑。

1945年夏，就在广岛和长崎原爆前一个月，斯蒂芬·斯彭德（Stephen Spender）受英国政府委派，前往德国探查幸存知识分子的生存状态。他见到的只有废墟。这里有段他在科隆期间写下的文字："这座城市的废墟反映在居民内心的废墟中。他们不仅没能成为覆盖城市伤口的疮疤，反而成了噬咬死尸的寄生虫，在废墟间翻拣埋藏在下面的食物。他们还在大教堂附近的黑市上做着买卖——这是毁灭而非创造的营生……科隆这座城市遭遇的灭顶之灾，其前世今生一并毁灭，就像是对依然生活在那儿的人的一种责难。德国的乱石堆宣讲着虚无主义的布道。"[1]

沃尔夫冈·施多德（Wolfgang Staudte）于1946年拍摄的《凶手就在我们中间》（*The Murderers Are Among Us*）是战后德国首批故事片之一。片中，我们见到满腔怨气的梅尔滕斯博士匆匆穿行于柏林破败的街道。他喝醉了，眼神看起来像发了疯。不久前刚发生过的一幕幕可怕事件萦绕在这个男人心头，挥之不去。老鼠不时从断壁残垣间爬出来，在他脚边窜来窜去。"老鼠，"他轻声自语，"老鼠，老鼠，哪儿都有老鼠。"

德国人管这叫"覆灭"（Zusammenbruch）或"零时"（Stunde Null）：所有一切似乎都来到了终点，需要推倒重来。日本人管这叫"战败"或者"终战"。后面一个词淡化了战败的打击。与此同理，美国的军事占领被称为"美国驻军"。所有德国人和日本人曾经被教导要笃信不疑的事物——从"领袖原则"（Führerprinzip）到天皇崇拜，从"主宰者民族"到武士道精神，从"生存空间"（Lebensraum）到全世界同在一片（日本人的）屋檐下（八纮一宇）——所有这些概念都已灰飞烟灭。正如小说家野坂昭如所写的那样，大阪焦土上唯一闪闪发亮的，便是美国大兵扔下的银色口香糖包装纸。

斯彭德采访了时任科隆市长的康拉德·阿登纳。阿登纳告诉他，德国人精神空虚，"想象力必须得到满足"。这可不是件简单的事，特别是考虑到德语这门语言受到了大屠杀术语彻底的感染。人们如何从刽子手的语言中营造诗意呢？又怎么能将这门语言从一位著名德国语言学家所称的"第三帝国的语言"（Lingua Tertii Imperii）当中分离出来呢？[2]"语言再也不是人类经验的载体，"乔治·斯坦纳说道，"仅仅只是供人言说。"

日本人倒没有这方面的问题。日语相对毫发无伤地躲过了战火的摧残，尽管战时一代人中有些相当敏感，听到某些特定词汇时无法不愁眉紧蹙。哲学家吉本隆明在1960年代早期曾写道："战败后没多久听到诸如民族或种族这样的字眼，会有一种又添新伤的感觉。"[3] 话虽如此，日语里的"国家"和"民族"，与德语里的 Sonderbehandlung（特别对待）或 Einsatzgruppe（特别行动队）并不能等量齐观。日本帝国主义的术语有种族主义色彩，且夸大其词，却并不散发灭绝营的腐尸臭气。

不过，日本文化的确存在一个问题，既与德国的困境有可比性，也不完全一致。困扰德国的是纳粹主义。虽然一些人相信希特勒主义的祸根及德国独特的历史进程（德语称之为"特殊道路"，Sonderweg）可追溯至路德，或至少是赫尔德或瓦格纳，但不管是瓦格纳还是赫尔德的作品——遑论路德的著述——从未被列为禁书。在德国，还有传统可以倚仗。在苏占区，魏玛共和国时期的左派文化得到了大力复兴。在西占区，作家靠做"歌德梦"来逃避老鼠横行和废墟遍布的现实。人们常援引歌德的大名，以此证明德国同属欧洲文明中崇尚人文关怀和启蒙思想的那一脉。

但据占领当局所知，日本从没有过类似歌德式的人物，况且在日本传统文化多年来被沙文主义宣传严重扭曲和异化后，美国人（以及不少日本左派）对任何与"封建主义"有关联的事物都疑心重重，他们对"封建主义"的阐释涵盖了日本前现代大部分时期。封建主义是民主的敌人，因此美国审查官在向日本人传授民主的过程中，不仅取缔了武侠片和武士题材的剧目，一度还将九十八部歌舞伎作品归入禁演之列。中世纪的诗集因为流露出极端民族主义情绪而备受批评。甚至连长期在神道教自然崇拜中被奉为圣物的富士山，都被禁止出现在文艺作品中。过去，自然崇拜经常蜕变为对日本国家政权的崇拜。于是，1946年上映的一部故事片里，农民在富士山山坡上劳作的一幕被剪掉了。这就好像说德国——不管有没有"特殊道路"——只需肃清纳粹主义，而日本的整个文化传统都必须回炉重造。

然而，战败和废墟的确酝酿了一种新的文学（和影视）派别。在德国，这叫"废墟文学"（Trümmerliteratur）。在断壁残垣间长大成人的日本作家管自己叫"在战争火灾后的焦土废墟长大的一代"（焼け跡世代）。1940年代末至1950年代的许多文学作品都蒙上了一层虚无和绝望的阴影。参过军的日本小说家工于描绘人类在极端条件下的行为模式。人吃人是个普遍主题，大冈升平在作品《野火》中，回顾了战争结束前夕在菲律宾服役的岁月。那时，饥肠辘辘的日军被包围在吕宋岛的深山中，要么是杀了敌人吃肉（原住民为"黑皮猪"，美军则是"白皮猪"），要么只能自相残杀。此外还有讲述士兵返乡后发现妻子跟别的男人跑了的故事，以及良家妇女沦为娼妓、体面的男人在黑市行乞的作品。

外国占领引发的耻辱感和怨恨情绪，直到占领结束后才成为一个普遍——以及可供出版——的主题。在德国，这方面的例子是恩斯特·冯·所罗门（Ernst von Salomon）所著的《问卷》（*Der Fragebogen*）。该书出版于1951年，在商业上大获成功。所罗门是个大恶人，曾于1922年参与暗杀德国犹太裔外交部长瓦尔特·拉特瑙（Walther Rathenau）。在《问卷》里（书名指德国人被迫填写问卷，交代他们是否当过纳粹），所罗门称美国人跟过去的德国人一样粗俗、愚蠢和野蛮。"愚蠢，"小说主人公如是说道，"是世上最容易理解的。让我情绪低落的不是我们战败了，而是战胜者使其变得毫无意义。"[4]

在日本，这样的文字也并不少见，没准比德国还要泛滥，因为占领当局的审查人员十分积极地封杀封建思想和反美情绪。1950年代，日本涌现了一系列批判战争罪审判不公和美军轰炸惨绝人寰的影片，由此诞生了一个全新的文学种类，专注于描绘广岛和长崎原爆的后续影响。观影者对于美军基地内的阴暗面有着近乎色情般的痴迷：犯罪、卖淫嫖娼、强暴无辜日本妇女。如果说蘑菇云和天皇的广播讲话是关于战败的俗套印象，那么美国大兵（往往是黑人）强暴日本少女（总是又年轻又天真那种）——而且施暴地往往是洁净的水稻田（象征朴素和田园牧歌式的日本）——则是战后军事占领题材影片的一种标准套路。

对于德、日两国多数国民而言，战后最初几年纯粹是一段苦难深重的岁月。然而，这一时期大部分文学作品，或者更确切地说，有关这一时期的文学作品——因为大部分都是日后才写就的——之所以引人注目，在于其蕴含着一股深刻的浪漫主义气息乃至怀旧气息。这也影响了战后不久成长起来的一代人的个体记忆。比方说，回忆当年在东京隅田川附近弹坑里玩耍的情景时，日本剧作家唐十郎说道："四周能看见地平线，天空如此明亮，亮得所有一切看着都那么刺眼。在废墟里玩耍真好，就像是梦境拼成的风景。"

散文和小说家坂口安吾在战争结束时已年逾四旬。他因为恰好超龄而未被征召入伍，战后以描写轰炸及其影响的作品而扬名立万。

有人称其文风具有虚无主义特征，我不敢说这一用词是否恰当。总而言之，他完美地诠释了一个满目疮痍的战败国的精神，只不过其笔触显示作者是个经历了祛魅的浪漫主义者——前提是人们要能想象这一形象。在名作《堕落论》中，坂口把东京遭遇的空袭描绘为一幕壮丽的奇观，一场足以致命的焰火表演。[5] 他陶醉于"人们听天由命的诡异之美"，乐见少女们在一片焦土上四处走动，在破败与毁坏间绽放笑容。

然而，战后初期是一段彻底堕落的岁月。微笑的少女脸庞——即坂口笔下"废墟中的爱"——不见了："未像樱花一样为天皇凋零的青年如今摇身一变，成了黑市商人。"但在他看来，比起战争的浪漫，堕落才更真实，也更可贵，前者不过是政治宣传刻意营造的幻觉罢了，比如舍生取义之美、天皇崇拜、尚武气概、天神下凡的民族等等。必须击碎这些幻觉，让日本人重新"落入凡尘"："哦，日本人，哦，日本，我希望你们都变得堕落。日本和日本人必须堕落！只要天皇体制还在，只要这种历史设计依旧是民族观的一部分，他们就会被操纵，而我们也就无法像人一样在这个国家活下去。"

当时，对于坂口安吾或者其他作家来说，废墟提供了希望。终于，日本人在脱下了传统和理想的"虚假和服"后，只剩下最基本的人类需求；终于，他们能感知真正的爱和痛苦；终于，他们将变得诚实。废墟里容不下虚伪。

这是知识分子中间普遍的一种自负：贫穷是美德，一文不名的人是纯洁的。这种自负在那段日子里因为社会主义愿景的短暂复苏而获得了额外的动力。部分左派人士，包括一些共产党人，是唯一在战争中幸免于难且未染指日本帝国主义冒险的人。1940年代，美国占领当局曾鼓励他们积极参政，一做就是几年。左派政党或相继成立，或恢复活动，工会也得以组建。也许，在一贫如洗、万众一心的国民的努力下，一个真正民主的（当然是社会主义的）日本终于可以从战争的废墟里站起来了。

第二章　废墟中的浪漫

作家沃尔夫迪特里希·施努厄（Wolfdietrich Schnurre）在1963年回忆起，德国也曾有过类似愿景。在他看来，这提升了德国人的道德水准。他表示："在毁于战火的德国，存在一股真实而迫切的热望。那时，幸存者仍能听到死难者无声的哀求。那时，和平的清风一如往昔，拂过被烧毁的房屋。人们心中仍有信念。他们仍期待一个中立的、统一的德国。新欧洲的理想尚未被民族国家之间的对抗撕成碎片。自由还尽在掌握，反对军国主义和求生欲望依然是一回事。"[6]

斯蒂芬·斯彭德在德国感受到的并不是这种情绪，但人们的语言具有典型的左派怀旧特征。小说家海因里希·伯尔比坂口安吾年轻约十岁。他和大冈升平同是返乡士兵。跟施努厄一样，他也在德国的残砖碎瓦中看到了人类救赎的真正机遇。他是"四七社"（Gruppe 47）这一文学圈子里的积极分子，汉斯·马格努斯·恩岑斯贝格尔和君特·格拉斯也是该社成员。这一非正式组织成员的共性在于他们的左倾倾向，偏爱海明威式言简意赅的报告文学文风，反感浪漫的避世主义。在一篇写于1952年、名为《我属于废墟文学》（'I Belong to Trümmerliteratur'）的文章里，伯尔同情"黑市商人和其受害者，同情难民和所有失去栖身之所的人，当然还有最重要的，同情我们这代人。这代人身处一种奇怪而难忘的情境：他们返回了家乡"。[7]

和坂口一样，伯尔在孑然一身的人那里看到了某种神圣性。他对返乡士兵亦投去了浪漫主义眼光，以至推举荷马作为"废墟文学"的代表。"荷马的大名在整个西方文明世界都是无可指摘的：荷马虽为欧洲战争文学鼻祖，作品描写的却是特洛伊战争，特洛伊如何灭亡，以及尤利西斯的返乡之路。这是记录战争、废墟和返乡的文学——我们没理由对这一描述感到惭愧。"

这么说也许是想挽回些颜面。拿尤利西斯来对比希特勒的部队或许并不太合适，但却典型地折射出这位德国作家想要成为"西方文明世界"一分子的急切心情。当然了，回过头来看，当初这几年算不上是什么绝望时期。伯尔和与他想法一致的人要再晚些才能体会绝望。伯尔能够准确地指出德国"覆灭"的结束，以及资产阶级虚伪和道德健忘症的开始，即1948年6月20日，也就是货币改革开启的那天。是日，由美国人指定的英、美占区经济管理局局长路德维希·艾哈德（Ludwig Erhard）创造了德国马克（Deutsche Mark）。自此，DM将成为象征西德人国家荣誉感的新符号；它同时还将苏占区里的东德人排除在外。艾哈德的口头禅是"人人致富"（Wohlstand für Alle）。对于不少相信一个崭新世界里人文精神将战胜自私和贪婪的人而言，这意味着一段浪漫史的终结。

伯尔（在1960年）说过："消费者，我们是个消费者组成的国家。领带和因循守旧，衬衫和推陈出新。随便什么都有人消费。唯一重要的是，所有一切——管它是衬衫还是因循守旧——都可以出售。"[8]

正因为德国人"无法哀悼"，同中东欧各处堆积成山的尸骸撇清了关系，第三帝国——借米切利希夫妇的话——才"像梦一般褪了色"，从而使得认同美国人、战胜者和西方变得较为容易。[9] 如果说伯尔和米切利希夫妇的话可信的话，那么从"覆灭"伊始，德国人就存在一种强烈的逃避现实的倾向。这一刻意遗忘的进程最终以人们焦急投身重建、奔向繁荣而收场。

冷战的来临催化了这股致富热潮，在一定意义上加深了健忘症，也必然强化了对西方的认同感。西德于是和西方盟友建立统一战线，它们共同的敌人是"亚洲的"苏维埃帝国，其他无需多问。正如只要在外籍兵团服过役，过去都会一笔勾销。诚然，在一些人眼里，冷战只是坐实了他们一直以来的看法：德国从来都站在正确的一边，要是我们的美国朋友早点明白这点就好了。对于那些盼望出现一个反战的社会主义德国的人，冷战不啻为致命一击。

米切利希夫妇在《论无法哀悼》中对德国的心理分析有些一概

而论——真能为整个民族作心理分析么？也许，稍稍健忘一点，对西方多认同一点，多点精力投入经济复苏，这些并不是多坏的事。三十年前的德国遭到羞辱和压榨后发生了什么，我们一清二楚。因此"人人致富"恐怕是西德人能有的最好待遇了。它剥离了战败播下的仇恨（以及日后的极端主义）种子，而对西德融入西方同盟也不无裨益。然而，伯尔等人对一个民族变得脑满肠肥（"松松垮垮"这个词出现频率很高，意指惰性和颓废），以及忘却过去累累血债感到厌恶，是可以理解的。这可不是一种令人愉快的"景象"。

在施多德的影片《凶手就在我们中间》里，反派是个叫布吕克纳的工厂主，很顾家，过去是陆军军官。1942年圣诞节当天，他下令枪杀一百多名波兰人，其中不乏妇孺。梅尔滕斯博士曾是他的手下，这位在柏林躲避鼠患、愤愤不平的老兵尝试过阻止屠杀。他计划当着大腹便便的布吕克纳的面，揭露他的老底，然后一枪毙了他。梅尔滕斯博士找到后者的工厂，布吕克纳正和工人欢庆圣诞节。他方才做了节庆演讲，祝福"一个我们都热爱的德国，一个永不会消亡的德国，一个正义终将胜利的德国"。梅尔滕斯博士还记得1942年那个圣诞节，夜里，布吕克纳带领部属一起歌唱《平安夜》（Silent Night）。与此同时，一户户波兰家庭却在雪地中被杀害。梅尔滕斯尾随着布吕克纳，来到他的住处，提醒他想想自己下令杀害的那些人。

"可那时在打仗，"布吕克纳辩解道，原本的自得变为了惊恐，"情况不同……现在是和平年代了……圣诞节……和平的圣诞节……"

梅尔滕斯打算朝布吕克纳开枪，但他的情人苏珊娜在最后一刻制止了他：

> 苏珊娜叫道："你无权审判别人！"
> 梅尔滕斯回敬："但我们必须提出指控，为了那上百万无辜的死难者。"

> 布吕克纳嚷道:"你到底想怎样?我是无辜的!我是无辜的!我是无辜的!"(随着受害者的脸庞忽隐忽现,他的声音不断回响)

这部影片虽然摄于艾哈德的货币改革为人知晓之前,但很有预见性。"布吕克纳们"是德国重新振作必须付出的代价。实际上,他们在这一进程中也的确能派上用场。这群官僚在任何体制内都能发挥作用,像鱼儿一样,虽然小但很灵活。他们有的把票投给了西德的基督教保守派,有的在东德加入了共产党。同许多德国人一样,施多德对此显然很苦恼,但他给出的解决办法让人为难。也许这样会让人好受些:满身赘肉的民主派,其危害总比一心复仇的老纳粹们要小吧(一丝不苟监视自己邻居的共产党则另当别论)。诸如沃尔夫迪特里希·施努厄等批评家认为施多德的电影还不够强有力,前者在1946年写道,影片应该以一场战争罪审判收场,以显示我们中间的凶手实际将受到的处置。

施努厄的愿望在现实生活中也落空了。很少有"布吕克纳"会因为自己的罪行受到惩罚,特别是那些曾充任希特勒的医生、律师、科学家和官僚的人。占领军在德国搞"去纳粹化"一开始劲头十足,但到了1940年代末逐渐式微,冷战的开始转移了重心。至少一代德国作家和艺术家得出以下结论:从许多或明或暗的层面上来看,健忘、富有和资本主义的联邦德国依然是希特勒帝国的延续。这点正合民主德国宣传家的心意,他们时不时会炮制出原纳粹分子的名单,那些人在西方过得如鱼得水。名单的准确性往往令人咋舌。

1977年的一部著名影片阐明了这种延续性。它既可算是剧情片,也可算是纪录片,主创者包括一批德国作家和电影导演(伯尔也是其中之一)。电影名为《德国之秋》(*Deutschland im Herbst*),德国官方对于汉斯-马丁·施莱尔(Hans-Martin Schleyer)遇害一事的反应,促成了该片的拍摄。施莱尔是戴姆勒-奔驰公司的董事(顺便提一句,他过去是党卫队军官),死于赤军派*恐怖分子之手。那时,整个国家(或起码是德国知识界)濒临一种癫狂的状态。许多人认为西德民主体制的终结近在咫尺,当权者将会露出其"褐衫军"本色。影片中反复出现的一幅画面是在斯图加特举行的施莱尔的葬礼,与之拼接在一起的则是1944年隆美尔将军(Gen. Rommel)的葬礼。隆美尔葬礼上的纳粹横幅,同施莱尔灵堂外飘扬的梅赛德斯—奔驰旗帜交替出现。

莱纳·维尔纳·法斯宾德(Rainer Werner Fassbinder)是参与拍摄此片的导演之一。一年后,他又拍摄了《玛利娅·布劳恩的婚姻》。战后最初几年在电影里被描绘成某种悲惨的伊甸园;废墟里依然闪烁着人性温暖的光芒。玛利娅准备迎接东线战场上失踪的丈夫赫尔曼归来。顺便插一句,这个德国兵是故事里最正直、最富荣誉感的角色。1948年后,重建西德城市的冲击钻发出的噪音犹如机枪扫射。玛利娅靠利用和打压身边每个人,一步步往上爬,变得越来越富有。电影以一幅元首的画像拉开序幕,最后在一连串战后历任总理的画像中画上了句号,他们都以黑白色调出现,似乎依然活在阿道夫·希特勒的阴影下。

延续性这一印象随着1990年两德合并卷土重来,就连语言也复活了,又有人说"零时"到了。货币改革得以重启,过去共产党治下的东德人可以用1比1的比例把手里的东德马克兑换成西德马克。无独有偶,知识分子中间又兴起一阵议论,他们忧心于错失的机遇、物欲横流和历史失忆。1989年冬,柏林墙被正式打通后,东德作家施蒂芬·海姆(Stefan Heym)耻笑同胞们身上流露出"物质主义",但他绝不是唯一这么做的人。东德人生平第一次渴望享受西方的富裕——虽然刚开始只能间接感受感受。与此相反,海姆

---

* 赤军派,亦称巴德尔-迈因霍夫帮,是西德的恐怖组织,由激进的左派学生建立,在上世纪六七十年代期间曾经兴风作浪,策划并实施了大量恐怖主义袭击与暗杀事件,后被逐渐剿灭。

这位养尊处优的作家一直都身在其中。他大声质疑，东德人在经过了四十年的社会主义教育后，难道真的什么也没学到么？君特·格拉斯管统一叫"合并"（Anschluss），西德企业家被比作1939年俯冲波兰的施图卡轰炸机（Stuka）。海姆称，用不了多久，"一个民族"的口号就要变成"一个帝国、一个民族、一个元首"了。对于那些毕生投身于反法西斯事业且素来相信联邦德国是纳粹德国继承者的人而言，两德统一就像是1933年的复辟——他们就是这么说的。讽刺的是，许多"西佬"认为他们来自东德的新同胞让人尴尬地回忆起一段同样不幸的过去。

不管怎么说，这解释了昔日边界两端的反法西斯主义者为何不约而同地认为两德合并是一记败笔。君特·格拉斯视"奥斯维辛"为反对统一的理由，而东德剧作家海纳·穆勒（Heiner Müller）在无数次采访中提到，资本主义——其"淘汰"机制——和科技、工业进步的内在逻辑，直接导致了奥斯维辛和广岛原爆。记忆的符号蜕变为政争的工具，这点或许无法避免。"奥斯维辛"这个词在统一期间出现得最为频繁，部分是一种有益的警示，告诫德国人永不能忘；部分是一种恼怒的表示，说明一个更完美、反法西斯、反资本主义的理想国度，一个诞生于1945年废墟之中并在东部艰苦维系四十年的德国，只不过是一种幻觉，如今已不复存在。

* * * * *

在日本，与路德维希·艾哈德几乎可以完全画等号的人是池田勇人，他从1949年起开始担任大藏大臣，并在1960—1964年期间升任首相。艾哈德的"人人致富"口号在他这里的翻版是"国民收入倍增计划"，该方案许诺用十年时间，让日本人实现收入翻番。1960年代，日本的年均经济增长率达到了11%。当时，池田在征询了底特律银行家约瑟夫·道奇（Joseph Dodge）的意见后，成功推翻了与麦克阿瑟将军的部队一同到来的"新政派"（New Dealer）出台的通胀政策。此外，在工会被赋予巨大权力之后，他设法架空了其部分权力。他还参与起草了与美国等五十一个国家在1951年签署的《旧金山和约》（Treaty of San Francisco）。这些国家里并没有深受日本侵略之害的中国，也没有朝鲜或苏联。随着旧仇成为新敌，朝鲜战争如同后来的越战——另一场亚洲范围内的战争——让日本经济大放异彩。

1960年，十几万人在东京等城市示威，抗议政府通过新的《美日安保条约》。根据协定，美军在日本的权力其实被削弱了，但这依然被看成美国干涉日本内政的一个例证。人们不无道理地认为，美国和日本保守派精英串通一气，削弱和平宪法。池田的前任岸信介强迫日本国会通过这部法案。公众的反对情绪十分强烈，以至于艾森豪威尔总统被迫推迟访日，哪怕有"爱国"黑帮自告奋勇申请站马路，护送总统进城。

所有这一切说明，池田的致富承诺是日后所谓"逆转"*的最后一个阶段，目的是让一个左倾、反战和中立的日本转型——这样的日本原本再也不会卷入战火，抵制任何形式的帝国主义，而且简言之，能够彻底告别血雨腥风的过去。"国民收入倍增计划"是一项经过深思熟虑的策略，为的是把公众注意力从宪法问题上转移开。因此，左派人士会把战后初期看成是一段错失机遇和遭到背叛的岁月。日本人不仅完全没有建立起享有广泛拥护的反战乌托邦，反而缔造出一个受物质主义、保守主义和选择性历史失忆支配的国家。他们还感到一种真切的似曾相识之感，比德国人还要强烈。首相岸信介从没做过建筑师，但他的战时生涯和阿尔伯特·施佩尔很相似：1930年代做过商工省的副大臣，战争期间担任军需省次官，曾作为甲级战犯被捕，于1948年获释。他在仕途上的东山再起其实并无

---

* reverse course，指美国对日政策从清算到合作的转变。

多少特别之处。日本鲜有战时官僚遭到过清算,多数内阁机构都安然无恙。相反,倒是欢迎美国解放者的日共在1949年——"丢失"中国那一年——后遭到了整肃。

1951年6月,一位西德外交官从东京归国后,向波恩的经济事务部长寄去了下面这封信:"所有那些在1945—1946年间因为政治因素或其他原因被剥夺公职的人,现已重获自由,恢复工作。换句话说,在日本,所有类似德国以'去纳粹化'名义采取的行动都已搁置一旁。我丝毫不怀疑,不消一年,我们将看到日本政坛彻底洗牌。凭借精干律己的作风,我们的一大批老朋友将重新出山。"[10]

在这一局面出现前,日共及全体左派在鼓吹清算一事上的态度是最为积极的:政治对手迅速被贴上战犯标签。共产党极力反对他们口中的"天皇体制",但他们自己对民主的推崇并不总是坦率的,而一连串暴力罢工往往只会对他们在日本的公众形象起到反作用。即便如此,1949和1950年的"赤色整肃"运动,以及许多民主素养和日共相比半斤八两的政客得以重返政坛,促使许多本可成为朋友的日本人与美国为敌。因为美国人被看作右翼复苏和镇压左翼的推手。这也解释了为什么在所有困扰未来几代人的历史符号中,广岛作为美国的"战争罪行",是最最重要的一个。

在某个灾难性的政权崩溃后,延续性总会成为问题。彻底与之一刀两断是不可能的。"零时"只是一种幻觉。文化习惯和偏见源于政治宣传、宗教,诸如此类,想要改变它们向来不容易,而当引领变革的主导者是外国占领军时,便更是如此,他们或许并不是总能认清自己所施加的影响。比较容易做到的是改变政治体制,继而希冀人们的习惯和偏见会随之变化。这点在德国比在日本更容易做到。整整十二年,德国被控制在一个罪恶的政权手中,掌握政权的是一群兴风作浪的政治流氓。铲除这一政权算是完成了一半的工作。而在日本,这个国家的法西斯主政前后并没有明确界限。事实上,日本从来就不是一个真正意义上的法西斯国家,它既没有法西斯或国家社会主义执政党派,也没有希特勒式的元首。最接近这一角色的是天皇,但不管他有过哪些头衔,都算不上是法西斯独裁者。许多在战前(指侵华战争和太平洋战争之前)统治日本的人战时仍大权在握,战后依然如此。这些人都是做事谨小慎微的专制官僚和保守主义政客,他们当中没有一个人有像戈林(Göring)或戈培尔那样的匪气和狂妄。我们或许可以说真正统治日本的是军队,但如果真是这样的话,那就要问是哪支军队,甚至是军队里的哪一个人了。指挥系统根本就是一笔糊涂账。因此,尽管战后德国的纳粹领导层被一锅端,但反观日本,不过是少了几位海陆军将领罢了。

日本也没有出现文化断层。没有流亡作家和艺术家返回故乡,拷问那些留下来的人的良知。日本没有自己的托马斯·曼(Thomas Mann)或阿尔弗雷德·德布林(Alfred Döblin)。在日本,所有人都留了下来。不少原左派人士在1930年代正式放弃他们的政治立场,过程颇为正规,被称为"转向",但战争一结束他们就重新捡起马克思主义。有的作家,比如永井荷风,曾在私底下表达过对战时日本状态的震惊,并在日记里嘲讽军国主义的粗鄙拙劣。然而,"内心移民"差不多算是任何日本作家——少数共产党人除外——所能做出的最大程度的抗议了。

在展现日本废墟间众生相的诸多照片中,有一张格外震撼人心。它摄于1945年的东京,摄影师是木村伊兵卫。照片前景里有三个人,两女一男,正朝着靖国神社的主门——日语里叫"鸟居"——的方向鞠躬。在鞠躬的人和鸟居中间有块木牌,上面写着"盟军人员和车辆一律禁止入内"。占领当局尝试取缔神社的活动,这里供奉着为天皇战死的男男女女(主要是男性)的灵位。在上百万从未主动求死的战殁军人灵位中间,有几块属于曾在南京和马尼拉大肆屠杀平民、折磨战俘、杀害劳工的刽子手。靖国神社是走上军国主义道路的天皇崇拜最神圣的庙宇。

在神社大殿前方有两座巨大的青铜长明灯,上面雕刻着日本战争英雄的形象和令人印象深刻的战争场面。神社的看守被勒令拿东西盖住长明灯,下这种命令是美国占领当局的典型风格。但同时,人们主要的崇拜对象天皇却依然在位,并被小心翼翼地保护起来,使他免受历史诘责。神道教僧侣顺从地为浮雕浇上水泥,但在1957年又将其去除,且未受到追究。天皇本人在1948年,也就是岸信介获释出狱那年,恢复了历年参拜神社的传统。先前提到的相片中,两女一男置身于1945年的寒冬,正对着带给他们及上百万人巨大痛苦的象征物顶礼膜拜。

在日本,没有什么是一成不变的。麻烦之处在于,所有变革都有赖于美国人下达的命令。当然了,这是战胜者的特权,而且许多变化都是有益的。但是日本俯首帖耳的姿态意味着这个国家从未真正成熟。日本人的眼睛牢牢盯着美国,我相信,这种情绪比德国的反美主义要更甚,虽然后者的纠结程度往往已无以复加。德国被若干列强占领,其中两个是欧洲国家。但日本基本上完全为美国人占领。西德曾是北约和欧共体的一部分,东德则处于苏联的卵翼之下。与日本有唯一正式同盟关系的是美国,绑定两者的是许多日本人都反对的《安保条约》。在放弃国家主权后,日本的安全完全依赖美国。因此,至今美日之间仍然存在各种剪不断、理还乱的关系,人们能明显感受到美国的政治主导。

如今,日本人就算要讨论战争,通常也是指和美国的战争。许多对侵华战争持强烈保留态度的日本人在1941年听到日本进攻美国后,心中都洋溢着爱国主义自豪感。对南京大屠杀心怀愧疚,绝不意味着对偷袭珍珠港也抱有同样的罪恶感。德国人一遍遍地被提醒要牢记纳粹和屠犹历史;反观日本青年,他们想到的只有广岛和长崎——兴许还有南京,不过仅仅是在得到了自由派学校老师和新闻记者的开导之后。日本在东南亚的战争鲜有人记得。年事已高的日本人倒是对本国有史以来第一次被军事占领记忆犹新。但对他们而言,这是一支非同寻常的占领军。日军给亚洲带来的基本只有死

第二章　废墟中的浪漫

亡、强奸和毁灭,但这支占领军带来的是格伦·米勒*的音乐、口香糖和民主课程。这番因祸得福所留下的,既有感激,也有反抗和羞耻感。

从虚构的文学作品里,人们能够管窥当时这种情绪。《美国羊栖菜》('アメリカひじき')是野坂昭如的一部中篇小说。在我看来,这是日本废墟文学短暂历史中出现的一部杰作。[11]战争结束时,野坂还是少年,小说的主人公、广告员俊夫也是。对于1945年,充斥俊夫记忆的是阳光下闪闪发亮的口香糖包装纸,臀部被紧身华达呢裤子勒得浑圆的美国大兵,竖着鱼竿般笔直天线的吉普车,免费的食物和DDT喷雾,帮外国军人拉皮条拿到的小费,抓住一切机会说"San-Q"(谢谢),以及降落伞空投下来的柳条筐,里面装满茶叶——日本人误以为是紫菜(羊栖菜),于是在食用时对异国的饮食习惯大表诧异。对于俊夫那代日本人,美国的胜利不仅是军事灾难,而且是一种种族耻辱。

"Gibu me shigaretto,chocoreto,san-Q(给我香烟、巧克力,谢谢)。有过向大兵乞讨的经历,还能和美国人洒脱自如交谈的人一个也没有,这我理解。瞧瞧那些长着猿猴脸的家伙,还有高鼻深目的美国人。一时间你听到人们在说,日本人的脸别有风味,皮肤很是细腻——他们会是由衷之言么?在啤酒馆,我时常看到邻近餐桌旁坐着个水兵,或三三两两的外国人,如果只看他的穿着,会显得有些寒酸,但他的脸部俨然是文明人。另外,我注意到自己正目不转睛盯着他那充满立体感的身材。与周遭的日本人一比,他就是颗璀璨的明星。看看那粗壮发达的手臂、雄健宽阔的胸膛,坐在他旁边,你难道不会自惭形秽么?"

俊夫的妻子和许多现代日本女性一样,见到外国人时不会那般神经过敏。她在夏威夷度假时结交了一对美国夫妇,并邀请他们来

---

*　Glenn Miller(1904—1944),美国爵士乐巨匠。

日本做客。丈夫叫希金斯，身材魁梧、性情直率，在占领期间来过日本，甚至能讲几句日语。俊夫觉得应该给希金斯找个姑娘。

"我何苦要向这个老头儿献殷勤呢？围着他团团转的时候，我为啥觉得要尽我所能为他找乐子呢？他的国家可是害死了我的父亲，但我对他却一点儿也恨不起来。恰恰相反，我觉得和他很亲近，有种老友相逢的感觉。我给他买酒喝，付钱供他嫖娼，我这做的是哪门子事哟？是为了抹去十四岁时见到那些人高马大的占领军大兵后的恐惧感么？还是为了报答他们在我们饿得不行的时候，给我们送吃的来？"

俊夫听说有种特别的演出，一种性爱表演，表演者有雄冠全日本的最大阳具。这可得让希金斯看看。因为这肯定能让美国客人开开眼。于是，两人在巢鸭的一个宾馆房间里碰头，这儿离过去日本主要战犯被绞死的地方不远。日本的"头牌"跟俊夫差不多年纪，名叫阿吉。他的女伴大约二十五岁，想必很有魅力。然而，事情进行得并不顺利。无论"头牌"和那姑娘怎么努力，他就是没法"雄起"。

"俊夫都不知道自己有多紧张，好像突然不举的是他。'你他娘的在搞什么呢？你可是日本第一啊，是吧？来啊，让这个美国佬开开眼。你那玩意儿可是日本的骄傲啊。干翻他，吓他个屁滚尿流！'这是种裤裆里的爱国主义：他那玩意儿必须挺立，否则意味着整个民族都得跟着丢脸。"

但无论怎么做都无济于事。俊夫对出现这种情况的原因心知肚明："这个叫阿吉的家伙想必有三十来岁，如果是的话，希金斯很可能是他突然不举的原因。如果阿吉在占领期间有过和我同样的经历——他肯定有，不管东京和大阪与神户之间差别多大——如果他记得自己说过'Gibu me chewingamu'（给我口香糖），如果他记得被大兵们健壮的身躯吓到的话，那他会'萎'成那样就不足为奇了。"

第二章　废墟中的浪漫

电影导演大岛渚同野坂和日本"头牌"年龄相仿。他还记得，日本人在战后对娱乐活动有多么渴望，他们对任何来自外部世界的东西都趋之若鹜，那里的人们有钱，吃得饱，住大房子，而不是栖身于废墟间。[12]日本人想见识见识美国，哪怕只是在一块又脏又破的屏幕上闪烁的影像也无妨。但这些电影教会日本人民主了么？大岛的答案是没有。相反，他相信，日本学到的是"进步"和"发展"的价值观。日本将变得和美国一样富足——不对，比美国还要富："如果我们思考战后日本无与伦比的进步和发展速度，也许应该说我们走过的道路，正是几十年前在美国西部片里看到的那条联合太平洋铁路线。"

第二部分

第三章
奥斯维辛

在接受一本知名德国杂志采访时，波兰导演安杰依·瓦伊达（Andrzej Wajda）说过下面这段话："德国将一直拥有多层含义，奥斯维辛是其中之一。也就是说：歌德和种族灭绝、贝多芬和毒气室、康德和长筒军靴，所有这一切都是德国历史不可分割的组成部分。"

不少德国知识分子对此会点头同意。奥斯维辛是一段不愿远去的过去，是民族心理上的一块污点。这不仅仅是德国人的问题，这本来就是德国的一部分。西德历史学家克里斯蒂安·迈尔（Christian Meier）尝言：过去深入骨髓。"一个民族要掌握其历史，"他认为，"就要以身份认同的视角来看待历史。"他总结道，我们所"内化于心的"，正是奥斯维辛。[1]

他的这些论点都基于一个前提，即存在所谓的民族心理。而要做出这点假设，就要相信民族共同体是一种有机的群体，流淌在其血脉中的是历史。我认为这是一种浪漫化的设想，更多建立在神话而非历史的基础上；这还是一种带有宗教意味的观念，对其进行表述的主体多为纪念碑、纪念堂和被塑造成圣地的历史遗迹，而非历史学者。奥斯维辛正是这样一个地方，一个对犹太人、波兰人甚至德国人都十分神圣的身份象征。问题在于，德国人应该认同的对象究竟为何。

同上百万人——朝圣者、游客、身份追寻者和只是心怀好奇的人——一样，我参观了奥斯维辛、附属博物馆以及比克瑙（Birkenau）灭绝营的遗址。那天春光明媚，天气温暖。去过奥斯维辛的参观者在谈及见闻时，很少有不提天气恶劣的：要么是天寒霜冻，要么是淅淅沥沥的小雨下个不停，让人心情压抑，再不然就是暑热难耐。但我去的那天真是春光无限好，景色虽不是特别旖旎，也谈不上很凄凉。

我试着想象被关在比克瑙木造营房里会是什么感觉——曾有几百号人被塞进条件简陋、连容纳四十个人都嫌挤的军用马厩里。但我做不到，这就像是在尝试想象极度饥饿或指甲被拔掉的感觉。我知道这很痛苦，但这正是想象无能为力的地方。周围的空气闻着过于清新，屋外绿草茵茵，青得刺眼，夹在一道道薄墙间的木板床铺——只够两个人睡，却要容纳六个人——又太过整齐。既没有虱子，也没有泥巴。置身于此，听不到哭声、咒骂声，而且最重要的是感受不到恐惧。（也许这就是恶劣天气为何会成为奥斯维辛一种俗套形象的原因吧；起码这点你想象得出来。）

认为参观历史遗迹能够拉近与过去的距离，这样的看法往往是一种错觉，事实常常截然相反。在我眼里，华沙的原犹太人隔离区比奥斯维辛更能唤醒记忆，恰恰是因为在华沙什么也没剩下。过去被抹掉了。那里如今建起外观单调的新式住宅楼，地上的草坪脏兮兮。在一个偏僻而肮脏的角落里，立着一尊1943年华沙起义的纪念碑，出于内森·拉波伯特（Nathan Rapoport）之手：这是一尊青铜雕塑，外面围了成堆的石块（其用途是让人联想起耶路撒冷的哭墙，但按原计划，希特勒是想利用这些石块在柏林建一座胜利纪念碑）。纪念碑上画着纳粹党徽，有人想将其擦掉，但没有成功。

一个满嘴伏特加酒气的男人在兜售犹太隔离区的地图,他的小型卡带录音机里传来一首首音质模糊的以色列民歌。在满目疮痍之间,想象力挣脱了遗迹的束缚。这儿就是爆发华沙起义的地方,人们就算想象不出其过程,这点联想起码还是能做到的。

奥斯维辛则不同。来此度假的游客站在铁门口拍照留念,门上刻有那行著名的大字:"劳动使人自由"(Arbeit macht frei)。在这里,过去已经僵化为某种纪念性的东西,或者套用阿多诺*的话来讲,"变得像博物馆那样"(museal,指物体和观者之间不再有互动关系)。我努力地想搜寻哪怕一丁点儿揭示这里曾发生过什么的蛛丝马迹。在比克瑙昏暗的营房里,我的视线被支撑破烂屋顶的木质房梁所吸引,好多横梁上都写有德语格言。在巴伐利亚的农庄或老式啤酒杯上常能见到它们的踪影,往往是用哥特式字体写就的——"保持整洁就是离神近了一步"——诸如此类。不知道这些箴言算不算笑话,因为阅读它们的人唯一该做的就是受死。也许不是,也许这种民间的朴素情感是暴力和死亡文化的一部分。党卫队军官喜欢边听音乐——华尔兹、探戈、轻歌剧——边杀害他们奴役的对象。许多通往德国集中营的路上都设有附带传统式样木雕的路标。木雕的内容原本一般是神话人物或森林里的土地神,但这里只有党卫队殴打大胡子犹太人。

乔治·斯坦纳在一篇评价君特·格拉斯的文章里写道:"人们开始明白,德国人粗鄙的趣味——爆裂的香肠、饰有花纹的夜壶、啤酒加温器和穿着紧身皮短裤的胖子——是何以成为兼具暴力欲望和感性的纳粹思想之完美温床的。"[2]

斯蒂芬·斯彭德在1945年的文章里曾提出过一个略微更细致的观点:"这些格言(Sprichwörter)很典型地反映出德国人的严肃、

---

* 西奥多·阿多诺(Theodor Wiesengrund Adorno,1903—1969),当代德国法兰克福学派哲学家。

虔诚、善良用意和自我陶醉。他们渴望从《圣经》、诗集或典籍中摘录几句经典语录，当做标签贴在任何地方。与此同时，这种欲望将思想矮化为平庸的共同要素。发展到最坏的时候，魔鬼也有冲动引经据典。"[3]

那么奥斯维辛的罪行算是德国"自我认同"的组成部分么？种族灭绝是不是德国文化里某种可憎缺陷的产物？而打开这扇文化之门的钥匙，也许要到感性的格言、残忍的神话和紧身皮短裤里去寻找？这么做的危险在于会将德国暴行的外在和内因混为一谈。当然了，矫揉造作和野蛮残暴总体而言的确是相伴相随的。感性毕竟是情绪的替代品。枯燥的说教和纵酒的欢乐无疑给德国人的罪行蒙上了一层荒诞不经的色彩，但是二者真能对其作出解释么？

在比克瑙的营房里，我打量着这些格言，念着念着我发现了某些有趣之处：它们似乎最近才粉刷过，好像集中营不久前才人去楼空。这么做是不是为了取悦游客？好比在布痕瓦尔德（Buchenwald）重建起来的营房（参观时，导游信誓旦旦地告诉我，"百分百原汁原味"，边说还边用鞋跟踩了踩嘎吱作响的木地板），为的是给人一丝真实感？后来我意识到这是怎么一回事：几个月前，这里被用作一部好莱坞大片的取景地。参演该片的影星之一威廉·达福（Willem Dafoe）在接受采访时说，自己逐渐适应了比克瑙："……它成为你的片场，成为电影里的布景。"

庸俗的影视作品向来都期待从奥斯维辛-比克瑙集中营汲取灵感。它们靠注入看似虔诚、实则空话连篇的内容，使平庸的素材血肉丰满起来。这些作品里表现的情感往往很假。参观这片悲惨之地——任何对苦难的描绘都不足以表现曾经的惨绝人寰——让人感到不安，这倒不是因为人们能更好地体会当年受害者的真实感受，而是因为集中营之行唤起的情感让人无法信以为真。人们倾向于对受害者抱以闪耀温暖道德之光的认同感，这不仅容易做到，也显得自以为是：我完全是因为上帝仁慈的爱而去的，诸如此类。惨剧发生的地方有一种魅力，其能轻易蜕变为自虐式的快感；想象力摇身一变，成了渴望被吓一跳的病态愿望。这或许是最难抵御的一种媚俗，尤其是当一个人——恰如和平活动家小田实所言——接受的是从受害者角度出发的教育的话，便更是如此。

然而，想象力却是联系过去的唯一纽带。只有在想象中——而不是靠数据、档案或照片——人才算是活生生的人，涌现出来的也不仅仅是历史，而是故事。当然，由于真实历史和通过想象还原的历史之间不可避免会存在出入，这就有可能导致媚俗文艺作品的产生。但是，单就奥斯维辛而言，由此而生的担忧——常能从德国艺术家和知识分子口中听到——是象征了道德上的严谨，还是折射出对产生认同感的畏惧心理，无论认同的是侵略者，还是养育了他们的文化？

当然了，媚俗也可以是一种有意为之的策略，汉斯·于尔根·西贝尔贝格（Hans-Jürgen Syberberg）的电影正是如此。他相信，"在低俗、平庸、浅薄和流行中，隐藏着我们业已消失的神话传统中仅剩的一些雏形和胚胎……"[4] 在他看来，希特勒懂得这点，知道如何激活庸俗传说中的潜在能量。西贝尔贝格曾拍摄电影《希特勒：德国制造》(*Hitler: A Film from Germany*)，在片中他几近狂热地对自己所说的媚俗大加溢美。他认为，否定德国的非理性主义和低俗神话会夺去德国的身份："要对抗希特勒，靠的不是有关奥斯维辛的数据或对纳粹经济的社会学分析，而是靠理查德·瓦格纳和莫扎特的音乐。"

尽管听着基本上像是在胡言乱语，但西贝尔贝格至少在一点上颇有见地（他自己或许就是典范）：在我们的意识中，要把奥斯维辛发生的平庸之恶同纳粹的媚俗一分为二，依然是一件难事。西贝尔贝格论述奥斯维辛遗产的方式，是沉湎于这股媚俗之风中，仿佛德国文化（Kultur）靠解构神话和洗净血淋淋的历史就能得救。他试图重新定义德国人的身份认同，做法同日本的三岛由纪夫大同小异。但是，同三岛的自杀式幻想一样，他的电影留给人一种不安的印象，即过于坚持那些曾一度将德国人变成危险民族的理想。

但在德国，汉斯·于尔根·西贝尔贝格是个桀骜不驯的人。他费尽心机想把德国人的身份认同从美国化的物质主义者和无根的犹太人中解救出来，这一行动在迂腐的极右翼报纸《德国国家报》那里获得了欣赏和赞誉。在印有施图卡轰炸机和坦克车的图册旁，他的文集赫然可见，且被列为推荐读物——对于这位浪漫派唯美主义者来说，这是种很奇怪的处境。但自由派知识分子都不想和他扯上干系。在侵略者中间长大的那些人，不会想和前者有何牵连，而是倾向通过保持沉默、重复套话、否定过去、模糊用词、埋头研究、让自己应接不暇或仪式性的修行，来同他们保持距离。

彼得·魏斯（Peter Weiss）于1964年参观了奥斯维辛集中营[5]，同行的人里有一队西德法官和检察官，他们此行的目的是给在法兰克福举行的奥斯维辛审判收集材料，具体任务是调查目击证人的供词。忙碌的工作人员掏出卷尺，测量火车匝道的实际宽度，或从女子集中营盥洗室到匝道之间的精确距离。有位证人称，她曾听到惩戒室里传来囚犯的尖叫声。所谓惩戒室是一种"站立式牢房"（高2米，长宽分别为0.5米，通风口只有5×8厘米），关在里面的囚犯保管会因为饥饿和缺氧慢慢死亡。之后，他们的尸体被人用铁叉从牢里扒出来，有些受害者还吃掉了自己的手指。

为了证实供词的可信度，一位法官命助手钻进一个站立式牢房，弄出点声响。法官隔着狭小的透气孔，提示下属唱上两句。这个西装笔挺的年轻人闻之照办，他的嗓音清晰可辨，唱的是舒伯特的"少年看到一朵蔷薇"。

法官在履行职责，他们注定要在工作中保持距离感。他们置身奥斯维辛，为的不是修行，不是抽象地看待奥斯维辛，不是观光，也不是对受害者感同身受。他们的目的是筛查证据，调查某座囚犯大牢和焚尸炉中间是否有东西遮挡视线，确认一棵烧焦的树是否能证明附近一个坑里焚烧过尸体（或者，参照官方的说辞，是"据传曾烧过"）。他们去那里，为的是测量过去，要精确到厘米。

二十七年后，我在同一片地区周围徘徊。这里如今已被纳入奥斯维辛博物馆，想当年，这里曾是集中营的中心营区。坚固的砖石楼曾让红十字会误以为这里的情况不算太糟。博物馆被划分为几大片区，每片都陈列照片和纪念物，反映被纳粹占领国家的历史，具体而言有波兰区、匈牙利区、苏联区和荷兰区，等等。

波兰区的展览最触目惊心，不过于我而言或许算不上。最触动我的是荷兰犹太人被集中起来驱逐出国的照片，这倒不是因为其景象有多骇人。在表现华沙隔离区陷入漫天火海的照片的前景中，有一些党卫队士兵面带笑容，观看身上着火的人坠楼而亡。这样的照片在荷兰区里并不存在。真正打动我的反而是那种常态，风景、街道、房子和火车站，一切都那样熟悉，毫无亮点。被赶上火车的人看着很面熟。那些街道正是我长大成人的地方。就这样，认同感再度作祟，扰乱了想象。衣着考究、受过良好教育的中产阶级荷兰犹太人居然受到如此对待，这似乎让人感到无比愤慨。

我想象着某个德国人在看到这些照片后会出现的反应。他尽管被教育要把奥斯维辛"内化于心"，却无法轻易认同受害者，因为他父亲没准就是隔离区里某个哈哈大笑的党卫队士兵。对他而言，等待自己的又是怎样的想象力陷阱呢？一个同我年龄相仿的德国熟人——他是"六八后"（post 68er）——曾跟我聊起1974年参观奥斯维辛的经历，他说那是他这辈子最痛苦的一天。他告诉我，有了那次集中营之行，再加上接受的基督教教育，促使他拒绝参军。

在波兰区，我流连在一幅幅图片之间。今天，这些房间已被改造成一尘不染、墙壁洁白的博物馆展厅。我默默地想象很久以前在这里发生过的事，这时走来一群德国游客，多数年龄在五六十岁上下，战时他们还是少年。一位三十来岁的波兰妇女是他们的导游。本来光看照片就够了，但这名导游操着一口流利的德语，平静地讲解眼前的景象：德国兵笑嘻嘻地看着上了年纪的拉比*在地上爬行；希姆莱（Himmler）透过窥视孔，检查毒气室是否运转正常；儿童在步枪枪托的威逼下走出犹太隔离区；皮包骨头的尸体堆积成山。游客们迈着悄无声息的脚步，从一幕惨象移步到另一幕惨象前。突然，他们当中有人情绪激动起来，是位六十来岁的老妪，头戴绿帽，身穿米色套装，脚蹬棕色厚底鞋。她来到导游身旁，抓着后者的胳膊说道："请您务必理解，我们当时对此一无所知……"导游看着老妪，平静但鄙夷地回答："抱歉，但我不相信您，我真的没法相信。"

"但您务必要相信，"老妪坚持道，"务必。我们真的不知道……"

她说的或许是实情，她或许真的什么都不知道。她这么迫切地想让波兰导游意识到这点，或许正说明她为人正直。毕竟，肯到这儿来，足以证明自己愿意面对过去。但要是她选择保持沉默，而不是重复太多德国人所说过的话，那就更好了。

* * * * *

奥斯维辛是座博物馆，但远不止此。共产党统治波兰期间，管理这里的官方机构是"抵抗和烈士纪念碑维护委员会"。我们知道抵抗指的是什么：爱国共产党人同法西斯主义的英勇斗争。那些被归入此类的抗争者是官方认可的反法西斯烈士。1947年7月2日，波兰政府颁布的一道政令将奥斯维辛变成博物馆："纳粹集中营原址上将建起一座缅怀波兰及各民族烈士的纪念馆，它将永世长存。"

共产主义国家遍布着反法西斯主义纪念碑。布痕瓦尔德毗邻魏玛，位于原德意志民主共和国境内，那儿的一座纪念碑可以算是同

---

* 犹太教牧师。

类纪念碑当中最壮观的了：石像中的英雄人物打碎法西斯奴役他们的铁链，朝着一个光荣、和平和精诚团结的未来前进。在华沙，拉波伯特打造的纪念碑虽然体积较小，但有着肉体加锁链的类似布局。华沙犹太人起义领袖莫迪凯·阿涅莱维奇（Mordechai Anielewicz）的铜像有着典型无产阶级英雄的特征：裸露的胸膛、卷起的衣袖，高举的手中握的好像不是手榴弹，而是铁锤。纪念碑后方还有一幅图案，描绘犹太烈士顺从地走向死亡，其中有个手捧《托拉》*的拉比。雕像底座上有一行希伯来语碑文，"向犹太人民、英雄和烈士致敬"。

在奥斯维辛，不存在对英雄事迹的讴歌，重点全落在殉难上。许多人在遭受酷刑后死在了11号楼的监狱里，这儿成了祭奠逝者的圣地。花环和蜡烛用来寄托对烈士的哀思——多数为共产党人。直到后共产主义时期，波兰政府才开始调整博物馆的侧重点。牺牲意味着对理想、民族和上帝的信心。烈士的死固然令人扼腕，但却蕴含深意。普里莫·莱维（Primo Levi）†曾做过一个噩梦，梦见自己活了下来，但周围的世界寂静无声，一切声音均被屏蔽。这种梦境已经够可怕的了，但与之相比，毫无理由地杀害上百万人更是让人难以忍受。因此，人们便乐于通过追认死者为烈士、竖立十字架和参加宗教仪式，赋予死亡意义。

仪式既可以十分具体，也可以抽象得出奇。我在主营区的火葬场里驻足良久，像过去的许多参观者那样查看简陋的焚尸炉。到了后期，比克瑙死亡营里出现了更高效的炉子，由托普夫父子公司（J. A. Topf & Sons）设计。这家公司在1942年为其"能不间断处理大量需求的焚化炉"向德国政府申请专利。1953年，在重新申请后，公司总算拿到了专利。

---

* Torah，犹太希伯来文经卷中最重要的经书，犹太人一直视《托拉》为经典中的经典。
† Primo Levi（1919—1987），意大利作家、化学家，曾为奥斯维辛集中营囚犯。

我站在一旁，周围还有几个游客，多为美国人。大家都不怎么说话。一对夫妇在压低嗓音交谈，似乎我们正置身一座教堂。这份宁静被一种异响打破了，听声音似乎是从外面传来的，像是有人在喊："ushoi！ushoi！"声音越来越响，接着戛然而止。一个身材高大的男人走进火葬场，手里挥舞着一根插羽毛的权杖。他长着一张东方人的脸，也许是蒙古人，身后跟着一大群年轻人，其中有三两个德国人和日本人。一名穿着牛仔工装裤的日本妇女轻柔地打着手鼓。一条横幅拉开来，上面写着"为和平奔走"。这群人向在场者分发绘有欧洲境内和平游行路线的小册子，里面提及了若干暴行，并告诫我们应对此忏悔：比如北美印第安人被赶尽杀绝、越南战争、广岛原爆。他们带头的是那个手执羽毛权杖的高个子男人，他是印第安人，我记得名叫红鹰。待这群不速之客在火葬场里排好队后，红鹰举起权杖，开始念念有词，像是在祈祷，他的嗓音低沉。手鼓声又响了起来，羽毛在空气中飘动，人们双目紧闭，以示虔诚。

就在主营区的大墙之外，距离火葬场不远处，矗立着一个巨大的木质十字架。1989年，加尔默罗会（Carmelite）的修女在一座死气沉沉的红砖楼边上立起这个十字架。楼房后来被改造为修道院。这栋楼始建于1914年，过去称作"剧院"，里面举行过各式演出，以犒劳驻扎在隔壁军营里的奥匈帝国士兵。纳粹后来把"剧院"用作齐克隆B（Zyklon B）毒气罐的储藏室。一位虔诚的天主教徒告诉我，加尔默罗会修女建十字架的初衷是为所有受害者祈祷，不管是犹太人还是非犹太人。但纽约犹太拉比亚伯拉罕·魏斯在听闻此举后火冒三丈，带着六个信徒跑来抗议。他们身披祈祷用的条纹方巾，试图冲击修道院。波兰工人朝这些抗议者喷冷水，并扯掉他们脑袋上的犹太便帽。这一幕迅速传遍了全世界。奥斯维辛，这个"世界的阴沟"（anus mundi）成了一片肮脏的战场，人们在这儿为殉难的符号争得头破血流。

第三章　奥斯维辛

　　魏斯拉比是"信仰者集团"*的支持者，该团体成员是以色列的虔诚定居者，说虔诚，是因为他们相信自己基于宗教原因，对土地拥有所有权。历史在魏斯眼里具有象征意义和神秘性，是他在追寻民族认同过程中不可或缺的罗盘。他对历史的看法具有排他性。加尔默罗会在他眼里是一群不速之客，闯入了一片象征犹太人苦难的土地，作为这段苦难史的终极符号，此地具有独一无二的意义。基督教十字架——在其之下，大部分苦难不仅得到宽恕，而且还受到怂恿——被看作是对大屠杀记忆的一种冒犯。

　　但这很难算是一场民族或犹太身份同加尔默罗会修女宣扬的普世价值之间的较量。布鲁塞尔大主教尝言，奥斯维辛发生在"波兰-基督教的土地上"。在波兰枢机主教约瑟夫·格兰普（Jozef Cardinal Glemp）的眼里，波兰人几乎个个都是基督徒。对于魏斯拉比冲修女兴师问罪一事，格兰普表示"波兰人的感情和我们波兰来之不易的主权"遭到了"控制着多国大众传媒"的犹太人的"冒犯"。

　　德国人在奥斯维辛没有象征身份的宗教符号，那只属于声称自己是受害者的群体。但德国人可以其他方式在这片圣地祈祷。他们能出钱承担保养费。奥斯维辛博物馆正在老化：成堆犹太儿童的小鞋子如今覆上了一层霉斑，焚尸炉生了锈。因此，一档名为《全景》（Panorama）的德国电视节目呼吁观众慷慨解囊，留住集中营，作为对后人的警示。捐款共计约十一万马克。不同于别的一些电视募捐活动，这笔钱的数目看似不大，但若说到用捐款来维系记忆，这必定是为数不多的几起案例之一。不过，制片人还是收到了一些来信，比如下面这封，作者当然不会署名："我也赞成保留奥斯维辛，我希望它能重新运转，这样一来像你这种人就能'通过劳动获得自由'，另外我们也会有办法处理所有政治避难者。我自愿捐献五十

---

* Gush Emunim，以色列右翼团体，兴起于20世纪60年代末70年代初，有着浓厚原教旨主义和极端民族主义色彩。该团体以捍卫和实践早期移民先驱的精神，在被占领土建立定居点，并最终拯救整个以色列为己任。

公斤的毒气（齐克隆B）。"

战后最初二十年，鲜有德国人会热衷于保留纳粹罪行的遗迹。但事到如今，很多德国人，特别是西德人，把维护集中营旧址当成是一项神圣责任。一部分主集中营改头换面后，成了纪念地（Gedenkstatte）。同奥斯维辛一样，它们既是博物馆，又是神龛，还是旅游景点，多位一体。

福斯坦堡（Fürstenberg）位于柏林北部的勃兰登堡州，当你驾车驶入这座美丽而古老的小镇时，会看见两块牌子。一块写着"福斯坦堡欢迎四方来客"，另一块标注该镇主要景点拉文斯布鲁克集中营（Ravensbrück）旧址的方向。1939—1945年期间，有十三万人——多为妇孺——被关押在拉文斯布鲁克，其中一半死在了这里。

导游手册里的文字介绍依然散发着一股浓浓的东德味道：拉文斯布鲁克国家警示和纪念堂是一座祭奠"我们死难的姐妹、反法西斯斗争的不朽英雄、为本民族的自由独立乃至全人类幸福未来献出生命的烈士"的丰碑。

1992年，集中营的大部分区域仍属禁区，因为当时那里还是俄国军事基地。大门外，来自原苏联的军人向游客兜售军装和军旅生活留下的其他破烂儿。俄国军官及其家属占据了原党卫队的住宅，新兵则住进了昔日集中营营房。

在通往集中营、距离大门约半英里开外的卵石路旁，有一座西尔维娅桑拿和健身中心。健身中心对面是一栋尚未竣工的现代建筑。落成后，这里将是一家崭新的超级市场——也是福斯坦堡有史以来的第一家。然而，德国集中营团体驻拉文斯布鲁克分部（German Camp Society Ravensbrück）的负责人盖特路德·穆勒对此表示抗议："永远不能亵渎这块纪念地。"她用了entweihen这个动词（意指夺去某物的神圣性）。抗议声浪越来越大，而且几乎全部来自西德，建造超市的计划由此搁浅。勃兰登堡州政府迅速采取行动，避免再度丢脸。新超市的选址将另谋他处，当地官员在小镇另一头辟了块

第三章 奥斯维辛

"风水宝地",距其不远处有座大型公墓和火葬场。争议就此销声匿迹。日后,一名公墓看守曾向德国某杂志记者透露,在拉文斯布鲁克还没有盖起自己的焚尸炉之前,党卫队曾在这块"风水宝地"火化囚犯尸体。

* * * * *

"奥斯维辛之后,写诗是野蛮的。"特奥多尔·阿多诺这样写道。人们对这句话有不同的阐释。依我看他是想说,浸淫在"私密、自负的凝思之中"的诗人找不到文字来表现奥斯维辛机械式、无灵魂和工业性的残忍。另外,诗歌是一种创造美和愉悦的过程,用来描述大屠杀不合适。

阿多诺的话有许多地方值得商榷,日后他自己也改口了。不过,除开个别人以外,似乎德国的艺术家们——导演、剧作家、小说家和诗人——都将他的话铭记在心。无论是在有政治禁忌的东德,还是在没有政治禁忌的西德,都鲜有直面大屠杀这一素材的小说、戏剧或电影。我说的不是纪录片、史籍、展览或证人的口述,这些在原联邦德国根本不算少。我说的仅仅是富有想象力的作品。

例外值得玩味,因为它们折射出主流作品的沉默,或者最起码也是拐弯抹角。关于死亡营,最著名的一首诗是《死亡赋格》(*Todesfuge*),作于1945年,作者是保罗·策兰(Paul Celan)。这首诗具有一种舞曲般抑扬顿挫的节奏感,与诗里集中营长官玩的残忍游戏形成呼应。他命令一些犹太人奏乐,其他的则为自己挖掘坟墓:"铲子再往下呀你们音乐都给我继续你们跳啊跳。"

《死亡赋格》成了经典,并被收录进西德的教科书。但凡受过教育的德国人都背得出下面这一名句:"死亡是来自德国的大师。"(Der Tod ist ein Meister aus Deutschland.)然而,人们对这首诗的看法不一。它是不是有点太抒情了?是不是太悦耳了?是不是没有表现出恐怖，反而将其美化了？保罗·策兰自己也有些吃不准，1960年代还曾请求编辑将其从诗集里删去。话虽如此，在我看来，策兰的诗依旧是有关大屠杀最感人肺腑的声明。诗的凄美并没有淡化字里行间的恐怖气息，相反，倒是加深了这种感觉。

保罗·策兰游离于战后德语主流文学圈之外，不光是因为他的作品，还因为他不是德国人。他出生在罗马尼亚*，父母都是犹太人。母亲教他德语，却未曾想到操这门语言的人日后会要了她的命。策兰说过，德语"穿过带来死亡之言说的千重黑暗"[6]。他去德国旅行、访友、领奖。但语言的确是他和德国唯一的纽带——历史也是——而且是最具毁灭性的纽带。1970年，策兰在巴黎自杀。

彼得·魏斯根据奥斯维辛审判的供词，写下一部戏剧作品，名为《调查》（*Die Ermittlung*）。[7] 这既是散文，也是诗歌，取材大多来自纪录片。但尽管其详细描述了所发生的暴行，这部作品还是有着马克思主义的视角。犹太人的苦难被消解，融入一种阶级斗争的宏大叙事。"犹太人"和"犹太人的"这些词（遑论"吉卜赛人"）根本没有提及。正如彼得·狄美茨（Peter Demetz）在《大火之后》（*After the Fires*）这本书里提到的那样，魏斯将"奥斯维辛变成了一个没有犹太人的地方"。

同策兰一样，魏斯也是犹太人。一如前者，他和德国的联系很脆弱。魏斯生命中的大部分时间都旅居海外，一度还曾以瑞典文写作。至少就他的作品而言，他从未以犹太人的身份对奥斯维辛受害者表示过同情。另外，从表面上来看，他也不认为奥斯维辛是德国人独有的罪行，无比信奉马克思主义的他是不会这么看问题的：他满脑子充斥着体系、经济学、阶级利益，而不是国家或文化。话虽如此，他对战后德国的"身份认同"倒是饶有兴趣。魏斯觉得，第三帝国的体制和哲学残余渗透进了联邦德国。他希望自己的剧作能

---

* 策兰的出生地Chernivtsi乃昔日罗马尼亚旧省，1944年后划归乌克兰。——编注

在西德开创群众运动的先河。魏斯认为，只有在经过了经年累月的大量"精神劳动"后，德国人才能从"精神失常"中得到解脱。[8]那时的他尚相信有民族心理这回事。

在所有关于屠犹的戏剧作品中，有一部相当出名，叫《上帝的代理人》(*Der Stellvertreter*)，作者罗尔夫·霍赫胡特（Rolf Hochhuth）是非犹太裔德国人，笃信新教。该剧漏洞百出，在激烈抨击梵蒂冈串通纳粹、屠戮犹太人一事上，犹太人居然只是一群可有可无的小卒子。这一主题与其说涉及历史、文化或民族，不如说和神学关系更密切：反映了在牧师心中，上帝和魔鬼在做斗争。该剧把场景设在奥斯维辛，门格勒博士（Dr. Mengele）披着黑丝斗篷，活像诱人堕落的魔鬼梅菲斯特（Mephistopheles）。这一幕很是拙劣。但话说回来，该剧在对奥斯维辛展开想象这点上依然算得上是一次罕见而勇敢的尝试，虽然它在德国收获的评价冷若冰霜。彼时，批评家马塞尔·莱希–拉尼茨基（Marcel Reich-Ranicki）是少数支持霍赫胡特的文人之一。[9]他写道，霍赫胡特的作品让德国作家陷入了难堪的沉默，因为他们意识到自己完全没有能力驾驭这一主题。

但正如彼得·狄美茨所言，"不管是德国人的生活还是德语文学，没有哪个方面未曾受到奥斯维辛遗产的影响"[10]。此言不虚，起码符合联邦德国的情况。战后出版的德语小说中有不少提起过大屠杀，但大部分要么拐弯抹角，要么是作为隐喻。1950—1960年代的作家，比如海因里希·伯尔和西格弗里德·伦茨（Siegfried Lenz），往往都不愿对纳粹直呼其名。伯尔管他们叫"吃水牛肉的人"，他们的受害者则是"羊羔"。在小说《德语课》(*Deutschstunde*)里，伦茨管纳粹叫"穿皮风衣的人"，或者索性简称"柏林当局"。1964年，在谈到难以对大屠杀进行描述时，亚历山大·克鲁格（Alexander Kluge）这位活跃在战后早期的导演兼作家表示："真的难以形容，但是，对其进行回顾、清算倒还是有可能的，甚至很有必要。我尝试给出两端的界限，希望读者的想象力能在其中不受拘束。"[11]

很显然，比起直观描述，一个精心挑选的比喻更能激发想象力。Oświęcim（奥斯维辛的波兰语）火车站岔道旁突然响起的汽笛声，让人首先想到的不是博物馆之行，而是一种威胁感。然而，德国文学在直面奥斯维辛一事上一直是扭扭捏捏，人们对在圣地、博物馆或学校课堂外反思"最终解决方案"*几乎普遍持拒斥态度，暗示出他们生怕这么做会冒天下之大不韪。这似乎在说，"世界的阴沟"是上帝的脸庞，而任何尝试给难以想象或难以名状之物勾勒外貌的举动都会让其神圣性变得微不足道。目击证人在法庭上、博物馆里和录像带中——比如说在德国电视上反复播放多次的克劳德·朗兹曼（Claude Lanzmann）的《浩劫》（*Shoah*）——谈他们的经历无可厚非，但要德国艺术家发挥想象力则万万不可。

1992年冬，一部名为《希特勒青年所罗门》（*Hitlerjunge Salomon*）的电影在德国上映了。这部片子在德国以外有个别名，叫《欧罗巴，欧罗巴》（*Europa, Europa*）。影片翻拍自一位大屠杀幸存者的真实故事，在美国大获成功。

所罗门·佩雷尔（Salomon Perel）生在德国，父亲是波兰犹太人。他和家人逃到了波兰，靠冒充自己是德意志裔人（Volksdeutsche）而幸免于难。一位纳粹军官收留了他，送他去一所纳粹精英学校念书。影片的一些地方，纳粹式的媚俗元素大行其道：荒唐的制服、疯狂的演讲、在森林里和金发纳粹少女谈恋爱、希特勒青年团高唱要用德国刀子捅得犹太人鲜血四溅。但这些元素中的大部分还是符合史实的。

学校放假期间，所罗门坐着电车，驶过洛兹犹太区，试着找寻失散的双亲——他估摸着他们应该在那儿。电车的车窗被涂上白漆，

---

* Die Endlösung，即纳粹灭绝所有犹太人的计划。

以免德国乘客看到窗外奄奄一息的犹太人,然而,所罗门还是透过缝隙,和观众一起看到了窗外的场景。映入眼帘的景象既不老套也不媚俗,而是犹如地狱降临。影片最后出现了所罗门·佩雷尔的原型,他如今生活在以色列,哼唱着希伯来语歌谣(这倒是挺俗的)。

《希特勒青年所罗门》在德国的口碑十分一般。导演沃尔克·施隆多夫(Volker Schlondorff)将其视为人们对之"无声抵制"的明证。当该片落选德国官方候选影片名单,失去竞逐奥斯卡的机会后,协同摄制的波兰导演阿格涅丝卡·霍兰(Agnieszka Holland)愤怒了。她声称,这是一部德国电影,拒绝送报该片再次说明德国人否认过去的行径。《明镜周刊》点评道,这部电影或许让人感到难堪,因为它"打破了德国人的一条禁忌"。所罗门的性格并不符合亲犹主义者眼中善良犹太人的形象,这可是战后多数德国文学作品里犹太人的标准。

实际上,电影为何没能送报奥斯卡一直是个谜。德国评审委员会给出的理由是,由于导演是波兰人,因此该片严格来讲不能算德国片。左派报纸《法兰克福论坛报》(*Frankfurter Rundschau*)驳斥这种说法是"形式主义",让人联想起"强调种族纯洁的形式主义"。

也许委员会的做法很官僚,又或者影片主题实在太让人脸上无光。令人惊讶的是,在同德国人谈起该片时,我常能听到他们对其媚俗化倾向表达担忧。《法兰克福汇报》在德国人自尊心受辱时总会迅速发难。这一回,该报发表了一篇影评,骂《希特勒青年所罗门》就是部烂片。影评人写道,这是廉价的闹剧,是对类似"异乡奇遇记"(innocent-abroad stories)的拙劣模仿。煽情的音乐和俗气的场景与主题格格不入。但究竟怎样才算是切题呢?审美上的吹毛求疵发展到一定境界,就成了完全不呈现主题的一种借口。

然而,在忧心糟糕品味和亵渎共识的表象之下,隐藏着更深层次的问题。把过去的人想象成有血有肉的人,而不是披着黑丝斗篷、惹人发笑的魔鬼，会赋予他们人性。这倒并不一定是要为他们开脱，或给予同情，但这么做的确会打破我们和他们之间抽象的壁垒。我们在特定情况下也可能变成他们。对于一位对受害者有天然同情的艺术家而言这不是什么难事。犹太作家不会因为构想出一名奥斯维辛的党卫队军官而冒名誉上的风险。但对于一个被教育要把奥斯维辛这一德国罪行铭记在心的非犹太裔德国人来说，风险是实实在在的。将和大屠杀中心相隔十万八千里的纳粹地方公职人员写得有人情味儿是一回事——从西德的君特·格拉斯到东德的克里斯塔·沃尔夫（Christa Wolf），许多德国作家都这么做过——但寻找自己同屠夫之间的共性则完全是另一回事。要做到这点，首先得从受害者的角度来想象过去。

在为《燔祭》（*Das Brandopfer*）所作的序言里——乔治·斯坦纳曾评价该书是"为数不多专注于探讨昔日惨剧全貌的严肃文学作品之一"——作者阿尔布莱希特·格斯（Albrecht Goes）写过下面这段令人叫绝的文字："作为讲述这一故事的人……只要我还活在这世上，一想到下达所有这些死亡命令——发号施令者有海德里希（Heydrich）、艾希曼（Eichmann）等人——所使用的语言是我思考、表达、写作和做梦所使用的语言，我就无法不战栗。尽管如此，我还是压低嗓音讲述了自己的故事，但绝非绵软无力。当然了，这种力量有其来源——只有以色列才有这力量。它建立在一条纽带之上，这条纽带让'以色列的子民'，或者说'锡安的子民'得以活在这个世上。他们知道这条纽带将永远存在。"[12]

这则故事的主人公是一名怀有身孕的犹太妇女，她在被捕前夕，无奈地把自己未出世孩子的手推车送给了非犹太裔小店主老板娘。小说在主题的选取上可谓卓尔不群（Brandopfer 在德语里是大屠杀一词的直译），但是其亲犹立场对作者那代德国人而言根本谈不上有何不同寻常。在格斯的作品里，女主人公，或者更确切地说是受害者，不仅是一名犹太裔德国女性，她还是"先知的后代"。这就

第三章 奥斯维辛

好像说，为了能讲述大屠杀的故事，格斯不得不采纳受害者在神话里的身份认同。

也许更值得称道的是沃尔夫冈·柯朋（Wolfgang Köppen）的小说《雅各布·利特纳写自地洞里的笔记》（*Jacob Littners Aufzeichnungen aus einem Erdloch*）。该书于1948年首版时，柯朋用的是雅各布·利特纳的笔名，1992年再版时署回了本名。柯朋在1950年代还写过另外三本小说，讲述纳粹留给战后德国的心灵创伤，都非常出名。

雅各布·利特纳实际上不只是个文学人物，他是慕尼黑的犹太邮票经济商，靠行贿说服了一名波兰反犹分子放他一条生路，波兰人同意让他住在自己房子底下一个黑洞洞、臭烘烘的地穴里。就这样，他在对波兰兹巴拉兹（Zbaraz）犹太区的"扫荡"和战火中捡回了一条命。移民纽约前，他把这个故事讲给慕尼黑的一个出版商听。[13] 出版商做了记录，这部分笔录为柯朋的小说奠定了基础。柯朋从利特纳本人那里获得了写作该书的报酬，后者从纽约给他寄食品包裹。这个例子再度说明，非犹太裔德国人会借用犹太人的身份，讲述大屠杀的故事。

也许这么做是因为没别的办法——特别是在一开始的时候。但即便用了犹太人的笔名，作者也忍不住要赋予作品一个抽象和宗教化的结尾。通篇来看，此书行文多数时候很清醒，对惨象的描写也很具体，但结尾处话锋一转："仇恨是个可怕的字眼……我谁都不恨，我甚至对那些罪大恶极之徒也恨不起来。他们迫害我，但我无意成为审判他们的判官。不过，我拒绝且无力担当判官还意味着下面这点：不应当由我来原谅和宽恕有罪之人。在我眼里，他们的所作所为已经超出人类审判能力，只有上帝才能对非人类的罪行作出判决……"

战后三年，那时还轮不到德国人来恳请暂缓"人间审判"，只有受害者才有权这么做。但是这种宗教化的抽象表达倾向在纳粹时期成长起来的德国人中间太普遍了，他们的下一代亦是如此。犹太人这么做，通常是为了给"犹太复国主义爱国者"这一新身份注入神秘性；德国人则不同，恰恰相反，他们是为了逃避对一种德国独有罪行的继承，逃避将奥斯维辛"内化于心"的不得已，甚至是逃避做德国人。

* * * * *

接下来要提的是《大屠杀》（Holocaust）。打破不得呈现奥斯维辛这一实质性禁忌的不是德国艺术家，而是一部好莱坞肥皂剧。这部剧在处理流行元素的手法上很老到，使其以一种前所未有的方式渗透进了德国人的想象空间。《大屠杀》于1979年1月在德国首播，观看人数达到了2000万人次，相当于联邦德国成年人口一半左右。有58%的人希望这部剧能重播。广播公司收到了12000封来信、电报和明信片。有5200人在首播后给电视台打去了电话，72.5%的观众给出了好评，7.3%的人给出了差评。千言万语，都在《明镜周刊》刊登的海因茨·荷纳（Heinz Höhne）的一篇文章中得到了概括："一部美国电视剧，尽管拍摄风格十分琐碎，且制作动机更多考虑商业而非政治因素，更多作为娱乐节目而非启蒙教育，却做到了成千上万的书籍、戏剧、电影、电视节目以及上千份档案和所有集中营审判在战后三十多年来都未能做到的事：让德国人了解了以他们的名义对犹太人犯下的罪行。为此，上百万德国人都受到了深深的感动和震撼。"[14]

《大屠杀》从未在德意志民主共和国播放过，不过边境地区的居民还是能收看来自西德的电视节目。他们也的确这么做了，尽管官方明令禁止。1992年，我询问一位住在昔日东柏林的学校教师，她是否看过这部剧。她回答说看过。那学校里讨论过么？没有，要不然当时的师生就得承认他们犯法了。这么说来，人们假装自己没看过《大屠杀》咯？是啊，这位历史老师答道。但无论如何，"过去对我们的孩子来说并不存在犹太人问题，现在得跟他们讲授这段历史。可他们甚至都不明白犹太人有什么特别，逼得希特勒非要把他们赶尽杀绝。您瞧，在这儿（东德），我们对《圣经》不太了解，不管是《旧约》还是《新约》"。

在联邦德国，《大屠杀》让部分西德知识分子在震惊之余大为恼火。这是出于对媚俗文艺一贯的恐惧，以及对"好莱坞价值观"——往往这指代美国——的疑心病。《法兰克福论坛报》忧心忡忡，生怕这部剧会使过去的惨剧商业化：奥斯维辛会成为"某种被消费的对象"。执导过远比《大屠杀》制作更精良的肥皂剧《故乡》（Heimat）的埃德加·莱茨（Edgar Reitz）曾抱怨道，"美国人借《大屠杀》偷走了我们的历史"，因为类似《大屠杀》这种风格的影片阻碍了德国人"掌控自身历史的话语权和挣脱全世界对我们的指摘"。实际上，《大屠杀》从未构成过阻碍，倒是德国艺术家自己未能对奥斯维辛发声。

广播公司收到了一些泄愤的信件，通常是不署名的，写信人将《大屠杀》斥为犹太人的一派谎言。整件事就是犹太人的阴谋诡计，为的是让德国人颜面扫地，自己好从中捞钱。巴伐利亚州已故州长弗朗茨·约瑟夫·施特劳斯（Franz Josef Strauss）就秉承这种观点，至少他亲口承认过。但换个角度来看，一些左派知识分子又何尝不是这样。对他们而言，好莱坞的商业操作就是万恶之源。德国某个学派在解释奥斯维辛成因时，把分析建立在对商业操作和没有严格定义的"现代性"这两者的鄙夷之上——"现代性"既可以表示启蒙运动后的理性主义，也可指批量生产、资本主义，等等。东德剧作家海纳·穆勒接受采访时说，"奥斯维辛是启蒙运动的最后一个阶段"[15]。不但如此，"奥斯维辛还是资本主义的祭坛，理性作为唯一有约束力的标准，把人类剥离得只剩下物质价值"。就这样，事情的外在和本质再度遭到混淆：即便大屠杀的方式可算作工业化，甚至是理性的，但其成因断然与之无关。

诸如穆勒、西贝尔贝格或阿多诺等知识分子有理由对大众文化的力量心存忌惮。然而，《大屠杀》造成的冲击并不难解释，尤其是在德国。存在于法庭、教堂或博物馆里的奥斯维辛是一种抽象的概念、一种隐晦的比方、一堆无法想象的数据，以及上百万个没有名字的死难者。随着《安妮日记》（The Diary of Anne Frank）的问世，似乎某个无名无姓的死者从万人坑里爬出来，重新获得了身份。哪怕约瑟夫·魏斯博士*一家是以美国肥皂剧中人物的面目出现，也有着每个德国人都能辨别的身份：家境殷实、受过教育的中产阶级，没准还是你的邻居；实际上，倘若你上了年纪，过去你的邻居就是这些人。

《大屠杀》证明了一点，隐喻和影射并不足以使历史复活。魏斯一家必须被创造出来，过去必须得到再现。肥皂剧的体裁之所以如此有影响力，是因为其与布莱希特式（Brechtian）†的"疏离"姿态截然相反：情感泛滥，观众产生共鸣。我们感到和自己最喜欢的肥皂剧人物认识，就像和一位知名脱口秀主持人相熟一样。然而，大部分战后德国文艺作品所回避的恰恰就是这种认同感。对犹太受害者的认同不可能真正发自内心；而同情加害者——也就是说，同情你的父母、祖父母或你自己——又太令人痛苦。

倘若《大屠杀》的主角不是受过教育的中产阶级德国人，而是，打个比方说吧，贫穷的罗马尼亚吉卜赛人的话，那么德国观众或多数非德国观众会如何看待这部剧，倒是个挺有意思的问题。要真是这样，我很怀疑《大屠杀》会有同等的影响力。认同感显然是有限度的。

"看过《大屠杀》后，"一位西德妇女在寄给本地电视台的信

---

* Dr. Josef Weiss，《大屠杀》里的主人公。
† 贝托尔特·布莱希特（Bertolt Brecht, 1898—1956），德国著名戏剧家和诗人，提出"陌生化"的戏剧理论。

中写道,"我对第三帝国的那些畜生感到深深的鄙夷。我二十九岁,是三个孩子的母亲。一想到有许多母亲和孩子被送进毒气室,我就不能不热泪盈眶。(即使在今天,犹太人依然不得安宁。我们德国人有责任为了以色列的和平夜以继日地奋斗。)我向纳粹的受害者深深鞠躬,并为自己是德国人感到羞愧。"[16]

从《大屠杀》播放后发表的许多信件来看,这是一种非常典型的反应。战后出生的一大批人都耻为德国人。这似乎验证了克里斯蒂安·迈尔的观点,历史"深入骨髓",我们背负着父辈的罪孽,历史流淌在我们的血液中。诚然,德国人对奥斯维辛负有责任。但是,后世的德国人一提奥斯维辛就羞愧难当,这种反应恰当么?有用么?小说家马丁·瓦尔泽(Martin Walser)在战时尚未成年,同迈尔一样,他相信奥斯维辛是将德国人联结起来的纽带,一如歌德的文字。当一个法国人或美国人盯着奥斯维辛照片的时候,"他不用感慨:我们人类啊!他会想:这些德国佬!我们能想'这些纳粹!'么?换作我,我可做不到……"[17]

这番用词表明了说话人的民族认同感出了问题。纳粹在高雅的德国文化上留下了血淋淋的手印,对于一心想挽救它的德国犹太人阿多诺,奥斯维辛是一种德国罪行的观念让他难以接受。对他来讲,罪行的根源是一种现代病,或曰"权威主义人格"病症。惨无人道的党卫队就得了这种病,他们是庞大工业轮盘上丧失人性的齿轮。瓦尔泽和阿多诺的看法针锋相对,除此之外还有第三种说法么?我相信有。

奥斯维辛无疑是德国人犯下的一项罪行,"死亡是来自德国的大师"嘛。但这里的德国是另一个德国。一味坚持通过"身份视角"审视历史、复述史学家克里斯蒂安·迈尔的老话,意味着抗拒凡事皆会改变的观念。一个人能从侵略者的角度铭记奥斯维辛同时避免陷入过度自责甚至是妄自尊大这种庸俗的情绪泥潭么?认为奥斯维辛是德国人身份中某些可悲缺陷造成的想法,就好像说是德国人的集体天才造就了歌德和勃拉姆斯，只会固化某种神经质的自恋症：往好了说，这是一种永恒的担忧，生怕德国人是个危险民族；往坏了说，这是一种畸形的自豪，自豪于一种近乎原始部落的禀赋——既能创造优美动听的音乐，又能犯下难以启齿的罪行。

第四章
广岛

位于柏林的原日本和意大利使馆都建造于1930年代，具有希特勒梦想之都日耳曼尼亚雍容华贵的古典法西斯主义风格。两栋建筑之间夹着一条短又窄的马路，过去叫格拉夫·施佩路，以纪念1914年和英国海军在马尔维纳斯岛激战中阵亡的德国海军上将格拉夫·施佩（Graf Spee）。同柏林的许多街道和广场一样——比如阿道夫·希特勒广场、赫尔曼·戈林路等等——格拉夫·施佩路在战后被重新命名。现如今这条马路叫广岛路。

之所以选这个名字——据说意大利人对此十分恼火——跟日本人没有半毛钱关系。左倾的柏林市议会选这个路名是为了表达反战立场。但即使日本人在当中没扮演什么角色，新路名恰到好处地抓住了战后日本社会的普遍情绪。对于大多数日本人而言，广岛是太平洋战争的终极象征。日本人民所经历的一切苦难都浓缩在这个近乎神圣的词汇当中：广岛。但广岛不仅象征着民族殉难，还象征着极度邪恶，常被人拿来和奥斯维辛相提并论。在广岛，有个广岛-奥斯维辛委员会。在至少一部以广岛为题材的小说中，日本人和犹太人作为白人种族主义首当其冲的受害者，受到了格外关注。1980

年代，日本人甚至计划在离广岛不远的一个小镇里建造奥斯维辛纪念馆。

用广岛大学教授雜贺忠义的话来说，发生在1945年8月6日的原爆是"20世纪最恶劣的罪行"。广岛和平公园的中心处有一口石棺，上面刻着所有原爆受害者的名字。公园还有一座原爆纪念碑，那段著名的碑文正是出自雜贺教授之手："愿所有灵魂安息，我们永远不会让错误重演。"

这种用词很模糊，而且是存心为之。由于生怕和平公园的参观者误以为"我们"仅指战时日本政府，1980年代末，这里又冒出一块英、日双语标牌以示澄清："此碑号召世界各地的人们为原爆死难者的灵魂安息而祈祷，并一同宣誓再也不重蹈战争的覆辙。这阐释了'广岛的灵魂'，在忍受旧痛、放下仇恨后，渴望实现世界和平。"

广岛（Hiroshima，这一地名的拼法多用音译外国地名的平假名，为的是让其听着更国际化、更显普世主义）洋溢着一种宗教场所的氛围。它有殉难者，但没有神灵。它有祈祷者，也有一个现成的关于人类堕落的传说。在一份由广岛和平文化基金会出版、名为《广岛和平读本》（'ヒロシマ読本 —平和冊子'）的小册子里，广岛"再也不单单是一座日本城市，而是寰宇公认的世界和平圣地"。

在广岛火车总站候车大厅里，总是挤满了穿着校服的小学生、童子军、退休老人、外国旅客、名流显贵和村民，手持旗子的导游走在他们前面。每年有数以百万计的人前往广岛朝圣，他们是其中一部分。所有人都去参观和平公园，原子弹就在其上空爆炸，那里曾是繁华的商业区，如今则成了膜拜广岛的中心。

要想象当时的情境，只会比奥斯维辛更困难，因为发生在广岛的惨剧可以被浓缩为单一事件，而且几乎没留下什么肉眼可辨的痕迹。当然，从一定意义上来讲，整个广岛城都是原爆的证据。漂亮的商业街、公园、棒球场、高层酒店，以及混凝土建造的古堡——所有这一切在1945年8月6日之前都是不存在的。就像犯罪现场被彻底清除；抑或者说，被埋在了一座焕然一新的城市底下，好比现代特洛伊，或原华沙犹太隔离区。

然而，访客很难淡忘原爆造成的影响，尤其当他们是白种人的时候——日本人眼里永远的外国人，而且往往被当成美国人。这不仅是因为纪念碑、铭牌和纪念堂的数量多到让人没法不留意到，还因为穿行在和平公园之中会生出一种不自在的感觉。日本人倒不会鲁莽地走到你跟前，呵斥说"这是你犯下的罪孽，害死了多少人，你这个凶手"，但是，小学生在老师的怂恿下会走上前来，询问你对和平的看法。这种时候，你感到有必要表现忏悔，或者最起码也得说两句表示遗憾的话。你被要求代表你的种族——也就是日本人眼中扔下原子弹的罪魁祸首白种人——宣称自己热爱和平。

公园里汇集了神龛、纪念碑、乱石、铜钟、喷泉和寺庙，是座名副其实的卢尔德城*，既纪念死难者，也为和平祈福。公园商店售卖钥匙圈、圆珠笔、T恤衫、杯垫、明信片、书籍、茶杯、佛珠、筷子等商品，上面都印有祝愿和平的祷文。多数纪念品上都绘有一幅画，描绘的是在原爆后只剩残骸的原广岛县劝业馆，如今那里成了原爆纪念馆。和平公园的一端有条河，画中景物的原型便矗立在河对岸，无时无刻不提醒着人们这里发生过的罪恶。现如今那里是祭祀场所，人们放着河灯，纸质的灯笼象征死难者的灵魂。成百上千只灰白色的和平鸽在树丛中飞来飞去。据导游解释，这些树为"日本国内外个人和团体所种，借此告慰罹难者的亡灵，祈祷和平"。纪念塔附近有块标语："如果您碰过和平鸽，请漱口并洗手，避免感染上它们携带的病菌。"

纪念塔后方是和平之火，由日本青年商会捐赠。火焰的形状像两只摊开后伸向天际的手掌。宗教团体和诸多日本企业界代表带来

---

* 卢尔德（Lourdes）位于法国南部，接近西班牙边界，具有很浓厚的宗教氛围，经常在宗教节日，譬如万圣节、复活节和朝圣期间举办各种游行和庆祝活动。传说卢尔德的天然圣水可治疑难杂症，引得游客纷至沓来。

的火炬让火焰一直生生不息。和平之火旁是一座祷告纪念碑,三人构造的雕塑,分别为一男一女和儿童。雕像底座前有块石头,人一站上去,音乐盒就会播放《英灵啊,请不要在九泉下哭泣》这首歌。

在并无特别祭祀活动举行的日子里,纪念塔前的游客表现得和日本寺庙里的信众差不多。他们嘴里念念有词,朝石棺后的和平池里扔硬币,还给彼此拍照留念。穿着海军蓝和黑色校服的学生排队从眼前走过,有些欢声笑语,有些打着哈欠,还有些拖着懒洋洋的脚步。老师给他们布置的作业是在笔记本里抄录碑文。此地气氛并不庄严;日本的宗教场所都是这样。透过孩子们稚气的童声,唯一的肃穆来自不远处嗡嗡作响的一口和平钟,钟设在一栋混凝土穹顶建筑内,据导游手册介绍,这"象征着宇宙"。

看着笑容灿烂的孩子们,我想起几年前参观的另一座纪念馆。那时的我,同样诧异于日本人参观血流成河之地时的那种漫不经心。纪念馆位于塞班岛上。这是一座太平洋上的小岛,靠近天宁岛。后者面积更小,当年艾诺拉·盖号轰炸机(Enola Gay)便是从这儿出发飞往广岛。曾几何时,塞班是一片欣欣向荣的日本殖民地,但美国海军陆战队1944年登上该岛后,日美两军展开了一场激烈厮杀,短短几天,就有至少两万五千名日军和四千名美军丧生。但最惨的莫过于成百上千名平民——多为妇孺——选择跳崖,集体玉碎。一些面露迟疑的人被日军狙击手从身后开枪击毙。人们为这片感伤之地做了记号,标牌上有用英、日双语书就的"玉碎崖"字样。年轻的日本游客嬉笑着互相拍照,其中绝大多数是姑娘。

只有在要讲究等级尊卑的时候,日本人才会变得庄重肃穆,肃穆得近乎压抑。就在广岛之行的第二天,我来到九州的最大城市福冈。因为有半小时的空闲,我在中央火车站前观看了一场宣传交通安全的仪式。穿制服的年轻姑娘身披"1992年福冈公路安全小姐"的缎带,站姿一模一样,手戴白手套,双手交叉垂于身前,双腿并立。与此同时,一袭黑西装的老头儿神色忧伤,不断呼吁人

第四章 广岛

们遵守交通法规。铜管乐队恭候一旁，乐手直挺挺地站着，毕恭毕敬的样子活像普鲁士军人。福冈市的若干名流也肩挎绶带，佩戴表明各自工作单位的徽章，列队站在演讲者身后，仿佛参加阅兵的将军。他们脸上没有一丝笑容，也听不到窃窃私语。在这里，所有人都明确自己的地位，秩序井然；在这里，人们集会的目的不是为了在战场上杀戮几万万人，而是为了在和平年代倡导安全驾驶。

广岛——这里说的是作为圣地而非现代日本城市的广岛，后者虽然繁华，但了无生机——的有趣之处在于，这座城市的普世主义抱负同它作为日本受害者情结独家纪念地之间，存在一种张力。和平公园外一个不起眼的角落里，立着一尊凭吊原爆朝鲜死难者的纪念碑，他们中不少人在战争期间被迫赴日做苦役。在旅日韩侨的努力下，纪念碑于1970年落成。其底座是只巨大的石头陆龟，算是朝鲜人的墓碑。龟身盖满花环、鲜花和写有朝鲜团体名字的千纸鹤。墓碑旁有一行字，用英、韩双语写成，说的是两万名朝鲜人的故事，他们"圣洁的生命"被"突然从我们身边夺走"。既没安排葬礼，也没举办追悼会，因此，"魂魄常年游荡，无法升抵天堂"。这些朝鲜人的灵位不在和平公园供奉之列，日后曾有朝鲜侨民试图将纪念碑移至公园内，但无不以失败告终。广岛市政厅给出的说法是，只能有一座纪念塔。而这座纪念塔上没有朝鲜人的位置。

1946年初，广岛县知事曾邀请大批当地名流为重建这座几乎消失的城市献计献策。小说家太田洋子在原爆中幸免于难，她希望重生的广岛能多栽些树。"我希望梦想和现实能和谐交织在一起，丰富市民的生活。"她曾表示。某位献言者觉得有必要丰富文化生活，还有一位（寺庙住持）希望看见整座城市里佛教庙宇林立。但是，最轰动的建议出自吴港市副知事。吴港是广岛郊外的一座港市，战时为大批战舰的建造地。他想要"保留大片焦土，用以缅怀和凭吊过去，并祈求永久的世界和平"。

一些人对这一愿景未能实现心存遗憾。自 1980 年代起，来自大阪的原高中教师宇野正美写下了一系列脍炙人口的作品，大谈向犹太人学习的必要性，特别是他们主宰世界的方式。这些书卖出了几十万册，其中一本名为《美元变废纸的那天》（'ドルが紙になる日—今こそユダヤの智慧に学べ'），里面一个章节写到了广岛。宇野写道，应该保留广岛满目疮痍、断壁残垣的样子，就像奥斯维辛被犹太人刻意保留下来一样。[1] 通过让全世界了解他们的殉难，犹太人保住了自己的种族认同，恢复了他们的阳刚气概。与之相反，日本人在遭到美国人诓骗后，误以为应立即着手重建广岛，扫除日本人的苦难痕迹。结果是战后的日本人缺乏认同感，他们的阳刚之气也因为美国对日本战争罪行的宣传变得一蹶不振。

这是一种极端立场。少有日本人会走此极端，纵然作为读者，他们或许会觉得这种观点具有煽动性，但并不让人反感。倘若撇开其中的反犹主义元素和让广岛保持废墟状态的观点，宇野的看法在日本民族主义者中间并不缺乏市场。右派向来担心美国人强制推行的战争罪宣传会削弱日本人的身份认同。然而，右翼民族主义者对广岛的关心程度要逊色于对"大东亚战争"的顽固认知（idee fixe），他们认为后者在很大程度上是一场师出有名的战争。

左派有他们自己的日本殉难说，广岛在其中占据核心地位。举例而言，一种被广泛采纳的看法是，不计其数的日本平民沦为了一场邪恶军事实验或冷战第一波军事打击的牺牲品，或者二者兼而有之。根据这一论述，美国人之所以投下原子弹，是为了敲山震虎，吓退有可能出兵日本的苏联人。这种看法起码还值得一辩，但认为投下原子弹是种族主义试验的看法则不那么合理，因为原子弹是为了对付纳粹德国而开发的。尽管如此，许多日本人仍然深信不疑。围绕这一话题涌现过一些文学作品，比较荒诞不经的一本由河内朗所作。[2] 河内曾在联合国工作，他认为原子弹是白人种族主义者蓄意策划的一起种族灭绝。宇野正美也抱有类似看法，声称这些种族

第四章 广岛

主义者是犹太人。需要重申的是，此类观点都很极端，但就日本期刊的内容和畅销书目来看，其与主流舆论的距离并非那般遥远。

不过，左派和自由派可不会一心想着要为"十五年战争"辩解，他们秉持另一套看法。在他们看来，原子弹是上天对日本军国主义的某种惩罚。在领受过这独一无二的苦难并吸取教训后，在经过地狱之火和炼狱的淬炼和洗涤后，可以说，日本人已经有权——甚至有神圣义务——去评判他国的行为，特别是美国。只要对方一露出违背"广岛精神"的迹象，日本就有权对其指手画脚。这是所谓和平教育的要义，左派日本教师工会对之大力弘扬，保守派政府则疑虑重重。和平教育传统上指反战主义、反美主义，以及对共产主义国家的强烈同情，尤其是中国。

在纪念原爆一周年之际，幸存者聚集在一所神道教寺庙，高举写有"世界和平始于广岛"这一口号的黑色横幅和旗帜。1987年8月6日，广岛市知事宣称："世界依旧为'权力哲学'所控制，我们必须让全世界都信仰广岛精神。"这意味着，从盟友日本处获得后勤和财力支持的美国只要一动武——比方说在朝鲜、越南或者波斯湾——就会被视作是对原子弹受害者的背叛和对广岛精神的致命一击。

* * * * *

至少从某一点来看，日本的左翼和平主义同常和右翼有联系的浪漫民族主义存在共通之处：两者都对被美国人夺去集体记忆一事心怀怨恨。浪漫民族主义者认为，战后的美国占领者有意瓦解了神圣传统，比如说天皇崇拜，失去它日本人就会丧失身份认同。浪漫的和平主义者则相信，美国为了掩盖自身罪行，且为日本军国主义招魂以利冷战，便试图抹去有关广岛的记忆。

关于原爆给长崎留下的精神创伤，黑泽明拍过一部充满感情的电影《八月狂想曲》（'八月の狂詩曲'）。该片不仅是对原爆的一曲哀歌，也是对记忆流变为历史，而历史又迅速被遗忘的一声叹息。柏林的一份报纸曾刊登加西亚·马尔克斯对黑泽明的访谈。作家问黑泽明："这种历史健忘对日本的未来和日本人的自我认同意味着什么。"[3] 黑泽明答曰，日本人不爱公开谈论原爆，"特别是我们的政客，他们缄默不语，也许是因为忌惮美国人吧"。除非美国有朝一日向日本人道歉，"否则这出戏将永无终结之日"，黑泽明说。

诚然，占领期间，美国当局不希望日本人对原爆念念不忘。他们不想日本人产生受害者情结。战后最初几年，关于原子弹的话题只有科学类书籍才获准出版。就算到了1949年，广岛市政府力推的电影《广岛的事再也不要重演》(*No More Hiroshimas*)拍摄计划，也因为占领当局反对片中出现"原子弹导致破坏和人类痛苦"的场景而流产了。[4] 直到1950年，也就是占领结束前一年，丸木位里和丸木俊夫妇的画作《原爆图》之一＊还不得不改名为《八月六日》。

不过，黑泽明还是说错了，因为二战中很少有事件会像广岛和长崎的原爆——后者受关注度要小得多——那样，得到过如此密集和频繁的叙述、分析、哀叹、还原、重现、呈现和展示。长崎之所以被淡化，不仅因为广岛率先遭到打击，还因为长崎的军事目标比广岛多。位于长崎的三菱工厂为日军制造了大量军火。除此以外，还有一层鲜有提及的因素：长崎原爆的位置恰好在社会弃儿和基督徒的生活区。长崎市余下大片区域躲过了一劫，这点也和广岛的情况不同。详细探讨原爆会揭露令人难堪的隐情，所以最好还是闭口不谈。然而，战争差不多刚结束，以广岛为题的小说就算不能出版，也已见诸文字。1983年，一批总共十五卷的日本原爆文学精选集问世。[5]

占领甫一结束，就涌现了大批原爆书籍和电影，多半带有反美色彩。据我猜测，占领期间的报刊审查制度是导致这种局面的一大

＊《原爆图》（'原爆の図'）共有十五幅。1950年丸木夫妇发表的是第一部"幽灵"，此后三十二年间陆续创作以《原爆图》为名的画作，最后一部"长崎"于1982年发表。——编注

第四章　广岛

原因。被封杀之事终于可以大白于天下了。另一个原因在于导演和小说家的政治背景。一些人素来是坚定的民族主义者，心中充满了对西方的不信任感，尤其是美国。另一些人在战前是马克思主义者，迫于军事当局的淫威才不得不改弦更张，效忠帝国大业。但即便战后他们重新捡起过去的信仰，也没有带来一场彻底的改变。敌人依旧是同一个——贪得无厌、物质主义、个人主义、帝国主义和种族主义的美国。

因此也就有了诸如《广岛》这样的电影。[6]影片摄于1953年，导演是关川秀雄。在影片结尾的一幕里，美国游客购买被制成纪念品的原子弹受害者骸骨。恨意较之更深的，是一本出版于1969年的漫画《黑河的流淌》（'黒い河の流れに'）。故事围绕着一个年轻漂亮的姑娘展开，她在原爆中捡回了一条命，但因为辐射身患绝症，将不久于人世。不过在告别这个世界前，她要好好报复那些"白皮猪"。她当了"野鸡"，专接美国大兵的客。这是等级最低的妓女，"被淹没在恶心外国佬的体臭中"。她要给所有那些"仍在日本设有军事基地的战争狂留点儿纪念品"，她要让他们染上梅毒，要给他们点颜色看看！"凭什么那些战犯不被送上审判席？"她声嘶力竭地向同情她境遇的警察哭诉，后者拽着她离开了街道。"永远别忘了原子弹是如何折磨妈妈的。"她告诉自己天真懵懂的幼子。这则故事发表于《漫画喷趣》（'漫画パンチ'），一份发行量上百万的杂志。

不过，撇开这些谩骂，广岛的神化及对反战的膜拜，其产生的前提倒不是美国人有多坏，更多是来自纯真惨遭戕害的印象，以及世界将要覆灭的幻想。方才还是一派祥和的生活场景——儿童欢笑，姑娘歌唱，家庭主妇打扫卫生，老实巴交的男人辛勤劳作——紧接着，转眼之间，这一切都化为了灰烬。广岛和奥斯维辛之间的对比正是基于下面这种观念：广岛和屠犹一样，不是战争的一部分，甚至与之毫无关联，而是"发生在世界末日的某件事"[7]。这席话出自小说家大田洋子之口，她在《尸横遍野的城市》（'屍の街'）里回忆了自己作为广岛原爆幸存者的经历。"我们被一股力量夷为平地，它既霸道又野蛮，而且不属于战争"，它或许是"新近出现的一种天体现象"。顺道提一句，日本偷袭珍珠港后，太田也是欢欣鼓舞的诸多日本人之一，她"感到内心燃起一团全新的火苗"。

从左派的角度来看，广岛神化的所有准宗教元素在小田实的小说《广岛》(HIROSHIMA)*里都有，168页上就出现了描写原爆的段落。[8] 一位年轻娇美的日本姑娘正要把一束鲜花送给病房里的一名马来亚学生病号。此举唯美而纯真。接踵而至的是"一声非自然的巨响，似乎天塌了下来"。此情此景，让一位熟谙欧洲历史的日本兵回忆起了《伊利亚特》里的众神之怒。

在小田的作品里，每个美国白人嘴里都会蹦出种族主义的污言秽语："'所有学者都是犹太人。'威尔（Will）说道。这句话似乎激起了肯（Ken）对犹太人的厌恶，因为他张嘴就是一通骂骂咧咧。世上最垃圾的民族是日本鬼子，接着就是犹太人。"读者由此不难得出结论：轰炸广岛是一项种族主义行径。但在小田的文字里，日本人在对待朝鲜人和其他亚洲人时一样也是种族主义者。故事中真正正派的智者只有北美印第安部落的成员。部族的传统禁止族人拿起武器，他们那端坐在沙漠里的老者具有预见世界末日的能力。广岛原爆真是世界末日么？部落里一位弟兄乔治（George）问道。"'没错，兄弟，是末日，'郎（Ron）信心十足地回答，'这世界看起来难道不和太阳一样通红么——或者说，这火球比太阳还要耀眼一百倍？人们被活活烧死，尸体黑得像焦炭。'"

这是佛教地狱说里的景象，四周都是鲜血淋漓的人，被熊熊烈焰所包围。原民喜和太田洋子一样都是广岛原爆的幸存者，著有小说《夏之花》。他眼中的世界末日在降临前，率先登场的是一段天

---

* 小说的原书名是用广岛的英文拼写，英文版书名为 The Bomb（原子弹）。

第四章 广岛

气描写，笔触充溢着好莱坞战争片或莱妮·里芬施塔尔*作品中那种不祥之兆。[9]"黑压压的天空下，群山分外绿意盎然；濑户内海的小岛也愈加轮廓分明。在最猛烈狂风的拍打下，海面，平静的海面，似乎每时每刻都会卷起惊涛骇浪。"这里的景色描写为瓦格纳式的世界末日做了铺垫。最终，从"中世纪佛教地狱画卷中散发出的昏暗至极的绿色微光"，为这一过程画上了句号。1951年，或许是因为朝鲜战争郁郁寡欢，原民喜卧轨自杀。

1950年代，丸木位里和丸木俊夫妇将佛教地狱说搬上了现代画布，为其取名《广岛原爆之图》（'原爆—ひろしまの図'）（和《八月六日》不是同一部作品）。我在广岛市现代美术馆看到了这幅画。其横跨四块画板，仿佛一面日式屏风，具有传统日式元素，但构图中也有类似基督教里人类堕落的画面。遍体鳞伤、烧得面目全非的死尸似乎从画面顶端散落而下，明晃晃的闪电仿佛在暗示这是天神降怒。疯狗的血盆大口里叼着死婴，烧焦的死尸用绳子捆绑起来，乌鸦啄食着残缺不全的尸体。一大群没有面目、黑不溜秋的人像排成队的焦炭一样迈着步子，似乎是在去向炼狱的路上。

悬挂丸木夫妇画作的白墙上有一行字："广岛和现代艺术：'广岛的核心'，人类的普世主题。"我又看了一些别的展品，很明显，安塞尔姆·基弗[†]的艺术风格为其打下了烙印。不过，对比基弗在战后本国废墟里筛选德国历史和文化的碎片，他远在广岛美术馆里的仰慕者关心的只有广岛精神。比方说，荒木高子[‡]的陶瓷书——颇有基弗铅质大部头的风范——取名为《原爆圣经》（'原爆聖書'），希伯来语字符经过烈火的炙烤。除此之外，还有一面丝绸屏风（基弗

---

* Leni Riefenstahl（1902—2003），纳粹德国著名女导演，曾拍摄《意志的胜利》这部宣传法西斯主义的登峰造极之作。
† Anselm Kiefer（1945— ），德国画家、雕塑家，德国新表现主义代表人物之一。
‡ 荒木高子（1921—2004），日本著名陶艺家，1970年代发表的"圣经"系列受到日本国内外瞩目。

从不使用丝绸），名为《1945年8月6日》，创作者是上野泰郎*。作品展现的是身处死亡阵痛中的人类，主色调为红色，佐以金色点缀。

所有这些作品都缺乏一种对1945年8月6日原爆以外广阔世界的认知。广岛完全是孤立的。展品名册编撰者之一、美术教授桑原住雄留意到了这点，他援引了香月泰男（1911—1974）的话。香月以西伯利亚日本战俘为主题的画作震撼人心，但是并未被广岛美术馆收录在内。他的作品是日本国内唯一能够在思想深度上与基弗比肩的。香月自己曾是战俘，被流放到西伯利亚，但这没有让他顾影自怜，相反，他色调黑暗、几乎完全抽象的作品——举例而言，其中有几幅画是用掌印所作，就像留在刑讯室墙上的血手印——让人对残忍和苦难的想象远远凌驾于具体事件之上。在去往西伯利亚某战俘营的路上，香月看到一具血淋淋的尸体。这是一名日本兵的尸体，死者因为心狠手辣犯了众怒，被群情激奋的中国百姓私刑处死。香月将这具"血红的尸体"同原子弹受害者们"焦黑的尸体"进行了对比。

"关于焦黑色尸体的故事，"他说道，"在过去二十年里讲了又讲。广岛和奥斯维辛成了二战的象征，这些无辜之人的惨死衬托出战争的普遍残酷。焦黑的尸体让日本人觉得自己才是战争的主要受害者。他们异口同声地叫道：'莫让广岛重演！'搞得好像除了美国人扔的原子弹外，战争就没有发生过一样。对于战争真实本质和反战运动真实基础的深刻洞察，必须来自那具血红的尸体。"

此言不虚。然而即便如此，我依然认为宗教比喻和广岛宛如地狱般的景象（凭良心讲，广岛遭遇的轰炸的确如同炼狱）不能被简单理解为是日本人的顾影自怜。关于佛教地狱说发挥的作用，不少基督徒——尤其是敬虔派教徒——都会认同。他们相信，反思恶行会得到救赎。正视地狱，就能超越地狱。那些成功做到这点的人

---

* 上野泰郎（1926—2005），日本画家、多摩美术大学教授，日本美术家联盟理事长。

会在道德境界上得到升华，散播世界和平的福音将不再遥不可及。这种观念为多数拥有普世抱负的宗教所共享，无论在西方还是在东方。

当然了，倘若地狱并非自己一手酿成，那么直视它会较为容易。日本人对广岛的受害者感同身受，而德国人却不可能因为奥斯维辛生出受害者情结。日本人的罪孽被消解在全人类的罪孽中。这点让日本人同时选择了两条路：一条是民族之路，即他们是原子弹唯一的受害者；另一条是普世之路，意指他们是广岛精神的倡导者。投身和平教育的日本和平主义者正是以这样的方式来定义日本人的自我认同的。话虽如此，我胸中依然存在疑问。这种态度是否真的同许多希望将奥斯维辛"内化于心"、并从"身份认同的视角"审视奥斯维辛的德国人，在立场上有着天壤之别？不管是日本人还是德国人，他们的民族性更多以历史、道德和宗教精神为基础，而非公民权。

这种准宗教历史观的问题是，它使得以世俗化口吻探讨历史事件变得十分困难。对极端邪恶形成的印象独一无二，且凌驾于人类解释或理解力之上。对它的阐释不仅狂妄自大，而且还不道德。假如说奥斯维辛属于这种情况，那么广岛更是如此。讽刺之处在于，除非一个人信奉希特勒杀气腾腾的意识形态，否则奥斯维辛便不可能翻案，但广岛与之不同，对其进行核毁灭的理由最起码也是可以公开付诸辩论的。原子弹也许拯救了生命，也许缩短了战争进程，但此类论点与广岛精神格格不入。

1992年7月，联合国裁军大会在广岛召开。这是日本人经年游说的结果，他们希望能在"世界第一个遭受核打击的城市"举办这一年会。从表面上看，一切进行得都很顺利，直到某位美国哈佛大学的教授捅了篓子，抛出广岛原爆"结束了二战，并拯救了一百万日本人的生命"的高论。他还补充道，这一事件的恐怖程度有助于避免核战争。由此可见，广岛和长崎的灭顶之灾实际上又拯救了上百万人的生命。日本人闻之怒不可遏，报纸社论纷纷讨伐这位教授，鞭笞他不了解受害者的立场。《朝日新闻》"再次感到气愤难平"，评论说"除非美国摆脱此类看法"，否则它将遭到无核国家的强烈反对。[10]

《朝日新闻》继续写道，撇开这一风波，大会应当说是圆满、成功的，因为与会者——当中不少人都是生平第一次造访广岛——"无不对和平纪念资料馆里的展品和遗迹表达了震惊之情"。他们还一道"合唱了《为广岛祈福》"。只有英国作家阿兰·布斯（Alan Booth）在英文版《朝日新闻》里点评此事时，指出祈祷、仪式和千篇一律的观点并非大会通常的目的所在。[11]

* * * * *

在广岛，受害者的看法被小心翼翼地守护着，人们坚称他们是无辜的。然而，在日本对外战争史上，广岛根本谈不上无辜。1894年，日本同中国打响"甲午战争"时，部队正是从广岛出发、开赴前线的，明治天皇也把指挥部搬到了广岛。这座城市因此变得富有，十一年后的日俄战争则让它更加富庶。广岛一度还成为军事行动的中枢。正如《广岛和平读本》以简明扼要的文字所阐明的那样："作为军事重镇的广岛固若金汤，得益于明治和大正*时期连绵不绝的战争和事件，人口越来越多，城市也益发呈现出一派繁荣气象。"在遭到核打击时，广岛是帝国军队第二大本营（第一在东京）。简言之，这里遍地都是军人。

井伏鳟二的小说《黑雨》（'黒い雨'）是取材自原爆的少数几部文学杰作之一，作品背景设为军国主义和政治专制。[12] 这本书在开篇有一段场景描写，地点是距原爆中心不远处的一座桥梁。爆炸前不久，初中生被勒令聆听军队训话，高唱爱国歌曲。小说末尾处，

---

* 日本第 123 代天皇嘉仁在位时期（1912—1926 年）的年号。

第四章 广岛

在作者一遍遍描绘了原爆及其留下的惨象后,广岛市知事令军民继续战斗:"广岛市民们——损失也许惨重,但这就是战争!"

广岛市民的确是受害者,但凶手基本上是他们自己的军事领导人。然而,1987年,当广岛本地一伙和平活动人士向市政府请愿,希望把日本侵略历史纳入和平纪念馆展览内容时,这个要求被拒绝了。之所以发起设立"侵略者一角"的吁请,是受到了大阪初中生的激励。学生们要求和平纪念馆馆员对日本战争责任作出解释,这让后者脸上无光。同上百万人一样(包括每年六万名儿童),他们被人领着,参观了原爆留下的恐怖遗物:在高温中扭曲变形的瓶子、蘑菇云的照片、衣物碎片、放射线在门前阶梯上留下的奇怪痕迹,还有与真人一样大小的静物人像——一个个面目全非的人艰难地穿过废墟,液化的皮肤就像熔化的蜡一样滴垂。

估计是因为受到了老师的鼓励,大阪初中生希望看到的可不只是这个恐怖之屋。他们想要知道在此之前发生了什么。同时,他们还要求官方承认某些在原爆中遇难的朝鲜受害者曾身为奴工这一事实(大阪和京都、广岛一样,至今仍有大批朝鲜侨民)。这两个要求都被拒绝了。于是广岛本地人——多为基督徒、反核活动家,或参与帮助被歧视的少数民族——成立了一个名为"和平联系"的团体。自然而然,这个团体遭到了右翼民族主义组织,譬如"日本爱国党"的反对。后者在和平公园周围举行集会,用卡车上的车载扩音喇叭高声播放爱国歌曲。爱国者似乎占了上风。据某位和平活动家的说法,广岛市政府对"侵略者一角"这个建议持反对意见。

这件事有诸多讽刺意味,其一在于,反核活动家认为原爆是一项罪行,但右翼反对派中的一员却不这么看。"忧思与国家修复协会"主席前田和良认为,原爆拯救了日本,使其未被完全摧毁。但是他坚称,战争责任不应尽数算在日本头上。这场战争只不过是"历史长河"中的一支而已,他说。

我向和平纪念馆馆长川本义隆询问为何设立"侵略者一角"的

建议被否决了。川本是个市政官僚，为人彬彬有礼，穿着一套蓝色哔叽西服。他冲我耐心地笑笑，说道："我们这儿没法搞这种东西，侵略者在东京。我们唯一的目标是展示发生在1945年8月6日的事。"

在同他交谈的过程中，川本在普世性命题（"人类"、"世界和平"）和具体国家维度之间来回切换。我感到，他在向外国参观者介绍日本民族性格一事上轻车熟路。他告诉我，日本人悲伤时会纵声大笑，日本人和彼此交流时不必开口说话，日本人只会从主观视角思考问题，日本人懂得"物哀"，诸如此类，不一而足。那么日本年轻人是不是也这样呢？我追问。

"年轻一代再也不懂隐忍的艺术了，"他说道，"而且他们不了解我们当时的生活状态。您瞧，他们跑到这儿来跟我说，日本人也犯有战争罪行，但他们不明白自己在说什么，只是重复左派老师的话而已。"

川本接着说道，要在年轻人能理解的层面上解释过去，这点十分重要。现在的年轻人不读书，所以你必须给他们提供视觉信息。嗯，对，但除了原爆外，难道不该给他们讲讲战争史么？那当然，那当然，他回答，但这不是本馆的使命。那它的使命又是什么呢，我追问。

他笑了笑，觉得自己可以松口气了。"您瞧，这座资料馆其实不能算是一座资料馆，建造它的幸存者是想把这儿变成一个缅怀罹难者、为世界和平祈福的地方。人类必须建立一个更美好的世界。这就是广岛必须坚守的原因。我们必须回归到事物的根本，必须思考人类团结和世界和平。要不然，我们最后只会为历史争得不可开交。"

战争的历史，或者说任何历史，的确都与广岛精神无涉。这也就是为什么奥斯维辛是日本官方唯一允许拿来和广岛作对比的事件。其余所有事都太有争议了，与"历史长河"的关联又太紧密。1980年代末，吴港市知事曾提议在广岛和吴港之间的某个小镇建造一座奥斯维辛纪念堂。广岛知事觉得这个主意不错，反战市民团体也不反对，但是他们坚持要求把建造南京大屠杀纪念馆作为一大附带条件纳入到这个项目中来。方案悄无声息地流产了。

不过，距离广岛不远的一个地方——乘火车的话大概要一个半小时车程，轮渡的话四十分钟可到——则提醒世人日本历史还有另一面，与1945年8月6日所发生的一切无关的另一面。大久野岛是濑户内海上的一个小岛。一下渡轮，首先映入眼帘的是成群的兔子。它们在整洁的小径和清新的草坪上奔来窜去，就像点缀在自然风景之间的一簇簇白色绒毛。这些兔子很温顺，肯给人摸。岛上除了一座外观看似医院的大酒店、几处19世纪末和20世纪初的建筑遗迹、一门与日本本岛隔海相望的旧式炮台外，就没什么其他景物了。防波堤附近有一栋低矮的混凝土建筑，名为"大久野岛毒气博物馆"。

那些温顺的兔子是实验室动物所繁衍的后代，岛上的毒气工厂用它们来试验芥子气等致命毒剂。这是日本帝国时期规模最大的毒气工厂。战时曾有五千多名工人在此工作，不少是妇女和学童。大约一千六百人因接触氢氰酸、神经毒气和路易氏（lewisite）等毒气而丧命，一些人终身致残。中国官方的资料声称，有多达八万余名中国人成为这座工厂所制毒气的牺牲品。日本军方高度重视该岛的保密工作，以至于它索性从日本地图上消失了。

战后，这一切鲜为人知。美国人于1945年登陆后，拿走了数据资料，将大量毒气倒进大海，然后一把火烧了工厂。岛上酒店的位置过去正是工厂主车间所在地。当年的发电机和部分储藏室的遗迹依然能一睹究竟。只有到了1980年代，一位名叫吉见义明的年轻日本历史学教授在美军档案里挖出一份报告后，世人才知道，原来日本人在岛上及周边地区藏匿了一万五千吨化学武器。另外，广岛地底下还埋藏着一个重达两百公斤的芥子气贮藏罐。

工厂工人中的生还者——不少患有慢性肺病——在1950年代

曾恳请官方承认他们经历的苦难,但政府予以拒绝。如果政府给工人发放赔偿金的话,等于正式承认日军从事了非法行为。有关化学战的只言片语刚溜进日本学校教科书中,文部科学省便迅速将其删掉了。

但是,对于毒气工厂的记忆从未彻底掩盖。1975年,那些能够证明自己的确遭受过毒气侵害的生还者终于得到了些许赔偿。1985年,政府为战时死在岛上的工人立了一尊小型纪念碑。1988年,经过生还者的努力,另一座小型博物馆落成了,借博物馆向导的话来讲,其旨在"向子孙后代传递历史真相"。

说是博物馆,其实只有一间展厅,馆长是身材矮小敦实的村上初一。他的体格看着十分强健,饱经锤炼,像是当过职业拳手。1940年,十四岁的村上开始为工厂干活,一开始是门卫,薪水颇丰。"充满自我牺牲精神"的他一心想帮助日本打赢战争,这也是在部队提干的好机会。村上带着我辗转在邪恶的展品之间:一匹戴着防毒面具的木马;毒气弹受害者的照片,他们的皮肤因为伤口和脓肿溃烂已经不成人样;老式毒气罐;女学生在工厂空地上练习剑道的素描;陆军军官在阳光下笑容满面的集体照。

村上的解说很实事求是。他既没有布道说教,也没有满口仁义道德。他对解释日本人的国民性格兴趣寥寥,给我的印象是为人很实诚。他告诉我,如果不是因为看过从美国带回来的资料的话,他是不可能对这个地方的一草一木记得那么清楚的。我询问他这座博物馆的用途。他说:"在喊出'永不再战'的口号前,我希望人们见识一下战争的真面目。如果光从受害者的角度审视过去,只会助长仇恨。"

他如何看待广岛和平纪念资料馆?"在广岛资料馆,人很容易产生受害者情绪,"他告诉我,"但我们必须认识到自己还是侵略者。我们被教育要为国而战,我们给国家造毒气,我们活着是为了战斗。打赢这场战争是我们唯一的目标。"村上看着越来越像职业拳手,他的眼睛眯缝起来，一拳砸在自己的手心里。"你瞧，"他说，"你和别人打架的时候，会对他连踢带打，但对手也会还击。最终，一方会取胜。这种事要怎么去记才好呢？是记得自己被踹过，还是我们挑事在先？如果不思考这个问题，和平就无从谈起。"

翌日，在广岛市内闲逛时，我思量着村上的话。在被小学生问起对和平的看法时，他的这番话并未让我内心的尴尬有所减轻。日本人在广岛地下埋了毒气的事实也不能让原子弹的残酷性减色多少。但这一切让和平纪念公园及其全部圣迹变得更具历史纵深感，而且从上帝手中接过了历史，放在了会犯错的人类手里。

第五章
南京

南京暴行，亦称南京大屠杀，发生在日本陆军1937年12月中旬攻占这座城市之后，距离日军全面进攻中国只过去了不到半年时间。南京作为国民政府首都，是侵华战争中最大的斩获。南京陷落的消息一传到日本，便登上了报纸头版头条的位置，日本国内更是一片欢庆。在长达六周的时间里，日军军官纵容他们的手下烧杀抢掠，为所欲为。具体死了多少人并无准确数字，但少说有上万甚至是几十万（中方说法是死了三十万）中国军民——当中有不少还是从其他城市逃至南京的难民——惨死在日军的屠刀下。数以千计的年龄从九岁到七十五岁的妇女惨遭强奸后被砍断手足，多难逃一死。

但光凭数字还不足以反映出南京大屠杀的野蛮和残忍，同样的悲剧在中国许多城镇和农村里一再上演。数字也无法解释为何暴行会得到纵容。是为了故意恫吓中国人，好让他们屈服？军官的参与似乎说明了有这层因素。但也有另一种可能。中国战场上的日军在天寒地冻的冬季一路厮杀，却领不到像样的军饷，吃不饱饭，对他们不加约束或许算是一种犒赏。再或者，这大体上可以归结为一支

第五章　南京

农民军队失去控制？或者如许多日本人坚称的那样，是战争不可避免的后果？

在日期间，有人送给我一本名为《南京暴行》的小册子。尽管这本册子是用日语写的，标题却叫"aturoshitees"，是英语单词暴行 atrocities 的音译，就好像找不到对应的日语一样。实际上，日语里有很多表示残忍、暴力、杀戮或大屠杀的词汇。然而，"暴行"这个词反映的不仅仅是战争不可避免的残酷性。暴行是一种存心施暴的罪恶，不仅违反法律，也违背人伦纲常。这倒不是说日本人不具备这种纲常，或者他们在道德上无法理解这一概念。可是，"暴行"同"人权"、"女权主义"、"战争罪"类似，是从西方舶来的现代词汇。在右翼民族主义者看来，这个词有左翼色彩，有颠覆性，甚至可以说反日。

编辑并出版这本册子的是一群中学教师，他们曾造访南京，为的是发掘更多有关大屠杀的史料。小册子里包含了中国目击者的供述、主刑场的地图，以及陈列在南京大屠杀纪念馆里的部分照片。虽然日本人热爱摄影，但他们并未留下大量记录自身暴行的视觉档案。日军的查禁制度很严，但就已有的相片和录像资料（多为西方传教士所摄）来看，足以让人对当时情况形成大致印象。这些照片当中，部分是日本摄影师拍的，部分出自中国或外国目击者之手。照片里的中国人有的被用作刺杀训练，有的被机枪子弹射中后跌入土坑；惊恐的女人在稻田里抱紧赤裸的身子，想要遮住她们的私处；有挥刀取人首级的日本兵和长江边上堆积如山的尸体；有些女性死者的阴部还被塞进了竹签。

这些照片取自新闻纪录片，其中一些被贝纳尔多·贝托鲁奇（Bernardo Bertolucci）用在了他执导的电影《末代皇帝》（The Last Emperor）中。影片在日本上映时，日本发片方松竹映画决定在不告知导演的情况下私自删除这些镜头。贝托鲁奇发现后，发片方辩解说是影片的英国制片方要求删节——因为发片方已经料到，英国制片人恐怕会觉得这些场景"太过毛骨悚然,日本人难以接受"。贝托鲁奇和他的英国制片人勃然大怒,恢复了被删掉的镜头,松竹映画随后为这一"巨大误解"致歉。

没有证据显示发片方是受到政府或任何人的施压才进行了删改。可信度最高的一种解释是,他们这么做是为了避免产生负面宣传效果。极右翼组织可不好惹。况且,鉴于身陷争议在日本永远都是一件令人难堪的事,有时甚至意味着人身风险,所以要探讨某些可能会招致不必要注意的问题便需要一定的勇气。

南京大屠杀正是这样一个问题,它已成为日本在亚洲战争中野蛮行径的首要象征。在东京战争罪审判过程中,南京大屠杀所激起的反响可同纽伦堡审判中的奥斯维辛相比。而且作为一种象征,它和奥斯维辛、广岛原爆一样,很容易被神化或被曲解。

在日本的学校,有关此事的争议被官方以沉默的方式压了下去。一本典型的教科书对南京大屠杀的描述充其量如下:"(1937年)12月,日军占领南京。"此外附加一条脚注进行解释:"据报道,当时日军杀死了包括平民在内的许多中国人,日本也因此遭到了国际舆论的批评。"这就完了,但即便这点只言片语,也让一些保守派官僚和政客难以接受,他们希望彻底删除这些段落。

因此,当中学老师、《南京暴行》编辑之一森正孝给学生们放映了一部以大屠杀为题的纪录片后,他们都惊呆了。森老师让学生们写下观后感,得到的反馈高度雷同。比方说这里有篇文章,作者是十三岁的女孩律子,她是这么写的:"说到战争,我能联想到的一直是广岛和长崎,但是核打击发生在1940年后。在这之前,日本做的事要坏多了。看着录像,这一切仿佛不是真的。以前我只知道日本是战败方,但我们日本人务必要了解1940年前发生了什么。在看这部录像时,对我灵魂触动最大的是当中国人被杀害时,日本兵却还在哈哈大笑。他们怎么笑得出来?我没法理解那时的日本人是什么心态……"

第五章 南京

学生们生平第一次知道原来日本人还是侵略者,老师要的就是这种震撼人心的效果。森和几乎所有投身和平教育的教师一样拥有左派思想。尽管他能寄希望于曾几何时如日中天的日本教师工会中普通成员的同情,但鲜有人像他那样热衷此事。他告诉我,多数同事倒也不唱反调,只是无动于衷罢了。大多数人都选择不去招惹是非。森的录像和小册子在一小群志同道合的教师中间秘密传播,有别于文部省审定的学校教科书中避实就虚、轻描淡写的官方历史观,发出了另一种声音。[1]

这些书反映了一种出于必要而有所简化的政治观点。日本人是"侵略者","入侵"中国,他们的行为"既罪恶又残暴"。中国人则要么全是"英勇的抵抗者",要么是"无辜的受害者"。在一本宣传册里,森正孝记录了一次南京之行,这次经历让他"感到尽管痛苦,但有必要从侵略者角度重新审视历史"。这也成了他要求学生做的事:以侵略者视角取代日本人的受害者情结。

有个叫泰子的十四岁女生(在 1991 年)表示:"我们常听闻纳粹使用恐怖手段杀死他们的受害者,但日本人一样恶贯满盈。不然那些日本兵在砍下中国人头颅的时候,脸上怎么还会狞笑?他们在杀人,居然还笑得出来?看到那些插在竹竿上的人头,我真是不忍直视……"

这部影像资料的主要目的并非为了还原历史。显而易见,"天皇体制"下穷兵黩武的种族沙文主义被归结为这场战争和暴行发生的原因,但给森正孝的学生留下深刻印象的是日本兵脸上的狞笑。官方在对待过去态度上的躲躲闪闪受到了一幕邪恶景象的挑战,作恶者是"当时的日本人"——学生的父辈和祖辈——而且还面带笑容。用他们老师的话来说,通过思索"南京地狱"的成因,并通过身份认同的视角审视历史(侵略者的身份),学生可以"创造明天的历史,与亚洲其他国家的人民携起手来"。

如上文所述,这是一种政治观念,但森的态度同时也是对露丝·本尼迪克特所谓的基督教"罪文化"与儒家"耻文化"之间区别的质疑。战时，为了帮助美军情报官了解日本人的思维方式，她写了《菊与刀》，并在书中对二者作了区分。[2] 在本尼迪克特看来，"顾名思义，一个主张绝对道德标准并依赖人类形成良知的社会就是一种罪文化……"但在"另一种文化中，耻感是主要的惩戒手段。与我们期待的相反，人们并不会为一些行径自感有罪，他们有的只是懊悔"。然而，"这种懊悔不像罪感那样可以通过忏悔和赎罪得到缓解……"，"某人哪怕是向聆听者坦白了他的过错，也不会感到宽慰。只要他的劣迹'不闹得满世界都知道'，就没必要心神不宁，因而忏悔在他眼里只能是自寻烦恼"。

这是一种对人类行为机械式的看法，具有典型社会学和文化人类学家的特色。不能一概而论地说这种看法就是错误的，但其解释力充其量只能说十分有限：因为例外实在是太多了，有太多的德国人连一丁点儿忏悔念头都不曾动过；也有太多像森正孝这样的日本人一心想要公开他们国家的"罪孽"，他们的努力显然是一种赎罪的举动。这也正是他们前往中国和东南亚并向昔日受害者道歉的原因。不管怎么说，罪感和耻感并不像露丝·本尼迪克特所说的那样容易区分。部分德国人身上那种夸张的亲犹主义是出于个人罪感呢，还是民族耻感？这同在华旅游的日本老人跟每个中国人都热情地打招呼，好像老友重逢一样，又有什么区别？况且，米切利希夫妇在《论无法哀悼》一书中难道不曾提过，"否定的过程会以同样的方式，延伸至罪感、哀感和耻感中"么？这对学术伉俪在1950年代评价德国人时写道，许多时候人们供认过去，"只是为了拿别人的罪孽来抵消自己的罪孽。据称，许多惨剧是无法避免的，因为敌人动手在先，有必要作出回应"。不少日本人过去操持的正是这番论调，至今依然如此。而这也正是森正孝坚持要学生从侵略者角度看待过去的用意。

孩子们的心里自然是久久不能平静。伴随极端暴力一起出现的戏谑元素总是让人格外震惊。党卫队看守喜欢管常规拷打集中营囚

第五章 南京

犯叫"找乐子";逼迫年事已高、身患疾病的人参加足以致命的体育锻炼是"找乐子";让拉比骑在各自背上,再将他们殴打致死也是"找乐子"。当受害者不仅要被肉体消灭,还得蒙受羞辱之苦时,杀戮就融入了戏谑的元素。在折磨和杀戮之事上别出心裁,本身就成了某种娱乐。正因如此,南京大屠杀中最臭名昭著的一件事竟然是一场杀人竞赛,恐怕绝非巧合。这并非最骇人听闻的暴行,但有着一切能激发想象力的虚构元素。这是一则关于无法无天和跋扈恣睢的故事。事情过去四十多年后,日本国内围绕其展开了一场激烈的"辩论"。

两位年轻的日本军官 N 中尉和 M 中尉*在进入南京城途中决定比试剑法:谁率先砍下一百个中国人的头颅,谁就是赢家。于是,两人一路砍杀,并割取受害者的首级作为战利品,俨然一副真正武士的姿态。最终,M 中尉的战绩是一百零六个人头,N 中尉则斩获了一百零五个。

这则故事登上了东京一家主要报纸的版面,标题颇为惹眼:"谁先实现'百人斩'! 两名中尉均声称已砍下八十个人头。"[3]在南京大屠杀纪念馆馆藏的一张照片里,这对朋友乐呵呵的,神色富有朝气,精神饱满。N 中尉在报道里吹嘘自己连砍五十六颗人头都没把祖传武士刀砍钝。紧挨着的一篇报道标题如下:"快速投球取得进步!"刊发此文时,诸如棒球术语这种"危险的"美国玩意儿尚未被政府审查员取缔。

后来,回到日本后,M 中尉改口了。在就读过的高中讲话时,他声称自己实际上只在实战中砍下四五个人的头颅,至于其他的么……"我军攻占南京后,我面朝沟渠站在一旁,然后叫支那战俘朝前站。支那兵都很蠢,一个接一个来到沟渠前,我就干净利落地砍下他们的脑袋。"[4]即使这番话也可能只是子虚乌有的自吹自擂。一位参加过南京攻城战的日本老兵告诉过我,这类故事多半都是瞎

---

* 即野田毅和向井敏明,丙级战犯。

编的，或者至少也经过了日本记者的添油加醋，后者被勒令写点英雄事迹的稿件，好鼓舞国内大后方军民的士气。

总之，"百人斩"的故事在日本很快被淡忘了，在中国却成了战争野史的一部分。本多胜一是《朝日新闻》的知名记者，他从他人处得知了南京"百人斩"的故事，并将其作为自己一系列文章的主题，文章于1981年结集成册，文集取名为《中国之旅》。[5] 这本书的出版启发了森正孝，让他对日本的对外战争产生了更浓厚的兴趣。同时它也在右翼民族主义圈子里引发了一阵骚动。因在作品中对比日本人和犹太人而闻名遐迩的山本七平写了一系列文章，抨击本多的报道。一些在需要捍卫国家颜面时总会"挺身而出"的知识分子也纷纷加入讨伐的行列。整件事由此发展成"南京辩论"。1984年，田中正明出版了一本驳斥本多的书，《"南京大屠杀"之虚构》（'南京虐殺の虚構'）。[6]

这些民族主义知识分子被批评者冠以"御用学者"的头衔。这个词很难译成英文，是指负责为政府说好话的官方学者。这些人（几乎清一色都是男性）也许并不为学界所尊崇，特别是史学界——多数历史学家至今仍是热忱的马克思主义者——但他们上电视，做评论，开讲座，给通俗刊物撰稿，因此对公众舆论有相当大的影响力。他们当中几乎没有一个人是专业的历史学家，田中本人退休前是记者。

的确，围绕日本对外战争的辩论几乎完全发生在日本大学之外，参与者有记者、业余历史学者、政治专栏作家、民权运动家，等等。这意味着，诸如田中正明之流所抛出的荒诞理论从没有得到过专业历史学家严肃的驳斥。原因之一是研究现代史的日本学者凤毛麟角。直到战争结束前，具有批判性眼光的学者如果把现代史作为写作内容的话，会被视为危险的颠覆分子，甚至是妖言惑众之徒。毕竟，天皇体制具有神圣性。另一原因在于，现代史的学术地位并不高，其充满变数、政治化，争议不断。1955年之前，东京大学连一位现代史专家都没有。历史在19世纪中叶就陷入了停滞。直到现在，德高望重的历史学家依然认为,现代史还是留给记者去评议比较好。

否认南京大屠杀的观点并不高明。田中等人指出,一个人不可能有体力砍掉一百个人的脑袋,同理,日军也就不可能在几周时间里虐杀十多万人。另外,田中写道,当时没有一份日本报纸报道过屠杀,那怎么就突然出现在东京审判中了呢?他承认有些无辜平民在交火中丧生,但他们的死纯属意外。个别日本兵肯定有些粗野,但那是"战争心理"造成的。总之,"田中们"的结论无一例外都是:因为经过精心策划,广岛原爆这一罪行要严重得多。"不像欧洲或中国,"田中写道,"在整个日本历史中,你都找不到一起(像广岛那样)有预谋、系统性杀戮的事件。"这是因为日本人同中国人或西方人相比,"价值观不同"。

姑且暂时抛开日本人价值观更复杂这一论点,田中关于系统性杀戮的观点倒还值得关注。既然作为暴行符号的南京屠城被一些人视为日本实施的"屠犹",对二者加以区分就显得很重要。但是就连"御用学者"的左派对手也认为这场屠杀并不具有系统性。举例而言,历史学家家永三郎就写道,他不否认南京大屠杀的规模之大和惨绝人寰,"但这或许是对淞沪抗战中守军激烈抵抗的一种报复"。[7] 家永对正统保守派观点的强烈批评态度无可指责,尽管这对他的学术生涯未必起到过什么帮助。但即便是他,也会为右翼卫道士的看法进行辩护:"在战场上,人面临生存的终极选择,要么生,要么死。尽管一些极端行径为天理所不容,但心理上可能无法避免。然而,在远离战场的危险和无奈后,若仍按照一项理性计划实施暴行,那么便是邪恶的凶残行为。我们的德国'盟友'设立的奥斯维辛毒气室,以及我们的敌人美国投下的原子弹,都是理性暴行的经典案例。"

一些马克思主义者进一步发展了这一论点。日本以外,海纳·穆勒尝言原子弹是"末日审判的科学替代品"[8]——他还说过奥斯维辛是"启蒙运动的终极阶段"。在穆勒看来,对此的回应是让战争变得人性化,用人与人的战斗取代科学的杀戮,因为"战争是交流,战争是对话，战争是自由时间"。

另一种论调是，战争就是找乐子。如果拿"百人斩"来隐喻南京大屠杀的话，会让其显得更人性化，或者就算是暴行，起码也比毒气室和原子弹更人性化吧。好吧，也许是吧。南京屠城的元凶并不是某种足以毁灭世界的超自然力量，它也不能算是灭亡整个民族计划的一个步骤。但问题在于：六个礼拜当中，对数以千计的女性先奸后杀，并屠戮上万甚至没准是数十万手无寸铁的人，还能算是战争白热化时期的极端行为么？这个问题问得很有针对性，尤其是当意识形态被拿来为极端暴力开脱时，更是如此。在这种意识形态的教唆下，侵略者杀死"劣等民族"是符合神圣天皇旨意的。

这正是右翼民族主义者最耻于承认的一点，而左翼教师、活动家和学者则希望对此进行强调。森正孝的录像带一上来就是一幅象征日本皇家的菊花图案和部队行军的军靴声。对于左派和不少自由派而言，南京大屠杀是由天皇崇拜（以及帝国主义崇拜）所支撑的日本军国主义的主要象征，这也就是它成为战后和平主义基石的原因。要避免另一场南京大屠杀，就有必要坚持《和平宪法》第九条。民族主义右派的看法恰恰相反。他们认为，要重塑日本人的真正认同，必须恢复天皇作为国家宗教领袖的地位，并且修改第九条，以使日本重新成为一个具有合法性的军事强国。鉴于这一原因，南京大屠杀或任何日本极端侵略行为的范例都必须被忽视、淡化和否认。

这一象征背后的政治立场高度分歧，盘根错节，有碍于对1937年究竟发生了什么进行理性的历史辩论。正方越是坚持日本有罪，反方就越是极力否认。南京辩论中的论调，特别是修正主义者的言论，既不理性，也与历史无关。在《"南京大屠杀"之虚构》一书里，田中正明指控本多胜一和他供职的自由派报纸散播"敌国宣传"。修正派的另一员干将渡边升一为田中的书作序。和田中一样，他也不是史学家，而是英语文学教授。渡边抨击本多宣扬"东京审判式的历史观"，不仅将罪名强加给"当时的日军官兵，还对所有日本

第五章 南京

人泼脏水,甚至还牵连到我们未出世的子女"。

尽管否认南京大屠杀的修正主义者只能算二流知识分子,但不能因此就将他们贬为令人不齿的神经病,因为和那些声称屠犹从未发生过的人不同,他们不属于极端边缘派。相反,他们有大量听众,还有如日中天的右翼政客撑腰。人气颇高、能言善辩的政客石原慎太郎曾担任内阁官房长官,他和渡边升一合著过一本书,叫《日本可以说不》(「「NO」と言える日本」)*。在该书中,作者否认南京发生过任何不同寻常的事。在接受《花花公子》杂志采访时,石原被问到关于南京大屠杀的问题,他的回答如下:"人们都说日本在那儿搞了场大屠杀,但这不是事实,而是中国人捏造的。玷污了日本的形象,纯属一派胡言。"

自由主义左派闻之自然是义愤填膺,向来是少数派的活动家决心有所行动,他们成立了一个名为"无法容忍石原言论之京都市民协会"的组织,发表了一份宣传册,里面收录了石原对社会舆论批评的回应,他的态度有所软化。石原写道,的确,有些台湾人和朝鲜人在被迫赴日劳役后死于原爆,他们是无辜的受害者。但他认为没必要对涉及南京的言论作出修改。日本人理应从自身的视角看待历史,因为"如果我们依赖那些把历史用作政治宣传的外国人和他们提供的信息,我们就会处在丧失自我历史观的危险当中"。这又是通过身份认同审视历史这一论点的翻版。

* * * * *

石原慎太郎的言论是我选择在1991年之夏造访南京的一个原因。我下榻的宾馆客房十分闷热,宾馆坐落在一条繁忙的林荫路旁,

---

* 作者笔误,石原慎太郎于1989年写的《日本可以说不》是与盛田昭夫合著,1990年与渡边升一及小川和久共著续集《尽管如此,日本仍可以说不——日美间的根本问题》('それでも「NO」と言える日本 - 日米間の根本問題 - ')。

周围一片区域曾是西方国家大使馆和医院所在地——1937年，这里是"安全区"。说是"安全区"，其实根本就不安全。日军时不时会闯入，把男人赶到一起，搜寻藏匿其中的军人。那些手上有茧的被当成农民或工人放走了。剩下的就被当成军人带走并处决，然后抛尸河中。

和我一同入住这家酒店的还有另一些人，大家来自各行各业，齐聚于此，是为了参加一场关于大屠杀的研讨会。会议的两位主办人均是美籍华人，一位从商，一位在纽约当牙医。当牙医的出生在战后，经商的1937年时尚未成年。据他们自己介绍，投身其中是出于爱国热情。其余与会者中有来自中国各地的人：一名教师、一名律师、几位大学教授，有意思的是还有一位身着便装的警察。此外还有个美国老头儿，他的父亲在侵华战争期间在中国干过记者。他随身带着一块大硬纸板，上面裱着反映日本暴行的旧报纸照片。老头儿时不时会往身后瞄几眼，要是看得上你的话，会给你展示他珍藏的这份宝贝。最后还有形形色色的日本团体，男女都有，不少是学校老师，其中就有森正孝。

会议规模本应更大，与会代表也更多，而且举办地原本安排在南京大学一个体面的会议厅内。但中国官方最后时刻变卦了，决定不予承办。反正两个美籍华人是这么跟我们说的。据猜测，临时变更地点的原因是日本首相突然访华，这时候开会讨论日本战争罪行显得不合时宜。但是热心人士聚在一块儿开场非正式会议，似乎还是可以的。或许，稍微刺激下日本人的良知不能算完全不合时宜吧。

我们喝着茶，等待南京大屠杀的部分幸存者到场，他们承诺会讲述发生在自己身上的故事。日本人先是给我们拍照，接着又互相留影。他们多数年届四旬，一些男的留着长发，女性则基本穿着牛仔裤，都不谙英语，也不会讲中文。给他们做翻译的是美籍华裔的牙医，他在日本留过学。

耽搁了一阵子后，幸存者到了，三男一女。他们有着终生在户外劳作的人那种黝黑如皮革的皮肤，身上一袭朴素的蓝衣，男人戴

第五章 南京

着毛式的帽子。其中有个老头儿一直面带笑容，一口牙几乎掉光了。他是第一个开讲的。他说，日本人闲着无聊，于是朝河里扔手榴弹，然后逼他把死鱼捞上来。接着，他们用火把贴着他的皮肤把他"烤干"。他后来被机枪子弹射中，坠入河里，但活了下来。他说日本政府有责任对他作出赔偿。

接下来轮到老太太讲了，她卷起一只裤管，露出一道长长的棕褐色疤痕。几个日本人纷纷凑近了拍照。老太太说道，她当时才两岁，被日本人用刺刀捅了。说到这儿，她再也说不下去，因为回忆太痛苦。但她想强调一点，日本政府理应赔偿她。

一个身材矮小、神态坚毅的老头儿开口道，1937年时他十七岁，日本兵把他从家里拖了出来，跟别人一起带到锯木厂。他被扒光衣服后跪倒在地。随后，这些中国人一个接一个被人用斧子砍倒。他在脖子受到重创后居然设法逃脱，却发现自己的家已经被付之一炬。他给我们看了看伤疤，也说日本人应该赔偿他。

森正孝开始提问，他想知道更多细节。这些事具体发生在什么时候？几点钟？地点在哪儿？他拿出一张地图。当时天气怎么样？这些问题也许在一些人看来无关紧要，或有些不依不饶，但我很钦佩他的刨根问底。事实对他而言比展现情感更重要。

第四位幸存者告诉我们，他和另外大约五百个人被带到河边。他的声音听着有些厌倦，似乎这个故事已经重复了太多遍。他目光迷离，但所讲之事却震撼人心。他说，骑着马的日本军官让这五百来号人排成一行。他至今还记得在他们腰际上下晃动的武士刀。枪声响了，岸边的机枪开火。他伸手抱住弟弟，父亲又站到兄弟俩身后挡住他们。结果，父亲、弟弟和所有人都死了。见到还有口气的，日本兵就会补上一刀，确保不留活口。老头儿靠装死才活了下来。足足三小时，他躺在血淋淋的尸堆里一动不动。日本人在他和其他死尸身上淋上汽油，就在点火前，他奋力爬了出来。

房间里一片死寂。一位日本女性用粉色手帕擦拭眼泪，另一位日籍教师——从名片来看，他是"缅怀亚太区域战争受害者并将其牢记在心论坛"的代表——站起身，用日语发言，再由人译成中文。"我们希望指出，"他说道，"过去不能仅仅归咎于军国主义。如今，我们自己也负有责任。这就是我们决定每年8月15日造访南京的原因。因为我们感到，只有在得到受害者在天之灵的鼓舞后，我们才有资格谈论和平。听了你们的讲述，我们感到，中日两国人民可以建立起友谊。听了你们的故事，我们能够一同为世界和平而努力。"

一位来自南京的医生闭上双眼，唱起歌来，边唱还边和着节奏拍手。见到此举，幸存者们笑了，别的中国人也跟着唱起来。这是一首老歌，纪念的是1931年"九一八事变"，日本自那时起开始吞并东北。一曲唱罢，人们的演讲更富激情。一位中国律师在抨击"日本军国主义"之余，不忘宣示自己热爱和平。他说，政客石原慎太郎冒犯了中国人民，尤其是南京人民："我们希望所有热爱和平的人都能支持我们，防范日本军国主义死灰复燃。"

这个寒酸的房间又热又挤，空气中缭绕着香烟味儿。幸存者迫不及待地想把伤疤露出来给人看，可我对看伤疤兴趣索然。另外，尽管我也认同日本政府有责任正视过去，也认为其在赔偿方面不够大方，但我很反感自以为是的套话。这次会议的基调所传递的信息是，军国主义这一问题不但依旧存在，或许还是日本先天性的痼疾。

我问一位幸存者，他是何时开始公开讲述战时经历的，他回答说是1982年。为什么那时才开始讲？他说是因为日本教科书风波。1982年，日本文部科学省修改教科书，否认日本对侵略战争负有责任。这一消息传到中国后，中国政府挑选了南京大屠杀的生还者，让他们站出来讲述自己的故事。在这之前，官方并未关注过他们。这里面是有原因的，但生还者并未提起：南京曾是蒋介石国民党的老巢。"也许吧，"老头儿说，"也许是有这么层政治因素，但我们不会因此感到有什么不同。"

在日本报纸的报道中，1982年的教科书风波缘于"侵略"（中国）

第五章 南京

一词被修改为"挺进",另外,涉及南京大屠杀的段落也被删去了。这则报道其实是失实的。修改几年前就有了,当时在日本就引发了争议,但1982年教科书修改一事则完全是无中生有。保守派的《产经新闻》为此向读者致歉,《朝日新闻》则没有表示。

教科书问题为公开南京大屠杀提供了一个有利的契机。中国政府决定专门建造一座博物馆来纪念大屠杀。这是个充满伤感的地方,位于一片贫穷的郊区,缺乏维护。博物馆周边的村庄自当年日军踏足该地后,并未经历太大的变化:用砖头和泥土搭成的低矮平房,狭窄的小巷里,到处是在泥地上玩耍的小孩;人们骑着自行车去赶集,车龙头下吊着被绳子拴住脖子的鸡,不时发出咯咯的叫声。据说这里曾发生过屠杀。有人告诉我,尘土飞扬的地下还埋着死人骨头。

博物馆是一栋混凝土建筑,外围是一片巨大的假山园林。假山形状各异,大小不同,上面刻着屠杀地点以及死难者人数。博物馆正门上方用中英文刻着一行大字:"遇难人数:三十万。"踏进室内,映入眼帘的是走道两旁长长的沙盘,外头罩着玻璃。砂砾中散落着一些人骨和骷髅头,据说是中国死难者的骸骨。从潮湿的天花板垂下的窗帘沾着灰尘和蜘蛛网。大厅里,一块告示牌解释说,建造该馆的目的是"纪念中国人民在抗日战争中的胜利","教育并鼓励人们加倍努力,振兴祖国;支持国家独立自主的和平外交政策;推动中日两国民间友好往来;为世界和平而奋斗"。

最有意思的展品当属日军官方文件,多为屠杀现场指挥官寄出的急件。上面的文字比模糊不清的暴行照片更能说明问题。日军对大开杀戒最普遍的一种表述是"清扫"和"收拾",好比对犹太人的"特别处置"。馆方播放了一段纪录片,我之前曾经看过:尸体被扔进深坑,女人被开膛破肚,刽子手哈哈大笑。片子结束时屏幕上出现了一行字:"南京经历了深重的灾难,为全世界反法西斯斗争做出了巨大的贡献。"

走出博物馆，我看到一位年轻的日本教师，他已经换上一身袈裟，正捻着佛珠，为死难者念经祈福。另一位老师在给他拍照。与他俩同行的一位女青年递给我一本小册子。这是份挺有意思的资料，里面摘录了该团体其他成员过去造访南京后的感言。我又一次发现，日本人流露出的情感与"耻文化"和"罪文化"之分往往并不吻合。即便使用的是"耻ずかしい（耻辱、羞耻）这个词，含义和西方人的"罪责"（guilt）其实大同小异。

"我知道这么做很难，"某位日本参观者写道，"但当我们置身此地，我能感到中国人的悲伤和愤怒萦绕在心头，他们经历了如此难以名状的暴行。一想到我是那些日本人的后代，就觉得心情压抑。我很彷徨，但还是坚持认为，逝者是能说话的！南京的遇害者应该站起来，谴责我们日本人！因为我们在战后没有坦白过去的所作所为，所以也就无法在不自惭形秽的情况下构建一种崭新的历史观。"

我在南京的最后一站是雨花台，那里见证过三天三夜的激战，曾经是某起最野蛮屠杀的发生地，如今屹立着一座外形丑陋的纪念碑。这是一根形似男性生殖器的巨塔，远处是中华民族无产阶级英雄儿女抗击法西斯的雕塑群，当中用树木作屏障。另外，因"百人斩"竞赛而在中国战争罪法庭受审的 M 中尉和 N 中尉也是在这里被处决的。

M 中尉的女儿在某份民族主义杂志上发表了一篇长文，这类杂志从未中断过对东京审判历史观的攻讦。她认为，本多胜一无耻至极，败坏了父亲的名声。他难道对遗属们毫无怜悯之心么？她父亲一心只期盼中日两国能和平和谐地相处。现在谎言满天飞，他在九泉之下怎能安宁？在和父亲的灵魂"对话"后，导游招呼 M 小姐该出发了，大巴还在等着呢，是时候去往下一站了。"于是，"她写道，"我挖了些红土，包在手帕里叠好。我感到这泥土似乎吸收了父亲的味道。"

第五章　南京

＊＊＊＊＊

1985 至 1990 年期间，也就是教科书风波之后至裕仁天皇病逝之前，日本发生了一件趣事。一小批日本帝国陆军的老兵开始公开谈论各自的战争经历。他们的供述被人录像后在私人举办的展览上播放，比方说在东京，一座天主教堂内就举办过名为"纪念战争，守望和平"的展览。这些老头儿都已是古稀或耄耋之年，多数军衔是二等兵或低级军官。也许是因为时日无多了，让他们产生了一吐为快的念头。抑或是因为他们大部分人的长官都已不在人世，保持沉默的压力变小了，也无需过多考虑保存颜面的问题。同样的事发生在裕仁天皇去世后，仿佛昔日的禁忌话题突然可以打开话匣子，畅所欲言了。正如一位青年历史学家所告诉我的，天皇是所有人的最高长官。

这些老兵中有个来自京都府的商人，名叫东史郎。他最初公开谈论战争是在 1987 年，当时引起过轰动。他家所在的海滨小镇一时迎来了各路电视台摄制组和报纸记者。他们纷至沓来，为的就是记录他的供述。右翼爱国主义者扬言要弄死他，他所在的老兵联谊会也把他扫地出门。然而，他再也无法保持沉默了。他讲啊讲，讲啊讲，仿佛余生只为了这一目的而活着。东史郎在 1937 年冬曾到过南京。

1992 年，他开着车，到京都府以东某个小镇的车站接我。那一年，东史郎八十一岁。身材魁梧的他长着一张国字脸，一头黑发染得有些泛紫，这让他看起来比实际年龄要年轻。对此他很得意，好几次让我猜他的年龄，我说大概六十五岁吧。我们驾车从车站驶往他的住所。一路上风光秀丽，稻田掩映在山峦之间。途中他突然打开副驾驶前的储物仓，从里面拿出一个黄铜指套。"右翼分子没准会轻举妄动，我这是以防万一。"说完把这个铜家伙戴在了手上。

东史郎的家是传统的日式风格，地板是榻榻米，移门糊着纸。

屋里摆放着琳琅满目的中国艺术品。墙上挂着中式水墨画，移门上饰有一位北京画家的山水图。据东史郎介绍，这些东西当中有一部分是某位中国高官相赠，算是答谢东史郎对他在日留学的儿子的照顾。

我们喝着东史郎太太沏的茶，他开始讲述自己的一生。东史郎出生在这个滨海小镇上，父亲是个经营有方的生意人，打小家里就很宠他，过分骄纵使得他在读书时就荒淫无度，经常拿着零花钱去逛当地的窑子。1937年应征入伍时，他身患性病。

军旅生活很艰苦，但他从未质疑过参战的理由。这是天皇的旨意，因此只要能获得胜利，可以不择手段。不过他对长官很反感，他们是"懦夫"，他说。在他眼里，没有比骂人是懦夫更恶毒的了。他的排长是个姓森的青年，毕业于军校。森就是个懦夫，他虽然表面上一副耀武扬威的样子，可心里怯战得很。实际上，东史郎觉得自己除了和一个姓樋口的工程系学生还挺谈得来外，同其他战友就没什么共同话语了。樋口是排里唯一喜欢读书、"脚上没沾泥巴"的人。但樋口一天晚上被慌乱的自己人开枪误杀了，东史郎抱着他，任由朋友的脑浆溅到腿上。

东史郎一直很喜欢读书。他说，除了樋口外，他是排里唯一的读书人。我问他在中国期间都读了哪些书。"赛珍珠的《大地》和阿道夫·希特勒的《我的奋斗》。"他答道。两本书他都很喜欢。《我的奋斗》也喜欢么？没错。他崇拜希特勒，对从别处听来的一个故事印象特别深刻。据说，德国军人严禁强奸外族女性，生怕这么做会玷污日耳曼人的种族纯洁性。不过，这对中国战场上的日本兵可不成问题，东史郎说。

"是人就会有性欲，"他表示，"由于我有性病，所以从来没和中国女人做过，但我确实偷看过她们的私处。我们总会命令她们脱掉裤子。要知道，她们都不穿内裤的。不过有的家伙只要一见到女人就会施暴。这么做本来也不算十恶不赦，但完事后他们还把人给杀了。你瞧，强奸是违反军纪的，因此我们必须销毁罪证。那些女人被性侵的时候还算是人，但被杀掉时，她们只是猪猡。我们心中没有半点愧疚或罪恶感，要是有的话，也就不会这么干了。"

"只要一进村，我们做的头一件事就是偷吃的，接着就是抓了花姑娘强奸，最后再把男男女女和小孩统统杀光，这样可以保证他们不会溜出去找中国军队，报告我们的位置。不这么做的话，晚上就没法睡安稳觉了。"

很明显，南京大屠杀是无数小规模屠杀的"登峰造极之作"。但是这种大开杀戒的背后并没有种族灭绝意识形态的支持。虽然手法野蛮，但对于东史郎和他的战友而言，野蛮就是战争法则。许多日本作家都反思过这一命题，甚至在战时也不例外：普通人摇身一变，成了残忍嗜血的凶徒。石川达三亲眼目睹过南京大屠杀，并在1938年以此为题写了《活着的士兵》（'生きている兵隊'）这部中篇小说。书里有这样一句话："杀死敌军士兵对于笠原军曹而言，跟杀死一条鲤鱼没什么两样。"[9]

东史郎接着讲道："我印象中最惨的一件事，莫过于我们对一个老头和他孙子所下的毒手。孩子被刺刀捅了，当爷爷的居然吸起他的血来，似乎是为了尽可能延长孙子的性命。我们看了一会儿，然后把他俩都杀了。这一次，我依然不觉得有什么罪恶感，但心中却渐生困惑。我有点犯糊涂了，因此决定记日记。我觉得这样有利于保持思路清晰。"

南京本身——尽管日后他管这座城市叫"地狱演奏场"——对于东史郎而言并未留下多少印象，他说自己大部分时间都在打牌。他所在的排偶尔会外出搜捕中国军人，但自己从未参与之后的处决行动。我问他为什么，我想知道，为何有些日军参与了大搜捕和大屠杀，而其他人却没有。他说这取决于各个排的指挥官，他的排长森是个懦夫。"你是说森缩手缩脚，不敢处决人么？这当然是好事啊。"东史郎哼了一声。"嗯，也许是吧……"

不过他的一些朋友的确参与了屠杀。其中一个叫增田六助的人用机枪在长江边处决了五百个人。1980年末,就在朋友病逝前不久,东史郎曾去医院探望过他。增田担心自己要下地狱了,东史郎则试着安慰朋友,说他只是执行命令,但增田还是确信自己要去的地方不是天堂。

在南京驻留没多久,东史郎病了,后被遣送回国。他设法把日记藏在身边,尽管类似的日记通常会被宪兵没收。在日本休整期间,他把所记之事用更通畅的文字重新誊录了一遍,想着将来有一天把笔记留给自己的子女。他那时依然坚信这场战争是正义的,必须不惜一切代价打赢。不过,他想留存一份档案,以证明普通人也能"极尽凶残之能事"。

这份资料被包了起来,存放在碗柜里,就这样一直封存着,一晃已是1987年。东史郎后来共养育了五个子女,但没有一个对父亲的战争经历表现过半点兴趣。"家里从来不聊这个。"东史郎告诉我。他有个兄弟,也在中国服役,为人嗜酒,在我见到东史郎的前一天因酒驾死于车祸。他兄弟也从来不谈论战争。那老战友呢?我问道。他们是如何探讨战争的呢?

"哦,"东史郎应了一声,"我们不大谈及战争。就算谈,也是为其正名。因为中国人抵抗,所以我们不得不那么做,诸如此类。我们没人感到心中有愧,这也包括我自己。"

东史郎给我看了几张退伍老兵联谊会的照片。老兵们历年都会外出郊游,去不同的乡村旅馆度假,他们所站或所坐的位置严格遵循军衔的高低。个头矮小、看着弱不禁风的森坐在第一排中间。历史最久远的一张摄于1940年代初期,那时这些人还很年轻,外表都不修边幅,留着板寸头,一脸严肃的军容,看着怪凶相的。最近的一张照片摄于1984年,已经不见了一些人的脸庞,剩下还健在的看着像是退休的银行经理。

倘若不是因为京都府计划建造一座新的战争博物馆的话,东史

第五章　南京

郎的记忆、日记和一切有关他过去的事情无疑都将被遗忘。新博物馆位于立命馆大学内，馆内工作人员在四处搜罗战时日记，然后听说了东史郎其人其事。尘封在碗柜里的日记才得以重见天日，并在拂去覆盖在表面的灰尘后，被寄往立命馆大学。这份史料的内容让工作人员大开眼界，他们恳请东史郎出席一场新闻发布会。他同意了，这个决定改变了他的一生。发布会选在他家召开，形式并非某种忏悔——没有证据显示东史郎害怕自己会下地狱；也并未传递任何政治讯息——东史郎不是反战主义者，他只是讲述自己在华期间的所见所闻，以及自己做过的坏事。

很快就传来了反馈。东史郎被控有损昔日联队的荣誉，他所在的老兵联谊会甚至威胁要"惩治"他。邮箱里寄来了恐吓信——都是匿名信，要么在署名栏写着"一位爱国的日本人"——扬言要宰了他。但也有一些民众写信实名表达对东史郎的支持。支持者让他信心倍增，可人身威胁也让他怒不可遏。"我一直相信这是场正义之战。但这么多威胁、骚扰电话、恐吓信让我非常愤怒。我只是在陈述事实，可他们却要制止我。我要是连实话都说不了，还不如死了算了！"

东史郎开始玩命似的就战争、军事教育、天皇责任、东京军事法庭审判等话题著书立说。他说，审判是件好事，但是日本人应该获准设立自己的军事法庭。天皇是个胆小鬼，最大的胆小鬼，因为他逃避罪责，东史郎如是说。令他尤其愤怒的是，一份名为《昭和天皇的独白》（'昭和天皇独白錄'）——记录于1946年——的资料于1991年方才出版。书中显示，天皇不仅对局势一清二楚，好战，还自私自利。东史郎说："我们为他去打仗，我的朋友为他战死，他却连句道歉的话都没有。"

天色不早了，我俩在榻榻米地板上席地而坐，享用晚餐。屋外的风景——松树、稻田、远山——都被笼罩在夜色下。东史郎给我倒了杯烫过的清酒，他越说情绪越激动。"他们把天皇变成了活神仙，一个虚假的偶像，就好比伊朗的阿亚图拉*。因为我们对神圣的天皇笃信不疑，所以愿意为他做任何事，不管是杀人还是强奸，任何事。但是我知道他每天晚上也会操他的老婆，跟我们这些凡人一样……"

他顿了顿，压低了嗓音。"但你知道在日本我们不能这么说，就算今天也不能。在这个国家根本没法说实话。"

他又一次讲起朋友樋口的事来，完全忘记自己方才讲过一遍。他描述唯一的好友是如何战死的，脑浆如何溅了他一身，他当时又是何种心情。说到动情处，东史郎还用手背擦了擦眼睛。"杀千刀的天皇……！"他骂道。

我们结伴返回我下榻的民宿，这是家典型的乡间客栈，毗邻小小的码头。我俩都喝高了，跌跌撞撞地走进去。民宿老板是个面容忧郁的大块头，他引着我俩去我的房间。但在这之前他想先给我们看样东西。他的小舅子刚在屏风上作了幅画，我们可真得看看。于是，我俩晃晃悠悠地站在一间宽敞的日式房间里，周围都是用墨汁绘制的当地风景画，有码头，有群山，也有海湾里的乱石，上面长着松树。

"下面给你们看点有意思的，"老板说道，"看到那块石头了么？"我们点点头。"看着很大，是吧？"我们又点点头。"现在走到房间的对角处——接着走……"我们照办了。"一下子就变小了，是吧？"他说，"这叫远景。"

---

* Ayatollah，伊斯兰教什叶派的宗教领袖。

第三部分

第六章
历史站上审判席

斯图加特

约瑟夫·施瓦姆贝格（Josef Schwammberger）的外表没有一点能让人联想到他是个杀人狂。他皮肤苍白，长着老人斑，显示出其常年待在室内——就像公寓楼的门房大爷。他下身穿一条咖啡色棉长裤，上身套了件米黄色的休闲夹克，走起路来习惯性地拖着脚，似乎蹬着一双旧拖鞋，眼睛是那种呆板的灰色。1992年春他被判终身监禁，这一年他正好八十岁。

约瑟夫·施瓦姆贝格一案在斯图加特的联邦法院审理，这恐怕是德国国内最后一次审判纳粹分子。施瓦姆贝格被指控要对至少三千名犹太人被害负责。但由于在世证人寥寥，证据又往往模棱两可，他最终获得的罪名只是亲手杀害二十五人，以及在另外至少六百四十一人的遇害中充当帮凶。

以色列驻波恩大使旁听了庭审，并借机提醒德国人，他们对过去负有集体责任。他告诉德国媒体，人们不能将歌德、席勒、巴赫和贝多芬留下来的文化遗产同纳粹政权的恐怖行径分隔开来。换言之，施瓦姆贝格是民族传统的一部分，也是德国人身份认同马赛克中的一块。法庭外，新纳粹青年抗议示威，宣称德国战争罪行纯属犹太人的一派胡言。

施瓦姆贝格的纳粹生涯可以算是"小有成就"。他于1912年出生在南蒂罗尔（South Tirol），1933年才加入纳粹党，因此也被归入投机分子的行列，而不是早年就追随该党的信徒。1939年，作为党卫队低级军官的他被派驻到克拉科夫*，担任一个劳工营的负责人。劳工营在1942年关闭后，剩余的二百名劳工被射杀。他因此得到晋升，官至党卫军上士（Oberscharführer），负责管辖普热梅希尔†的犹太区。每隔一段时间，该市部分居民就会被送去贝乌热茨‡和奥斯维辛集中营。对于他这一级别的军官，残暴和幽默感集于一身并不稀奇：他养了条德国牧羊犬，起名叫王子（Prinz），除开经常放狗扑咬犹太囚犯外，他的另一件乐事是当着受害者家人的面杀了他们。

这么个劣迹斑斑的人在战后的生活并不异于常人：凭借天主教神父的帮助，他逃往阿根廷，靠养蜂打发时光，在那儿过着平淡无奇的生活，直到1990年才被引渡回德国，翌年开始受审。

施瓦姆贝格于法庭上的真正在场异常短暂；他人虽然在庭上，但魂儿似乎又不在。所有人——法官、律师、证人和庭审席上的听众——都在议论他，可他静静坐在那儿，偶尔会像条蜥蜴那样努努嘴，但几乎不曾开口说话，让人无从知晓他到底在没在听。单薄嘴唇的脸上始终木无表情，即便当一位八十一岁的证人发言时亦是如此。证人向法庭讲述自己和一些人试图逃出隔离区后，遭到何种非人对待：逃跑者被命令仰面躺下，张开嘴，任凭乌克兰看守朝他们嘴里撒尿。证人说，施瓦姆贝格觉得这特别好玩。

---

* Kraków，波兰南部城市。
† Przemyśl，波兰东南部城市。
‡ Belzec，灭绝营，位于波兰东南的卢布林地区，共有六十万人在此遇害，大多为犹太人。

另一位证人、来自堪萨斯城的努斯鲍姆（Nussbaum）在儿孙们的陪同下出庭作证。努斯鲍姆过去是水管工，替施瓦姆贝格修缮在隔离区的房子。从某种意义上来讲，施瓦姆贝格还救过他一命。他本来是要和别人一起被送去奥斯维辛的，但施瓦姆贝格把他从人群里拽了出来。总得有人把这些运输牲畜的火车车门给关上吧，而这人就是努斯鲍姆。他后来得知，其中一节车厢载着他全家人。

努斯鲍姆一直在期盼这一天的到来。他守口如瓶，从不向别人透露自己的心事，就连自己的儿子对此也一无所知。"法官大人，"他讲话时带有浓重的波兰口音，"我有太多故事可以讲给您听……"比方说，在1942年的赎罪日，一位拉比坚持祈祷，不肯干重体力活，结果被施瓦姆贝格一枪爆头，还逼迫所有人目睹全过程。

努斯鲍姆的记忆似乎很清晰，情绪也很激动。法庭外，他告诉我们施瓦姆贝格是个畜生。"不，他比畜生还要坏。畜生相残是为了活命。至于他，他，他，我没法找到合适的词来形容，他是个冷血杀手。如果可以的话，我真想扯掉他的右手臂，提醒一句，不是要弄死他，只是扯掉他开枪杀人的右手，再安到他的左手上。"

法官和律师动身前往普热梅希尔一睹究竟，他们测量了指挥官旧宅和据说是他行凶地之间的距离。他们需要验证证人在法庭上的回忆是否准确。所有人都凑在犹太区地图前，看努斯鲍姆用手一一指出过去的地标，一切依然牢记在心。就连施瓦姆贝格都难忍好奇心，移步到昔日水管工的身后，想看个究竟。

看完后，他退回到原来所站的位置。法官问施瓦姆贝格是否还认得出眼前这位证人。施瓦姆贝格的嘴动了动，法官示意他讲出声来。身旁的人听到一句小声的"不认识"（nein）。法官显得有些不耐烦，问施瓦姆贝格怎么可能把所有证人都忘得一干二净，他们倒是对他记得一清二楚呢。施瓦姆贝格喃喃道，记得他的人没准多达五万，但他怎么可能记得住五万人呢。法官说自己只是想建立证人和被告之间的接触。"我试着让你开口，一些证人对你很熟悉。对了,他们中间有人过去还给你的狗梳过毛。"这句话让施瓦姆贝格第一次有了活力,他粗嘎的嗓音显示出其很久以前曾习惯于发号施令。他嚷道:"我怎么可能把自己的狗交给陌生人照看?这完全不合逻辑!"

这出人意料的呵斥让施瓦姆贝格的律师吃了一惊,他说自己的客户已经累坏了,不能再接受盘问。他的心脏很虚弱,需要休息。法官翻了翻白眼,但还是宣布休庭。

我亲眼目睹了这出迷你剧,场景平淡无奇。现代风格的法庭讲究实用,几乎完全没有传统司法权威的那些象征,比如假发套等英国法庭里常见的华而不实之物。庭审过程既不戏剧性,也没有繁文缛节。档案、测量结果和地图才是最有分量的,而不是辩才。坐在旁听席上的听众清一色都是德国高中生,他们是从巴特温普芬(Bad Wimpfen)这一毗邻海德堡的温泉小镇远道而来的,领队的是历史老师、留着络腮胡的"六八一代"伯恩特·韦茨卡(Bernd Wetzka)。

法庭外,努斯鲍姆老先生接受了美国记者的采访。学生们围住辩护律师,一个年龄与他们历史老师相仿的人。他们不解,他怎能申请作无罪辩护。他们问律师,是否真的相信施瓦姆贝格无罪。律师答道:"信仰属于教会。我的职责是确保当事人得到公正的审判,且证人没说假话。"他解释说,这很复杂,因为嫌犯的罪行发生在很久以前,并补充道,鉴于公共舆论,法官做出无罪判决要比有罪判定更需要勇气。

少年们神色凝重地点点头。韦茨卡哼了一声,讥讽道:"是啊,我们的法官过去的确展现过这种勇气,不是么?那些战后没有被清算的纳粹法官又怎么说呢……"

学生中一个留着朋克头的姑娘问,证人声称亲眼所见之事有否可能只是道听途说。律师刚开口,韦茨卡又哼了一声,说证词高度翔实,不应存疑。

第六章 历史站上审判席

这显示出老师和学生之间有代沟。老师之所以生气，是因为他自己的经历不容许有质疑的余地。他后来告诉我，他的父母曾是纳粹，他经常因跟他们聊起过去而发生争执。父母坚持认为纳粹时期并不只有坏事，他们是理想主义者，有关犹太人的故事有夸大之处。这些辩解他都听过，至今让他气不打一处来。他的学生则没他那么感情用事，他们提的问题旨在理解庭审过程。施瓦姆贝格又不是他们的父亲。

韦茨卡告诉我，这次庭审经历对学生们意义重大。他们已经参观过两座原集中营，一座是纳茨维勒-施特鲁特霍夫（Natzweiler-Struthof），一座是达豪（Dachau）。不过施瓦姆贝格案在他们心中留下了更深刻的印象。纳粹时期的历史对他们而言已然很遥远，只停留在书本上，但这起审判生动鲜活地还原了遥远的事件，他说。几个月后，某位学生在校刊上发表了篇报道："在听到证人亲口详述他所犯下的罪行后，理解裁决就变得容易多了。"

毫无疑问的确如此，同样毋庸置疑的是，审判对努斯鲍姆先生也是件好事。他的心事终于可以一吐为快了，这或许是种个人宣泄。能看到起码一位幸存者在德国法庭上控诉加害者，就已经很让人动容了。但并非所有证人都和努斯鲍姆一样坚强，有一个就因为受不了这种场面，心脏病发作，死在了法庭上。尽管如此，复仇的欲念还是得到了满足，哪怕这只是邪恶海洋里溅起的一小朵浪花。或许，正如西蒙·维森塔尔*希望的那样，这会产生警示作用。总而言之，虽然施瓦姆贝格晚景凄凉，但我们很难对他产生同情。

然而，坐在斯图加特法院里的我却感到不安，尤其是看到那些穿着花花绿绿的防风夹克、坐在旁听席里的学生时。我的第一直觉是为西德教育喝彩，自1968年以来，其取得了长足的进步。纽伦堡审判时学校停课，1963—1965年，法兰克福举行奥斯维辛审判时

---

* Simon Wiesenthal（1908—2005），纳粹猎人，先后将一千一百名纳粹送上法庭。

亦是如此。我想，这正中老师们的下怀，好让学生听听过去发生了什么。但我疑窦渐生，正如信仰属于教会，历史教育必定属于学校。当法庭被用作历史课堂时，离走过场式审判的风险也就不远了。也许走过场的审判会是很好的政治秀——尽管对此我亦抱有疑虑。然而，好的政治秀并不一定符合事实。

* * * * *

就在施瓦姆贝格案公审四十四年前，另一位官阶更高的德国人在纽伦堡出庭受审。恩斯特·冯·魏茨泽克（Ernst von Weiszacker）在德国征服欧洲大片疆域时担任副外长。自1943年起，他成为驻梵蒂冈大使——这个职位当属要害，因为德国人希望确保教皇对"最终解决方案"保持缄默。教皇倒没让他们失望，至于这是否可归因于魏茨泽克的外交手腕则不得而知。他的儿子里夏德（Richard）日后成为联邦德国总统，他比任何政客都更勤于谈论德国罪行的包袱。

关于年轻的里夏德在纽伦堡参加战争罪审判留有一则故事。据说，他找到一个朋友，以最严肃的国防军军官的姿态，表示说应该冲击法院，释放囚犯。吃惊不已的朋友问为什么要这么干。据传魏茨泽克是这么回答的，"这样我们就能自己举行审判了"。他的愿望过了许多年才得以实现，那时的德国法院终于可以对"小把戏们"提起公诉。但此时，年纪轻轻的他选择加入父亲的辩护团队。

恩斯特·冯·魏茨泽克被控策划发动侵略战争，并参与从各个被占领国家遣送犹太人。第一项指控被推翻了，但第二项指控成立。他曾经签署一份文件，声明外交部不反对有计划地遣送犹太人。他的首席辩护律师赫尔穆特·贝克指出，魏茨泽克是老派的爱国主义者，在时局艰难的情况下已经尽其所能阻止纳粹为非作歹，纵然终究无力回天。魏茨泽克只承认自己在上帝眼里有罪，盟军无权遵照

第六章　历史站上审判席

在纽伦堡起草的法律判他有罪。

1950年，贝克写道，"很少有事情比战争罪审判更能阻碍德国国内形成真正的历史自我认识"[1]。他坚信这一点。贝克的话应予以重视，因为他不是为纳粹历史辩护的右派卫道士，而是名声在外的自由派。我去他位于柏林的办公室拜访，办公室的一面墙上挂着精致的军事图片，另一面则有一幅以色列挂历。

贝克并不反对举行审判，但他相信，应该运用既有的德国法律，而不是用类似反和平罪（包括准备、策划或发动侵略战争）这样具有追溯力的法律。他提到，斯大林派往纽伦堡军事法庭的法官希望能够澄清，需要谴责的不是一般意义上的侵略战争，而是具体的纳粹侵略。苏联侵占波罗的海国家或波兰部分领土就不能算是反和平罪。"你也好不到哪里去"（tu quoque），这一原则在探讨战争罪时是被明文禁止的：比方说盟军轰炸德累斯顿，或者1945年德意志人被驱逐出在中东欧的家园。这些行为都被认定和审判无关。

这样做，是为了防止司法沦为笑柄，因为英国人赞成一不做二不休，不经审判就直接处决纳粹领导人。他们担心夜长梦多，漫长的审判也许会改变公众舆论的倒向。拿一位英国外交官的话来讲，审判或许会被看成是"有预谋的勾当"。也有人担心，国际法可能对很多罪行并不适用。如果为的就是报复，那何必把法律牵扯进去？直接做出如何惩治的政治决定岂不更好？坐在办公室里，贝克管这叫"意大利式解决办法"——"你在起初的六周里能杀多少人就杀多少人，接着把这茬儿抛之脑后：这么做不是很合乎法律，但考虑到种族清洗要达成的目标，也还凑合……"他们的立场直到1945年5月才有所软化，那时希特勒和戈培尔已经自杀，英国人方才同意对其余纳粹领导人进行审判。

要程序正义还是以牙还牙，这个问题曾经困扰着古希腊的悲剧家。为了打破以暴制暴、以血还血的恶性循环，俄瑞斯忒斯（Orestes）必须为弑母罪行在雅典法庭受审。如若没有正式审判，复仇三女神（Furies）会继续搅得生者不得安宁。

如果主审法官是德国人的话，或许可以避开报复这层因素。这在之前有先例，但结果却不尽如人意。一战结束后，德国法庭被允许审判战犯。虽然证据确凿，但几乎所有被告都被判无罪，而外国代表团成员则遭到了当地暴民的袭扰。另外，韦茨卡说的没错：德国法官和纳粹政权曾经沆瀣一气，狼狈为奸，很难指望他们会秉公执法，不偏不倚。因此，只有让战胜者来保障正义得以伸张。

问题在于，如何在不扭曲法律的前提下伸张正义，以及如何在不歪曲历史的前提下让战胜方审判战败方。一种做法是，干脆就搞赤裸裸的胜利者正义，用军事法庭审判昔日的敌人。这么做的好处是可以避免许多虚伪言行，并减少对日常生活中程序正义原则的伤害。但如果说目的是给德国人上一堂历史课的话，那么军事法庭就会遇到和民事法庭一样的问题。而据当时的声明来看，历史教育无疑是战争罪审判的目标之一。

罗伯特·M·坎普纳（Robert M. Kempner）是魏茨泽克一案的公诉人，美籍德裔的他写道，"呈现了一大批重量级德方卷宗的审判，是世界史上最伟大的历史研讨会"。纽伦堡审判的美方首席检察官罗伯特·H·杰克逊（Robert H. Jackson），在同英国法官劳伦斯勋爵（Lord Justice Lawrence）对话时曾被问到，他觉得审判应达到何种目的。[2] 杰克逊回答说，是为了向世界证明德国的战争行径既无理也违法，同时向德国人民表明，这种行径理应得到严厉的惩罚，让他们做好准备。

这样说来，纽伦堡审判既是历史教训，也是对全体德国人的象征性惩罚——这条关乎道德的历史教训被包裹在所有彰显程序正义的仪式性表象之中。审判是人类——或至少是战胜国国民——所能获得的最接近"天道"的结果。部分德国作家无疑有这种感觉。一些人对此热情欢迎的劲头，可以同正在改过自新、满心虔诚的罪人相媲美。他们是1968年"彷徨失措"（betroffen）一代的先驱，全都是左派，有些还是共产党。

举例而言，小说家埃里克·里格（Erik Reger）认为："纽伦堡军事法庭越是不用正式法律的外衣掩饰自己，其政治元素就越能光明正大地得到表达，它在历史面前得到的评价就越正面，越启发人心。另外，审判也不会在做作的象征主义氛围下进行，而是在充满道德力量的氛围下进行，借助道德力量克服邪恶。"[3]

《南德意志报》（Süddeutsche Zeitung）的记者 W. E. 聚斯金德（W. E. Süskind）——据我所知他不是共产党——把审判描绘为"Ur-Prozess，地球上从未见过的审判，因此是一个真正的历史性时刻"。[4]

从这些字里行间可以得知，法律、政治和宗教已被混为一谈：纽伦堡成了一场道德剧，戈林、卡尔滕布伦纳*、凯特尔†等人则在其中担任主演。这部剧号称要弘扬正义、真相，战胜邪恶。档案、证言及场合的高度严肃性均是为了服务真相。这点在剧作家那里被发挥得淋漓尽致，他们把审判搬上了舞台。

罗尔夫·施耐德（Rolf Schneider）是民主德国的左派作家，他写过一部名为《纽伦堡审判》（Prozess in Nürnberg）的纪实性剧作。在对证词和盘问进行编辑后，他还原了当时的情景。在序言中他写道，这部纪实性剧作是德语戏剧中一项发明创造："它源自我们对历史的记忆，源自我们对当下和当下如何描述过去的不满。"他同时写道："将这一审判搬上舞台的原因说来很简单，它有多重意义，其中之一就是为日后类似的审判提供了一个模板，比如纽伦堡的后续审判、耶路撒冷审判、法兰克福审判……"

剧中信息量很大，对戈林、沙赫特‡和凯特尔的盘问很有意思，

---

* Ernst Kaltenbrunner（1903—1946），奥地利人，海德里希之后接任纳粹帝国保安总局（SS-Reichssicherheitshauptamt）局长，参与组织实施对犹太人的灭绝，纽伦堡审判中被判处绞刑。
† Wilhelm Keitel（1882—1946），纳粹德国陆军元帅。
‡ Hjalmar Schacht（1877—1970），经济学家、银行家，纳粹掌权初期曾出任帝国银行行长和经济部长，后来加入抵抗运动反抗希特勒，纽伦堡审判中被判无罪。

但究其初衷，却并非为了尽可能客观地呈现历史事实。这部剧和审判一样充满政治意味，尽管其手法不同。施耐德很聪明，借英美检察官之口来阐述他主要的政治观点。比方说，他援引英国检察官的话，"德国实业家"和被告席上的军政官员"罪行同等，难分伯仲"。当然，这是民主德国的典型看法：法西斯是资本主义最后一道防御。

接下来，他还安排美国检察官成功地为以恩斯特·罗姆[*]和格雷戈尔·施特拉瑟[†]为首的纳粹左翼做了回辩护。戈林称，除掉他们是因为他们对希特勒不忠。美国检察官在剧中说道："这些人代表了社会目标（social goals），他们靠这点给你们招揽了支持者。而你们跟德国大企业狼狈为奸后，就把所有支持者的社会目标抛到九霄云外去了。"

对于无产阶级支持纳粹运动这一令人尴尬的问题，这句台词算是给出了交代。它对事实的呈现不能说完全谬误，但有失偏颇。如此表现审判，政治动机很清晰，为的是赋予反法西斯共产主义国家合法性，反观资本家和实业家，则必须被视为法西斯恶棍的傀儡。这部剧临近尾声时，美国检察官就"反和平罪"发表了一段讲话（不涉及种族迫害和种族灭绝的"反人类罪"，这两条向来就和官方的反法西斯意识形态格格不入）。如今，我们的法典里也印上了这条法律，检察官说道："这次要用它来对付德国侵略者，但以二十三国名义主持这次审判的四个大国都很清楚，我们今天用来审判这些被告的标尺，明天也将被历史用来审判我们。"

这么说同样不无道理。罗伯特·杰克逊现实中就是这么看问题的，但如此收尾的主要原因又是为何呢？这部剧写于1968年，正值越南战争如火如荼之际。那时，不管是民主德国还是联邦德国的

---

[*] Ernst Röhm（1887—1934），纳粹运动早期领导人之一，冲锋队（SA）组织人，在"长刀之夜"遭希特勒清洗。

[†] Gregor Strasser（1892—1934），纳粹党早期领导人之一，后被希特勒以排除异己为名铲除。

知识分子，都写过类似下面这样的话（原作者是克里斯蒂安·盖斯勒*）："那时候，国际军事法庭四位主检察官中的一位以美国的名义提出了诉讼，对于当时懵懂的我们，这意味着他的陈述代表了正义、自由和人性。

"我们看穿了纳粹的假仁假义，希望与之划清界限。是美国人起诉书中那份道德诚恳，让我们萌生了学习理性政治思考的想法。

"我们也的确学会了。

"并且，我们容许自己将这一思考方式付诸当下。举例而言，今天，我们将用它来检视公诉美国自身的道德品行。过去奥拉多和利迪策被血洗†——如今换成南越的城市遭殃。"[5]

这下形式扭转，反客为主。"你也好不到哪里去"的论点——不管用在这里如何不恰当——最终还是出现了。我们所有人都有罪。一位剧作家，或者随便哪位作家，当然完全有权这么做。但若就此认为这部纪实性剧作寓意质朴，这和认为政治审判是传授道德历史教训合适手段的想法一样虚伪，甚至是愚昧，因为这样的审判并不能平息"复仇三女神"的怒火。

纽伦堡审判过去二十年后，法兰克福一家法院以"反人类罪"这一罪名审判了奥斯维辛的部分军官和看守。这不是第一次由德国人来主持审判。早在1957年，一位党卫队军官就被控率领部队在立陶宛边境地区滥杀无辜。但这只能算是例外。纽伦堡的法官仅仅将这部反种族灭绝和反种族迫害的新法律用在处置战争过程中出现的罪行上，似乎大屠杀纯粹是另一项战争罪行。在做陈述时，法国主检察官弗朗索瓦·德芒东（François de Menthon）几乎根本没有提及犹太人。

总而言之，纽伦堡审判后，多数德国人都对战争罪感到厌烦。

---

* Christian Geissler（1928—2008），德国作家、导演。
† 奥拉多（Oradour）和利迪策（Lidice）分别是法国和捷克中部的村庄，二战中纳粹为报复当地抵抗运动对其进行屠村。

直到1950年代中期，德国法院还只被允许审理德国人对其他德国人犯下的罪行。待到艾希曼在耶路撒冷受审这一大快人心的先例出现后，德国人的懈怠才有所动摇，1946年之前所犯罪行在1965年后将免于起诉这一点也受到了挑战。（1979年，在电视剧《大屠杀》引起轰动后，德国政府废除了追诉"反人类罪"的时效限制。）

纽伦堡审判的规模更大，被告地位更高，但奥斯维辛和马伊达内克*审判对于多数德国人的影响（后一场审判的地点在杜塞尔多夫，时间从1975年一直延续到1981年）要深远得多。这部分是因为所选的时机。1945年，多数德国人饥肠辘辘，且存在逆反心理。到了1964年，新的一代已经在相对繁荣的生活中长大成人。另一部分原因在于罪行的性质。以常规战争罪的罪名审判战败者根本难以服众，因为同样的罪名也可以拿来控诉战胜者。在德累斯顿大轰炸和苏联人的暴行仍然历历在目时，"你也好不到哪里去"这句话即便不登纽伦堡法庭这一大雅之堂，私下说说也无妨。但是奥斯维辛却找不到对等物。这隶属于另一场战争，或者更确切地说，这根本算不上是一场战争；它是彻头彻尾的屠杀，背后折射出的不是战略或战术动机，仅仅是意识形态。

现代历史的一大讽刺之处在于，这些罪行——既非纽伦堡法庭（抑或者应该说，盟军军事目标）的主要关切，战后绝大多数德国人也都表示并不知情——成了（联邦）德国历史纪念的主要焦点，不管是在法庭、学校还是纪念馆。当军事较量、"反和平罪行"逐渐成为历史，"最终解决方案"依然给当下蒙上了一层阴影，且比过去更为持久。无论你是希望德国成为"普通"国家的保守派，还是"正为哀悼而努力"的自由派/左派，二战的关键事件只是奥斯维辛，不是闪电战，不是德累斯顿大轰炸，也不是东线战场的战事。

---

* Majdanek，波兰地名，纳粹曾在此设立集中营，二战期间有将近五十万人在此遭到囚禁，其中约三十六万人死亡。

第六章　历史站上审判席

这是纽伦堡审判留下的历史教训。尽管赫尔穆特·贝克对纽伦堡存在质疑,但诚如他所言:"最重要的是,德国人意识到'反人类罪'发生过,而庭审过程揭示了它们是如何发生的。"

我相信他的话是对的。但假使不是由德国法院审理的话,这一教训或许会难以服众。1945年,一家英国法庭审判了贝尔根-贝尔森集中营(Bergen-Belsen)的司令官和守卫,但效果完全不可同日而语。斯蒂芬·斯彭德当时碰巧在德国,他邂逅了一位朋友,后者跟他讲起拜访一户德国家庭的经历,"这家人很讨人喜欢,富有同情心,年纪都很轻。他们都说贝尔森审判只是政治宣传,克拉默*等人的所谓罪行是人类根本办不到的……大多数德国人相信,审判就是一场有预谋的勾当,而且之所以拖这么久,是因为被告有太多自我辩护的话要讲……"[6]

但即便是德国的死亡营审判,也未能打消对审判是否足以构成历史教训的所有疑虑。从本质上看,审判会将刑事责任集中到具体的人身上;比如说纽伦堡审判时就把问题集中到了领导人身上。卡尔·雅斯贝尔斯(Karl Jaspers)在1946年曾写过一篇分析德国罪行的著名文章,《论德国人的罪责问题》(*Die Schuldfrage*)。在文中他区分了四种罪过:第一种是触犯法律的刑法罪过;第二种是参与罪恶政治体制的政治罪过;第三种是因个人罪恶行为而生的道德罪过;第四种是形而上罪过,意指未能尽到维护人类文明标准的过错。很明显,这些分类具有重叠性。但是雅斯贝尔斯明确表示,不管是在法律上、道德上,还是哲学思辨的意义上,都不应让全体人民为一桩罪行负责(政治责任是另一回事)。在他看来,战争罪审判的最大好处是限制了权力。通过允许被告陈词、自我辩护,奠定程序正义的规则,战胜者限制了自己的权力。不仅如此,"对于我

---

* Josef Kramer(1906—1945),贝尔根-贝尔森集中营长官,被称为"贝尔森野兽",后来以反人类罪被处决。

们德国人，审判还有另一层好处，它对领导人的罪行加以区别，且没有牵连全体德国人"。[7]

雅斯贝尔斯没有提到挑选合适被告的问题；部分在纽伦堡出庭受审的人其实不应成为被告（比如沙赫特和弗里彻*），倒是另一些人更应该（比如阿尔弗雷德·克虏伯†），但这是另一回事了。总而言之，审判让德国人和他们过去的领袖进一步撇清干系。这种距离感其实是好事，没什么人想要拉近距离。这也许是纳粹领导人很少出现在德国戏剧、电影或小说中的原因。当然，不管是大名鼎鼎还是声名狼藉的历史人物，想要把他们写进虚构作品都绝非易事。已知事实让人放不开手脚；历史又过于沉重。但这无法解释为什么关于纳粹领导人的传记也不多。历史学家对他们敬而远之。希特勒的正规传记作者还是两位记者，约阿希姆·费斯特和维尔纳·马瑟（Werner Maser），戈林和希姆莱的传记则几乎全部出自外国人之手。连作传都害怕——不管是虚构还是纪实——这点或许可归因于1960—1970年代流行的一种观念——体系和制度能解释过去，而个体却不能；但肯定也缘于担心自己会扯上干系。德国人管这种心态叫 Berührungsangst，直译就是"害怕产生接触"。

如果对领导人是这样，那么对不为人知的医生、行政官员、毒气室操作员等执行命令的小喽啰们是否也一样呢？对他们产生同情是不是会容易些？在以奥斯维辛为背景的剧作里，彼得·魏斯就以一种耐人寻味的方式交代了他们的身份。[8]昔日的受害者、如今法庭上的证人都没有名字，但拷打他们的人都有名有姓。比如博格（Boger），他的特长是把囚犯吊在一个类似秋千的物体上，然后活活打死；又比如死亡营药剂师卡佩修斯博士（Dr. Capesius），他竟把自己藏有齐克隆B毒气这件事忘得一干二净；再比如卢卡斯博士

---

* Hans Fritzsche（1900—1953），纳粹德国宣传官员。
† Alfred Krupp（1907—1967），德国钢铁大亨，纳粹工业家，二战期间曾使用奴工为德国制造军火。

第六章 历史站上审判席

（Dr. Lucas），这位虔诚的天主教徒声称自己在火车站岔道口故意开小差。当然，魏斯的目的不是让观众对这些人物产生同情。他想表达的是，奥斯维辛是工业剥削和资本主义失控后的极端象征。受害者和被贪婪机器挑动起来的无产阶级大众一样，都是无名之辈。这一进程没有中断，第三帝国变成联邦德国后依然如此。在这部剧的最后，集中营副官穆尔卡（Mulka）有下面几句台词：

> 我们只是在履行职责，所有人都是，
> 就算这往往很难办，
> 就算我们会很沮丧。
> 但是今天，
> 既然我们的国家再次
> 跻身强国之林，
> 我们就应该忙于其他事，
> 而不是指控，
> 因为这么做早已过时。

当时，这种态度在德国并不少见，事实上还相当主流。类似赫尔曼·吕贝（Hermann Lübbe）这样虔诚的保守派知识分子就说过，太多指控会阻碍西德通往稳定、繁荣社会的道路。这倒不是说吕贝在为第三帝国辩护，恰恰相反：他认为，联邦德国的合法性取决于彻底否定纳粹政权。难点在于，如何将几百万纳粹支持者改造为自由民主体制下的忠诚公民。吕贝称，如果不对过去采取审慎姿态，这就不可能实现。然而，战争结束二十年后，层出不穷的"博格"、"穆尔卡"和"卡佩修斯博士"们还是被送上了被告席。他们对此的反应往往都是气不打一处来。"为什么是我？"他们会问。"我只是履行职责罢了，只是像所有正直的德国人一样执行了命令。为什么非得是我受罚呢？"

马伊达内克审判中的被告在德国电视纪录片里也是一遍遍地问，凭什么是我？是啊，凭什么呢。然而，片子里的一句话却深深嵌入了我的脑海。说话人是个特别凶残的女看守，绰号"血腥布里吉塔"。"你要知道，"她向采访者解释道，"这些曾经的囚犯都抱怨过去日子有多苦。没错，集中营里是很惨。但你必须认识到一点：如果你给这些人一个手指头，他们就会拿走整个手掌。"同样说过这番话的还有一个傻里傻气的小学女舍监、海关检查员，以及地位卑微的检票员，他们这样的人一夕之间被赐予了上千劳工的生杀大权。

可是，尽管这些人平庸得可怜，申辩又沉闷乏味，但要对他们予以同情却几乎不可能。他们罪大恶极，血债累累，这为审判笼罩了一层恐怖的氛围，报纸上每天都会曝光新发现。马丁·瓦尔泽在奥斯维辛审判那年写道，博格成了黑暗王子。在媒体笔下，这位骇人的主儿是"野兽"或"怪物"。但丁的名字常常见诸对死亡营的偷懒描述。无法想象之事被浓缩在抓人眼球的新闻标题中："女人被活生生赶进熊熊大火"，或者"奥斯维辛的酷刑秋千"。瓦尔泽写道："奥斯维辛的口号越是毛骨悚然，我们就越是与之划清界限。"[9]

审判涉及的只能是个体罪行。在法兰克福和杜塞尔多夫，站上被告席的"怪物"和"屠夫"们犯下了滔天罪行。许多人也一样，却从未遭到追究。但是，瓦尔泽说道："这些罪犯在1918年至1945年间的表现跟我们所有人如此相似，以至于难分彼此；另外，一些特定因素促使他们走上歧途，最终面临审判；这些事情在法庭上都无法展开合理探讨。"对个体恶行的分析脱离了历史大环境，历史则沦为犯罪病理学和法律辩论，剩下的只有对此的厌恶或痴迷。这不是说审判有什么不对，但它们不足以成为历史教训，也无法让我们更贴近瓦尔泽一心求索的那种虚无缥缈之物：德国人的身份认同。

第六章　历史站上审判席

* * * * *

距离施瓦姆贝格受审法院不远处，约莫就在斯图加特的市郊，坐落着路德维希堡（Ludwigsburg）这座施瓦本（Swabian）小镇。过去，符腾堡州的历代勋爵把宅邸建于此。这里也是席勒的出生地（他的故居如今是"维也纳森林连锁餐厅"的分店，隔壁是家麦当劳）。18世纪，勋爵的财务顾问、犹太人苏斯（Suss）——他在纳粹的宣传漫画里是邪恶犹太人的原型——就被吊死在那儿。在勋爵宫殿的大门外，有块牌子写着："这座城市向您展示其活泼而欢乐的面貌。访客若愿意花时间参观除了公园和宫殿以外的景点，会发现她生机勃勃、无拘无束的氛围迄今依旧清晰可辨。"

我去那儿是为了参观"清理国家社会主义罪行的州司法机关中央办事处"*。办事处设在一座昔日的女子监狱内。与之毗邻的是建于17世纪的巨大要塞，直到1990年前都用作监狱，如今则摇身一变成了刑法博物馆。为我开门的青年礼貌地冲我笑笑，列了份馆藏展品的名单给我：一架一直服役到1940年代末的断头台，拇指夹，囚服，犯人用来上吊的绳索和皮带，一间经过修复的死囚牢房，一把刽子手使用的斧头、描绘酷刑的彩色图画，以及犹太人苏斯最后一餐的菜单：肉汤、炖小牛肉、煮豆子和白面包。

在车站接我去"清理国家社会主义罪行中央办事处"——请注意，这里的用词是纳粹罪行，不是战争罪行——的出租车司机不是很喜欢这趟差使。一开始他假装不认识路，后来就办事处为何应被撤销发表了一通长篇大论：是时候忘记纳粹那档子陈芝麻烂谷子的陈年旧事了，不然搞得好像没有比这更重要的事似的。两德合并啊，国家统一啊，干嘛不多关心关心这些？再说了，共产党不一样不是好东西么？他说个没完。

---

* Zentrale Stelle der Landesjustizverwaltungen zur Aufklärung von NS Verbrechen.

办事处的主任阿尔弗雷德·施特莱姆（Alfred Streim）告诉我，在过去，这种事情多了去了。当政府决定要在1958年开放这一机构时，路德维希堡的居民表达过抗议，还扔过燃烧弹。另外，当时选址工作进行得也很困难。但事到如今，随着年轻一代的出现，情况有了改观，施特莱姆说。

中央办事处存有海量档案，根据人名和地名归档。这里可以说是纳粹历史的官方存储库。每每接手起诉原纳粹分子的案件，检察官就会来这儿寻找档案证据。施特莱姆的一位同事带我在办公室里参观时，人们不时会来到他跟前，求他查一查诸如"1943年被关在达豪的施密特"的信息。我的向导和施特莱姆一样，都是律师，常常仅凭记忆就能说出答案。如果实在记不起来，他会打开某个钢质文件柜，里面整整齐齐叠放着贴有"奥斯维辛"、"布痕瓦尔德"、"达豪"等标签的文件，然后迅速抽出要找的档案。

施特莱姆不爱言笑。他的肤色和他巴伐利亚式大排钮西装一样灰蒙蒙的。还是小学生的他经历了汉堡大轰炸，从家里逃了出来，之后被转移到捷克斯洛伐克，战争结束时不得不徒步走回汉堡。他说，今天的年轻人根本不可能理解他那代人所经受的压力，例如希特勒青年团、报刊查禁制度等事物。施特莱姆的父亲是纳粹，供职于铁路公司："他老说犹太人的事情不是真的。"施特莱姆为此会与他起争执，但老爷子就是不相信事实，哪怕战后也不例外。"我父亲那代人十分天真，"施特莱姆说，"只有在我给他看过档案后，他才改变了想法。"

中央办事处收集了超过一百四十万份档案：有证人供词、历史案例、盖世太保文件、法庭记录等等。1986年，联合国又提供了三万人的档案。到后来，波兰、苏联、法国、罗马尼亚、匈牙利、荷兰，欧洲各国也陆陆续续送来了资料。只有一个地方除外：民主德国。唯独斯塔西（Stasi），也就是东德国家安全警察，一直将资料据为己有，不愿公开。

第六章 历史站上审判席

民主德国在动用法律处置纳粹历史一事上有自己的一套办法，从很多方面来看，他们的做法和西德截然相反，其目标对象往往是西德司法体系忽略的人。东德的司法、官僚机构和工业界经历过十分彻底的清算。大约二十万人——包括五分之四的纳粹法官和检察官——因此丢了饭碗。东德也举行过战争罪审判；一直到1947年，主持审判的都是苏联人，这之后才由德国人的法庭审判被告。

这类审判进行得很快。与其给被告自我辩护的权利，从而捆住国家（或者说战胜者）的手脚，共产党法庭的做法恰恰相反。以1950年臭名昭著的瓦尔德海默案（Waldheimer trials）为例，当值的法官和检察官被告知，由于被告罪行昭然若揭，所以根本用不着证人、辩护律师或档案证据。这也是东德举行的最后几场纳粹审判之一。1957年前又搞过两场，之后就销声匿迹了。总的来算约有三万人受审，五百人被处决。在联邦德国，受审的大约有九万多人，没人被处决，因为1949年颁布的宪法废除了死刑。

在铲除位居要津的纳粹一事上，反法西斯的民主德国比联邦德国做得更好。但是其他纳粹小人物只要做个老实听话的共产党员，就可以被网开一面。东德人的做法既残酷无情又老谋深算。这一过程画上句号后，官方总结称民主德国再也无须承担罪孽的负累。正如国家宣传不断指出的那样，有罪之人都在西德。在那里，法西斯分子依然把持着审判席，掌管着工业，造就了经济奇迹。1960年，就在以色列总理大卫·本-古里安（David Ben-Gurion）宣布艾希曼落网后，东德媒体曝光称，在阿登纳政府任国务秘书的汉斯·格洛布克（Hans Globke）曾参与起草了1935年出台的纽伦堡种族法。东德的全国性大报《新德意志报》（Neues Deutschland）刊登了一条大标题："格洛布克是波恩的艾希曼。"

在这个共产主义国家寿终正寝后，如此大赦天下的特殊做法也制造了特殊的问题。比如古斯塔夫·尤斯特（Gustav Just）一案。尤斯特是社民党政治家，他的仕途在两德合并后扶摇直上。七十岁时，他当上了勃兰登堡州议会议长兼议会宪法委员会主席。但就在飞黄腾达后没多久，他栽了个大跟头：1992年3月，某报披露尤斯特曾志愿参军，并在1941年射杀了六名乌克兰犹太人。他第一反应是辩解自己不过是执行命令，但在遭受巨大压力后，只得引咎辞职。

尤斯特只是许多人中的一个，甚至还算不上是什么大鱼。这件事的有趣之处在于，他在1957年时曾因为反革命行为在民主德国遭到起诉，并被判处四年有期徒刑。罪状是编辑过一份对当局稍有微词的周报。审判他就是在做戏，为的是杀鸡儆猴，恫吓其他知识分子，让他们不敢背离斯大林主义路线。庭审期间，法官其实还宣读过尤斯特战时日记的部分内容，其中就提到了乌克兰的杀囚事件，但后来便不了了之。据尤斯特称，他要是再敢惹当局不高兴，等待他的就是战争罪审判。"斯塔西，"他说，"在战争罪方面是行家里手。"

有人或许会以为，东德人在经历过摆样子的公审和政治权力对历史记忆的玷污后，1990年后会对政治审判和清算变得较为谨慎。其实不然。把原民主德国的共产党领导人送上被告席，以及一丝不苟地整肃斯塔西特务和告密者，对此人们依旧乐此不疲。在东德，与路德维希堡的中央办事处相对应的是柏林的一所机构，主事者是新教牧师约阿希姆·高克（Joachim Gauck）。他的办公室不仅储存了斯塔西所有行动的档案信息，也像是分配信息的一间"药房"。"药房"一词恐怕没用错，因为高克是用医学式的思路来看待自己工作的：他的职责是保障道德洁净；他的档案就是药物，可以治愈一个腐朽的社会。纵然一些批评者——基本上是东、西德的老左派——管他叫大判官，但很少有人会质疑这位牧师的动机不纯。他既从道德和司法层面也从历史层面对审判表示声援，并在一本名为《斯塔西档案》（*The Stasi Documents*）的书里阐述了自己的看法。这本书几乎每一页都回荡着久远过去传来的声声回响。[10]

"我们能够大胆预测，"高克写道，"针对个人的审判或许会持续很长一段时间，对原联邦德国纳粹战犯的审判亦是如此。而就某些罪行来看，可能已经过了追溯期。但是，就算仅仅出于对受害者的考虑，我们也绝不容许斯塔西的特务得到尽数赦免。很显然，倘若此事成为现实，将会粉碎人们对法治的信心。"

写到这里，法律上的教训也就到头了。对于历史，他表示："西德人已经比原东德公民更清楚地认识到，将直面罪恶过去的责任抛给下一代会酿成多大的苦果。有了前车之鉴，已经可以预想他们不会坐视德国人的疏忽淡漠成为一种不良传统。"1985年5月8日，即二战结束四十周年纪念日这天，里夏德·冯·魏茨泽克发表了一篇著名的演说。文中他提到："在塑造当下和未来的过程中，缅怀过去具有十分重要的意义。我们现在直面自身不堪往事的姿态，为驳斥德国人大多对过去避而不谈、'无法哀悼'这一偏见提供了一个绝佳的机会。" [158]

冯·魏茨泽克引述"无法哀悼"，说明了亚历山大·米切利希和玛格丽特·米切利希夫妇的教诲已深入人心。这次我们必须行事正确；我们不能允许过去的事重蹈覆辙。这一观点，或者更确切地说，这一情绪，令不少西德人感同身受。抑或者应该说，西德人尤其感同身受，因为他们——或者最起码也是他们当中一部分人——对曾经纵容身边的纳粹抱有负罪感。尽管报纸专栏作家、神职人员、学者和德国意见领袖从不间断地指出，东、西德未被充分理解的历史之间存在差异，但纳粹德国和斯塔西德国之间的区别趋向于模糊化。不仅如此，弥漫在"西佬"中间的一丝资本主义胜利情绪再次激起了对胜利者正义的指责；只不过这一次，坐在胜利者高位上的不是西方或苏联盟友，而是西德人。

这种局面充满了讽刺意味：先是有这么一个德国，戴罪之身的德国，其民众感到被自己"无法哀悼"之痛弄得茫然无措（betroffen）。这个德国举行了奥斯维辛和马伊达内克审判，据说如今可以居高临下地审判另一个德国——昔日的反法西斯德国，在两种极权体制下吃尽苦头的德国，步兵方阵整齐划一、正步踢得铿锵有力的德国，经营着让盖世太保做梦都想不到的庞大秘密警察网的德国。随着最后一位纳粹战犯在斯图加特出庭受审，数以千计的斯塔西人员和共产党爪牙正等着在第二轮司法历史课堂上出演各自的角色。

东京

纽伦堡法庭的外观看着屹立不变——近乎坚不可摧——然而其所在的城市并非如此。纽伦堡的老城中心经过修缮，重现了当年的中世纪之风，给这座城市平添了一种矫揉造作的氛围，似乎纽伦堡只是历史遐想的一面布景。这里另一栋仍保持旧貌的建筑是齐柏林广场，这是阿尔伯特·施佩尔存世的唯一作品，过去是纳粹党一年一度党代会的举办地。这栋建筑体量庞大，难以实施爆破——光是男厕就和普通电影院一样大——同时又缺乏妥善维护。茁壮繁茂的杂草从石造观众席的龟裂处窜了出来。

我问一个卖纪念品（有啤酒杯、旗子和刀具）的老头儿，去法院的路怎么走。"你是说德国军官被绞死的地方么？"我说是的。就是那儿，他给我指了路，但我还是迷路了，只好折回酒店再问人。前台的年轻姑娘说不上来，她的领班，一位五十来岁、皮肤白得没有血色的金发女人走上前来，问我有何贵干。我把问题复述了一遍，她的嘴角沉了下来。"您去那儿干嘛啊？"她没好气地问。"那儿没什么可看的，您干嘛不参观参观我们的老城呢……"我说是想了解历史。她转身走了，"这些个外国人，"嘴里还喃喃自语。

正如先前所言，法院坚挺如故，德皇威廉时期的风格让人印象深刻。另外，法院和施佩尔设计的体育馆一样壮丽。历任法官的雕塑屹立在石头底座上，宛若一脸严肃的诸神，俯瞰着菲尔特大街（Fürtherstrasse）。大门上方有一片巨型檐壁雕刻，反映的是各式各样的权威象征：刻有罗马数字的十诫石板书，一本向上摊开、两边

第六章　历史站上审判席

树枝环绕的法典，一把桦枝丛中伸出的斧子，象征刑罚权、日后为法西斯所采用的古罗马徽章。

尽管日本人也很推崇德皇威廉时期的华丽之风（或许在殖民地比在日本本土走得更远），东京却没有类似纽伦堡法庭的建筑。设在日本、东南亚和亚太其他地区的盟军军事法庭共审理过两千多起战争罪案件。然而，自1946年至1948年底，见证了远东国际军事法庭审判二十八名日本战时领导人——也就是所谓的甲级战犯——的建筑，原本只是一所军校，在战争末期充当过日本陆军的大本营。在匆忙铺就木板后，演讲厅被改造成法庭，室内的弧光灯亮得刺眼，这让首席检察官约瑟夫·基南（Joseph Keenan）感到自己仿佛置身好莱坞影棚。为了给新市政厅腾地方，这栋建筑后来被拆毁。

不过，比起这座法院来，另一栋与审判有关的建筑更能让人触景生情——巢鸭监狱。在这儿的"死刑室"里，六位将军和一位平民在东京法庭的盟军法官宣判后，于1948年12月的一个夜晚被送上绞架。巢鸭监狱是仿造19世纪欧洲监狱的产物，1970年代被拆除。在其原址上——占星家和占卜师极力反对，说这么做会破坏风水——亚洲范围内最高摩天大楼之一的"太阳城60"（Sunshine 60）拔地而起。这是一栋闪闪发光的白色建筑，隶属"太阳城项目"，后者是一个集休闲、办公和购物等功能于一身的大型综合体。

我无意拿这些建筑风格之间的区别大做文章。毋庸置疑，日本人乐见巢鸭监狱成为历史，正如我下榻的纽伦堡酒店的前台小姐不希望人们再去探访法庭或齐柏林广场一样。然而，在我看来，日本从来就不曾拥有类似纽伦堡法庭这样的建筑。不同于火车站或政府机关，在现代日本国家里，有着繁复程序的法庭从来就不是一个占据中心地位的机构。法律不是保护人们免受专制之害的手段；相反，它的存在是为了强化国家对人们的管控。即使在今天，日本的律师群体相对而言仍旧弱小。为站在被告席上的某人辩护近乎于颠覆。正因如此，为军政领袖的所作所为追究他们的责任这一观念在日本，比在德国还要古怪。话虽如此，比起纽伦堡审判带给德国的阴影，东京审判在日本投下的阴影要长且黑暗得多。

民族主义修正派对"东京审判历史观"大谈特谈，似乎审判结果完全是狂热的反日宣传。军事法庭被人比作滥用私刑的暴徒，而日本左派因为在学校教科书和自由主义刊物中弘扬东京审判历史观，被抨击削弱了几代日本人的气概。所谓东京审判历史观，简言之就是指日本自1931年以来，在亚洲策划和发动了一场侵略战争。然而，修正派认为，这场战争其实是为了救亡图存和将亚洲从西方殖民者手中解放出来，所进行的一场悲情而神圣的斗争。出生于1945年的修正派史学家长谷川三千子写道，只要英国人和美国人继续压迫亚洲人，"和日本的冲突就是不可避免的。我们并非仅仅为了日本而战，我们的目标是打一场大东亚战争。鉴于此，中日战争和日本压迫朝鲜就格外让人遗憾。它们都是难以言说的悲剧事件"。[11]

退一万步说，修正派对几代日本人被东京审判洗脑的担心也是杞人忧天。日本学校的教科书是诸多妥协的产物，以至于它们根本看不出任何立场。正如日本所有争议事件一样，越是痛苦不堪的事，留下的记载就越少。在一本出版于1980年代、供中学生使用的标准历史教材中，提到东京审判的章节所占篇幅连半页都不到。[12]仅有的内容也只是交代审判曾发生过，并"被批评为是战胜者对战败者的单方面审判"。

西德教科书对纽伦堡审判的描述要详细得多，除此之外，其在有追溯力的反和平罪和新法反人类罪之间也做了明确的区分。[13]前者"反映了检方以及国际法庭本身存在的主要问题：反和平罪成立的前提是针对侵略战争存在国际性禁令，但这并不存在"。意思就是，因为拒绝检讨盟军自身在战时的所作所为，盟国法官奉行了双重标准。但话锋随即一转，说到反人类罪虽然有追溯性，却"对国际法的进一步发展做出了贡献"。（西）德、日教科书之间的区别不仅仅

第六章　历史站上审判席

是谁比谁更详细；而是折射出一种理念上的差距。在日本人看来，反人类罪针对的并不是类似屠犹的事件，而是任何战争中都会出现的军事暴行。有了广岛和长崎原爆造成的冲击，日本人在谈论战争罪时，感到有资格反戈一击，指责"你们也好不到哪里去"。

赫尔穆特·贝克尝言，没有多少德国人会想要抨击纽伦堡审判的过程，因为被告的罪行再清楚不过了。说这话时，他所指的是反人类罪——更确切地说，是屠犹。而德国法院在纽伦堡审判后办理的，正是大屠杀的案子。

日本从来就没有什么战争罪审判，也没有类似路德维希堡这样的地方。这部分是因为找不到可以与大屠杀完全相提并论的惨剧。纵然日军行事风格往往十分残暴，国家神道教和天皇崇拜造成的心理后果同纳粹主义一般狂热，但日军暴行属于军事行动的一部分，而不是针对一个民族（其中还包括自己的国民）有预谋的种族灭绝。另外，战争中最令人发指、与实际战斗毫无关联的一些方面，比如说驻伪满的731部队在活人（被称作"圆木"）身上进行的医学试验，却在东京审判中被略过了。1945年，731部队军医采集的信息——比如极寒试验、注射致命病菌、活体解剖等等——因为在美国人眼里具有极高的价值，他们当中的责任人只要肯交出资料，就被网开一面。部分军医在战后医学界举足轻重。吉村寿人作为在极寒环境研究领域的权威，担任了日本南极科考团的顾问。做过大量人体试验的北野政次医生则成了绿十字株式会社的社长，这是日本最大的血制品公司。

731部队的故事在日本并非完全无人知晓，因为苏联人审判过该部队的一些官兵，这段历史被写进过书里。[14]另外，1976年，日本的电视台还播放过一部以此为题的纪录片。但是多数日本人第一次听闻731是在1982年。是年，悬疑作家森村诚一发表了《恶魔的饱食》一书，这是他731部队三部曲的开山之作。[15]尽管森村事先做的调研很充分，但书名反映了其基调，而这点对吸引学者关注毫无助益。不过，三部曲在商业上大获成功，森村的作品也鼓励了其他人对此话题展开研究。他同时也招来了极右翼不怀好意的关注。

有些日本人建议日本应该自己主持战争罪审判。史学家秦郁彦就认为，日本领导人应该根据现行日本法律受审，无论是军事法庭还是民事法庭。[16] 他相信，日本法官没准会比东京的盟军军事法庭更加严厉，而收效也只会更好。如果被判有罪，被告的灵位也就不会被供奉在靖国神社内。东京审判反而"洗清了被告的'罪行'，把他们变成了烈士。如果是在国内法庭受审，很有可能真正的战犯就被揪出来了"，他说道。

这番话很中肯，但日本法庭有何依据对本国前领导人提起公诉呢？秦郁彦的答案是："因为他们发动了一场明知会输的战争。"他举了个例子，阿根廷将军加尔铁里（Galtieri）和部下在福克兰海战*中吃了败仗。简言之，他们本该因为吃败仗、给国民带来巨大伤痛被判刑。秦郁彦说得就好像德国法院在1918年把兴登堡（Hindenburg）和鲁登道夫（Ludendorff）两位将军送上了被告席一样。他的看法很有意思，但再次显示出，日本和德国发动的战争不论是在记忆还是在事实上，都有着本质性的区别。德国人也发动了一场战争，为此他们审判了譬如博格和施瓦姆贝格这样的德国人。这场战争中他们立于不败之地，除非战败，否则他们的敌人休想活命。

对于凡是和战时历史沾边的事，日本左派和修正主义右派的意见几乎统统相左，在东京审判上亦是如此。这和德国左派看待纽伦堡的态度具有可比性。小林正树于1983年推出的纪录片《东京审判》恰到好处地阐明了这点，虽然节奏有些拖沓。小林绝对不是那种会为日本对外战争辩解的人。他的扛鼎之作、1959年问世的《人的条

---

* 即"马岛海战"，英国与阿根廷围绕马尔维纳斯群岛的归属权，在1982年进行的一场战争。

件》（'人間の条件'）*对战争作出了严厉的批判。该片主人公梶是个爱好和平的青年，他同小林一样，作为在中国服役的二等兵，无奈地目睹了战争的惨烈。

《东京审判》片长四个半小时，一上来先是放映广岛和长崎的原爆，最后以那张越南小女孩赤身裸体逃离凝固汽油弹袭击的著名照片结束。影片并没有暗示小林在原则上反对审判，或者质疑其判决。但在放到审判的一幕戏时，却插入了比基尼环礁†上核试验的影像资料。另外，在日军实施南京大屠杀的片段之后——这在日本实属罕见——紧接着出现的又是广岛上空升腾而起的蘑菇云。正如德国左派在纽伦堡审判一事上的表现，小林用审判将了法官们一军。这么做不一定就是为了淡化日本的罪过。相反，他的目的是为了表现，战胜者如何背弃了他们自己强加给日本的反战主义。

日本国内还有其他看法，立场介于修正主义诡辩和"你也好不到哪里去"这一原则之间。然而，回忆起东京审判时，没有一个日本人心里会不感到矛盾。这和缺乏法律传统或冥顽不化的民族主义思想关系不大，倒是和审判自身的性质有更大关联。1970年，日本最知名剧作家之一的木下顺二创作了一部作品，把东京审判变成了一出悲情的闹剧。[17]有关审判的书籍，由日本人写就的最著名的一本出版于1974年，其以富于同情的笔触描写了某位在巢鸭监狱上绞架的文职官员，后来还作为电视剧题材被搬上荧屏，书名为《战犯：广田弘毅的生与死》（'落日燃ゆ'），作者是城山三郎。[18]

木下和城山都不是右翼修正主义者。同样，活跃于1960年代的新左派哲学家吉本隆明也不是。然而，他在1986年写道："作为同时代的人和亲历者，在我们看来，这场审判从一开始就是策划好了的。这不过是宰杀替罪羊之前的一出荒唐仪式罢了。"[19]从所有

---
* 又作《做人的条件》。——编注
† Bikini Atoll，马绍尔群岛北端的堡礁，美国从1946年到1958年共在此进行了六十多次核试验。

文字记载来看，大部分日本人就是这么看待审判的，即使他们对多数"替罪羊"都没什么同情。1948年，在经历过美国占领当局长达三年的查禁制度和对自己的歌功颂德后，人们在广播里听法庭宣读审判词时，都会以一种伤感且宿命论式的意味耸耸肩：吃了败仗就该料到会有这种结果。

但是吉本接下来的话是修正主义者绝不会提及的："我还记得，初次接触这一源自欧洲的法律观念时，心里充满了新鲜感和好奇心。这同我们亚洲法庭草草了事的司法制度有着云泥之别。不同于以往得不到公正审判便人头落地的命运，被告能够做自我辩护，而谨慎下达的裁决看来遵循了公开透明的程序。"

吉本的回忆既客观中肯，又充满杀伤力，因为他直指审判失败的原因。经过操纵的政治审判——即"荒唐的程序"——损害了欧洲法律理念的价值。拿约瑟夫·基南的话来讲，审判的好处在于，"历史上，国家首脑们首次由于其职责所犯下的罪行被绳之以法"。——很不幸，基南这句话是口误，因为国家首脑只有一个，就是天皇，但他却缺席了庭审。东京审判唯一的模板是纽伦堡，而其审理过程并不总是能一碗水端平：对辩方有利的证据有时不被采信，而对检方有利的证人则得到青睐。不过，和纽伦堡一样，审判还有一个更为公开的目标：为日本人，乃至全世界，上一堂历史课。

检察官之一的弗雷德里克·米尼奥内（Frederick Mignone）曾有几分装腔作势地说："在日本，以及整个东方世界，这场审判是军事占领期间一个最重要的事件。它在日本媒体那里得到了铺天盖地的报道，而且头一回向几百万日本人展现出，他们地位牢不可破的军国主义领导人是多么阴险狡诈，多么阳奉阴违，对权力多么如饥似渴。这为历史留下了一份亟须的档案，倘若没有审判的话，则根本不会留下什么记录。"[20]

的确是亟须，因为当时人们所知甚少。政治学者石田雄当时还是学生，他"永远也不会忘记，在听闻帝国陆军攻占南京不久后实施了大屠杀时,自己有多么震惊"。[21]部分庭审内容甚至让被告自己也吃惊不小。板垣征四郎将军为人特别残暴,曾掌管东南亚的战俘营,他麾下的部队屠杀过不计其数的中国平民。板垣在日记中写道:"我听说了一些之前连我都一无所知的东西,也回想起了原本已然淡忘的事。"审判结束后,《日本时报》指出其内在缺陷,但是随即补充道:"日本人民务必认真思索,为何他们的观点与世人几乎普遍接受的共识之间,存在如此巨大的鸿沟。日本的悲剧属于自食其果,而这一认识上的鸿沟,正是造成悲剧的根源。"

时至今日,这道鸿沟依然存在。沉浸在事后之明中的今人也许只会得出一个结论:审判并未促使日本人了解和接受他们的过去,反而让他们滋生出一种愤世嫉俗和愤愤不平。政治审判造就的是政治化的历史。修正主义者在谈论东京审判历史观时,说的就是这个意思。他们没有说错,尽管结论大谬不然。炮轰审判不一定等同于否认日本的罪行,这点正是木下杰作的中心思想。

《神与人之间》('神と人とのあいだ')由两部分组成。第一部分"审判"是基于真实法庭记录呈现的东京审判。因为有几幕展现盟军矛盾心理的戏,比方说介绍广岛原爆,或苏联很晚才对日宣战(原爆后两天)等比较微妙的事件,所以很有看头。政治上的难堪被荒谬的法律术语掩盖起来。对该剧这一部分的常规解读是其再次祭出"你也好不到哪里去"的说辞,企图淡化日本罪行。而通过强调法庭的虚伪,木下似乎是在否定审判结果。然而,除此之外也有其他可能的解释。剧中的日本被告虽未开口说话,但可以看到他们坐在台下。因此,真正坐在被告席上的实际上不止这二十八个人,亦包括观看该剧的日本观众。很明显,该剧不光是对审判过程的一种控诉,作者并未轻易放过观众。

该剧第二部分为"南洋的浪漫",讲述的是某人代人受过,被判处绞刑。这则故事很有典型性,无疑具有深刻的现实基础。讲故事的是个音乐厅歌手。这场近乎于闹剧的审判是对东京审判的荒诞戏仿，证人席上坐着叽叽喳喳的猴子。审判以一种梦境的形式被还原出来。噩梦一结束，所有人都想将其忘得一干二净。只有音乐厅歌手不愿忘记，也只有她拒绝抱怨审判不公："如果这一切都建立在审判是闹剧的基础上，那谁又能从中吸取教训呢？"

木下这部剧看似在为日本的罪行开脱，实则比那两部反映战争罪审判的德国话剧更深入地探讨了罪行和报复的问题。另外，讽刺的是，该剧比两位欧洲人的作品更能凸显基督教的影响（木下曾是基督徒）。彼得·魏斯和罗尔夫·施耐德触及的是纳粹罪行背后的政治根源。魏斯力图表达是什么造就了像博格这样的施虐者。二者都没有质疑审判的正当性。但是木下的主旨不太一样。他的剧显示出，集体罪责和真相拷问不能依靠战争罪审判来解决。这种方法纯粹是错误的。与之相比，甚至音乐厅里刻意的说笑还显得更为恰当。然而，单单斥责这是"胜利者正义"是不够的，因为这么做对帮助人们正视过去无济于事，只是另一种逃避。另外，东京审判的二十八名被告，或者官阶较低的成千上万名战犯是否有罪，根本不能称之为问题。反倒是坐在观众席上的我们，更应该审判自己的罪过。

* * * * *

东京审判效仿的是纽伦堡审判，似乎日本在亚洲的战争同希特勒的战争大体上并无二致。可是，就连法官也承认，日本被告并不是东方的纳粹。东京军事法庭庭长威廉·韦伯爵士（Sir William Webb）就认为："德国被告的罪行要比日本被告骇人听闻得多，种类更多，范围也更广。"换言之，在纽伦堡，除了反和平罪外，几乎所有被告都被宣判犯下了反人类罪。可是，仅有一半日本被告因为政治罪行被判无期徒刑。

作为检察官之一的弗兰克·塔文纳（Frank Tavenner）表示："站

第六章 历史站上审判席

在纽伦堡军事法庭上的是权势熏天的恶棍团伙,他们是罪恶环境里的渣滓,除了在作恶多端方面训练有素之外一无是处。但日本被告按理说应该是国家精英,是诚实而可信的领导人,人民可是放心地把国家的命运托付给了他们……"[22]

责任问题在日本永远都是件麻烦事,因为在这个国度,形式责任比实际的罪孽更容易认定。不光是因为许多人——比如木下剧作里的主人公——为上峰的所作所为顶了包,这在日本黑帮中间很常见,在政界或商界亦是如此,而且最上面那些人往往根本无力控制行为不检点的下属。亚洲各地匆忙组建了军事法庭,但法官们都对日本国情毫无认知,因此,他们在认定日本指挥系统内部谁应该负什么责这一点上力所不逮,也就不足为奇了。这也就是为什么在日本,人们如此同情那些外国人眼中的战犯,特别是所谓的乙级和丙级战犯。这些人只是奉命行事,或者向下属发号施令,譬如战地指挥官、营地看守等等。

1953年,一场要求释放所有日本战犯的运动征集到一千五百万人的签名。驻东京的西德大使馆向波恩的联邦司法部发去了一封电文:"鉴于审判结果是战胜者单方面下达的,有打击报复的成分,日本人因而认为,举行战争罪审判的实际目标从未实现。(日本)战犯并未意识到自己是戴罪之身,他们觉得自己的所作所为是战争行为,是出于爱国才如此为之。"[23]

1953年也出了不少电影,譬如《太平洋之鹫》。影片将战时领导人描绘为烈士或热爱和平的英雄。"太平洋之鹫"说的是偷袭珍珠港的策划者和执行人、海军大将山本五十六。山本从许多方面来看其实是个温和派,值得敬佩。与他相比,山下奉文将军则没那么温和,当然,他无疑是"袋鼠法庭"*的受害者。同山本一样,山下也是一部英雄崇拜电影的主人公。在他的指挥下,日军在菲律宾犯

---

* 即 kangaroo court,意指跳过正常法律程序的法庭。

下了罄竹难书的暴行。1945年的马尼拉浩劫同南京大屠杀一样惨绝人寰。因此，影片将他描绘为一位爱好和平的绅士，而将马尼拉的美国检察官塑造为几大反派之一，这一审视过去的思路似乎很不合情理。

但这么看并非全然没有道理，因为审判的确是受到了操纵。[24]山下无疑是个强悍的军人，但就事论事，他和远在马尼拉大开杀戒的部队相隔十万八千里，根本无从知晓正在上演的惨剧。然而，美国检察官公开表明他一心想把"日本鬼子"送上绞架。麦克阿瑟将军也欲为丢失菲律宾一雪前耻。于是，他加快了审判进程，并在美国最高法院两位大法官表达不同意见之前，就决定判处山下绞刑。大法官称其"跳过正当的法律程序动用私刑"。山下的死刑判决于珍珠港事件纪念日当天下达。有了这种先例，很少有日本人还有胃口自己来举行战争罪审判，即使是那些认为把脏水都泼到"军国主义者"头上比较省事的人，也是如此。

政治理论家丸山真男管战前的日本政府叫"不负责任的体制"。[25]他勾勒了三种政治性格：供人抬的"神轿"、"官吏"和"浪人"。其中，"神轿"居于最高地位，是至高无上的权威象征，由"官吏"负责抬扛（比如节庆期间的抬神轿活动）。"神轿"是一种标志，但那些扛它的"官吏"才是掌握实权的人。然而，一干"官吏"——包括官僚、政客、海陆军将领——常常被最底层的"浪人"玩弄于股掌之间。这些人里有军事冒进分子、头脑发热的战地指挥官、狂热的民族主义分子等暴力论者。这一不负责任的体制造成的后果是，政治因果关系完全从视野中消失了，历史就像一根没头没尾的线绳，串满了既成事实，有的只是一段又一段处于压迫中的沉寂。偶尔，它才会被突如其来的神秘风暴打断，这可能是外来的邪恶势力、大自然，或者正如日本修正主义教父林房雄所说的，是"历史的残酷无情"。

东京法庭被告席上的甲级战犯是"官吏"，亦是"神轿"。他们

第六章 历史站上审判席

用肩扛起至高无上的"神轿",也就是天皇。但反过来,他们自己也被地位较低的人抬着,还会受到"浪人"的操纵。政治责任就像一曲"无穷动"(perpetuum mobile),循环往复,起起伏伏,就是停不下来。1930年代,这一体制终于失控,接二连三的事件由狂暴的浪人挑起,紧张的官吏出面应对,一切终因"神轿"的神圣地位得到合理化。说到这儿,我们触及问题的本质,扮演"神轿"的是谥号昭和天皇的裕仁,所有战争罪行名义上都是为了效忠天皇,但东京审判却对这点置之不理。

1990年夏的南京之行后,我邂逅了四十出头、风姿绰约的佐伯裕子。她是撰写日本古诗词的诗人,作品体裁是短歌,讲的都是令人哀伤的家庭蒙羞史,风格极致简约,比如这首:

> 父亲醉了,脸红得像个石榴,
> 就在爷爷被处决后的那一天。
>
> 我们守在一起,一家人,
> 我们的喉头哽咽,在爷爷走后。

佐伯女士是土肥原贤二将军的孙女,土肥原有个别名,叫"满洲里的劳伦斯",他因反人类罪、反和平罪和一般意义上的战争罪行,于1948年在巢鸭监狱被处以绞刑。此人很不寻常,虽位居要津,却是个典型的"浪人",曾涉足恐怖行动、毒品走私,以及集中营管理等勾当。作为伪满洲国关东军的指挥官,土肥原是策动侵华战争的推手之一。

佐伯女士的父亲无法承受身为土肥原贤二之子的压力;他频繁换工作,并因为酗酒成性英年早逝。佐伯女士在念小学时也因此受人欺凌(不过这种事在她就读贵族高中后就没再发生过)。她曾满心希望天皇能拯救自己,因为老师教导过她,天皇是"我们大伙儿的父亲"。但父母告诉她,再也指望不上天皇了,因为日本战败了。"我们现在必须自力更生,"母亲说。即使如此,天皇的画像仍旧高挂在家里的墙上,直到1950年代她上高中时才被撤了下来,换上詹姆斯·迪恩*的海报。

佐伯女士自感家门不幸。家庭经历变故后,她为权力的变化无常感到愤愤不平。她对天皇一直有着十分复杂的感情。她说,全赖天皇,人们才会在东京审判时对罪行问题避而不谈:"被告都是他的子民。日本人对于像我外公这样的甲级战犯很少抱有同情,这是事实,但乙级和丙级战犯却被视为受害者,他们只是执行了天皇的命令。"好在天皇已经归西,这让佐伯女士的气消了不少。

她对自己身为土肥原贤二孙女这点并不感到自豪,相反,年少时对此很是不齿,但自己十来岁的儿子看法不同。他对曾祖父和一切同战争有关的事情都很着迷。佐伯女士说,儿子很聪明,但民族主义心理很强,拒绝承认东京审判历史观。当他和朋友一起观看小林正树的《东京审判》时,会夸口说自己是土肥原贤二的曾孙。佐伯女士说,那时她意识到,真是今非昔比,世道不同了。

裕仁天皇不是希特勒,希特勒可不仅仅是一台"神轿"。不过,天皇崇拜、不负责任的体制所造成的致命后果,在东京审判期间倒的确有所展现。日本人的意识形态虽然并不包含"最终解决方案",但在种族主义的程度上和希特勒的国家社会主义难分高低。它即便没有驱使日军大开杀戒,也为其野蛮行径提供了合法性。日本人可是亚洲的"主宰者民族",是天神的后代。史学家家永三郎讲过一个故事,故事发生在1930年代,一个日本小学生怯于解剖活青蛙,老师用指关节狠狠在他脑袋上来了一下,骂道:"为了一只破青蛙,至于哭成这样?你长大后可还要去杀一两百个支那人呐。"[26]

一位参加过侵华战争的老兵在电视访谈节目上说,他之所以杀

---

* James Dean(1931—1955),好莱坞著名影星。

起中国人来能丝毫没有良心不安，只因为他根本不把他们当人看。杀人甚至还有一层宗教意味，因为这是"圣战"的构成要素。弗朗西斯·斯科特上尉是巢鸭监狱的牧师，他问日本战俘营指挥官，为什么要虐待战俘。他总结了日本人给出的答案："他们相信，但凡与天皇为敌的人都不是好东西，因此，他们越是残忍地对待战俘，就越能显示出自己对天皇的忠心。"[27]

裕仁天皇是个影子人物，战后，他褪下一身海军服，换上了灰西装。他和希特勒在性格上并不具备可比性，但发挥的心理作用却有着惊人的相似。米切利希夫妇曾将希特勒描绘为"一个德国人既仰仗、同时也转嫁责任的对象。因此他是个被投注情感能量的内在客体"。[28] 于是乎，希特勒象征并重振了无限权力的思想，这是我们所有人打小就梦寐以求、并希望自己也能掌握的。日本的帝制大抵也一样，不管坐在皇位上的是无情的战犯，还是和蔼的海洋生物学家。

然而，1945年后，麦克阿瑟将军选择保留的恰恰就是这种权威象征，这一最神圣的"神轿"。顺便提一句，这也是日本开出的投降条件之一。但是，这个要求被盟军拒绝了，他们继而摧毁了广岛和长崎，逼迫日本就范。1945年后，人们担心的是，一旦没了天皇，日本将变得无从治理。但实际上，麦克阿瑟摆出一副传统日本政治强人（许多日本人因此很崇拜他）的做派，利用帝制象征巩固自己的权力。结果，他扼杀了日本民主制度运转的希望，并严重扭曲了历史。因为若要保留天皇的话（起码可以迫使他退位），裕仁的过去就不能沾上任何污点；可以说，象征物必须和以其名义犯下的罪行撇清干系。

保留天皇也许让日本变得更易治理，也许没有，但这么做激起了极大的民怨。1987年，原一男拍摄了一部惊世骇俗的纪录片，片子围绕帝国陆军退伍老兵奥崎谦三展开，片名叫《浩荡的神军》（'ゆきゆきて、神軍'）。奥崎曾在新几内亚服役，军衔二等兵。战争末期，奥崎回国后，得知排里的两名年轻战友稀里糊涂地被指挥官枪毙了。奥崎执念于此，发誓要弄明白事情的来龙去脉，因此决定去寻找所有生还者。

奥崎的行为少说也算得上怪异。他曾因用弹珠射天皇、散发印有天皇淫秽漫画的宣传册蹲过大牢。他开着一辆面的，在日本四处巡游，车身挂满了横幅和口号，要求天皇为将百万青年送上绝路道歉。拿他自己的话来讲，他之所以努力追寻事情真相，是为了"告慰那些为天皇捐躯的英灵"。

奥崎既不是基督徒，也非佛教或神道教社团成员。他信奉自己所谓的"奥崎教"，这是一种自然法则和无政府主义的结合体。我们所能想到与之类似的文学人物不是日本人，而是德国人，即克莱斯特(Kleist)笔下的米夏埃尔·科尔哈斯*，一个来自勃兰登堡州的马贩子，他一心想讨个公道，却引发了谋杀和骚乱。

原一男的手持摄像机自始至终跟随着奥崎的脚步，拍摄的影像晃动而模糊。观众永远也不知道剧情接下来将如何发展。人物的行为一直处在混乱边缘。一幕中，奥崎怒踹一位病怏怏的老战友，因为后者不肯说实话。另一幕中，他与昔日的长官扭打在一起，两人双双倒地。警察试图拉架，但奥崎让他们少管闲事。他对权威的反感——不管是何种权威——从影片开头就十分清楚。奥崎说，警察和打仗时的军人没什么两样，最大的能耐就是服从命令。但是，尽管面对无穷无尽的谎言和推诿，渐渐地，不堪入目的真相一点点浮现出来。两名青年并非像人们认为的那样，因为临阵脱逃被枪毙。排长下令杀死他俩，是打算吃他们的肉。杀死袍泽以食其肉这种事并不多见，一般说来，被吃掉的多为土著和敌军士兵。但这些人不

---

* Michael Kohlhaas，德国作家克莱斯特作品《马贩子科尔哈斯》中的主人公，因为随从被打，马匹被容克贵族强行征用，且备受虐待，爱马如命的科尔哈斯气愤难平，走上了民告官的道路，但从未胜诉，处处碰壁的他于是选择了暴力反叛，最终落败后被处死。

第六章　历史站上审判席

是经常碰得到，况且两位二等兵也不讨排长喜欢。当然，排长自己从未承认过。事情真相只能通过他人叙述一点点拼凑出来。

但光找出真相还不够，奥崎想要老排长亲口承认。无休无止的谎言让奥崎愤怒。排长是个臃肿的老头儿，住着宽敞的大房子，生活没有亏待他。奥崎一把揪住他，喝令他必须坦白交代，为自己的所作所为负责。老头儿说事情不是奥崎想的这样，要知道，那可是战争，当时那种情况下，他只是履行了作为日本军人的职责。奥崎怒骂道："你只会拿这个当挡箭牌！要我说，人类不负责任的最高象征就是天皇，接着是效忠他的军官，比如你这号人……"影片结尾，奥崎本想一枪毙了排长，但打偏了，子弹击中了排长的儿子。他说，这就叫天道。他自己也领教了天道，被判终身监禁。

裕仁天皇不仅逃脱了东京审判制裁，法庭甚至都不能传唤他出庭作证。日美两国达成协议，最高"神轿"不得受一丝牵连。阿瑞斯蒂德斯·乔治·拉萨鲁斯（Aristides George Lazarus）是某位将军的辩护律师，他被要求安排让"军人被告和他们的证人在陈述过程中特地指出，在召开商讨军事行动和方案的会议时，裕仁只是按照惯例不得不出席，他的存在不具备恶意"。[29] 毫无疑问，其他律师也接到了类似的指示。

庭审过程中，计划只有一次险些出错。首席检察官基南在盘问东条英机将军时，后者承认，"没有日本臣民敢于违抗天皇的旨意"[30]。尽管麦克阿瑟精心布置，但这一幕出乎意料。审判中，基南还被迫诱导另一被告木户男爵*——他负责保管御玺，战时大部分时间是与天皇走得最近的幕僚——设法让东条改变证词。东条向来对天皇忠心耿耿，一周后改口了。他说："听了最高指挥部给出的建议，天皇才很不情愿地同意开战。"然而，他补充道："直至战事开启前，天皇从未改变对和平的热爱和期盼，甚至在战时，他的这

---

* 即木户幸一（1889—1977），昭和时期政治家。

一信念也未曾动摇。"

这里的关键不是说多数日本人希望看到天皇上绞架，或乐见他出庭受审。问题在于，天皇的罪行问题远远超出了历史公案的范畴。毕竟，作为压制言论自由和政治问责的工具，帝制一直被沿用至战争末期。倘若不检视天皇在战时的角色，"不负责任的体制"就无法昭然于天下，如此一来，它就很可能会以另一种方式延续其存在。

帝制的早期批评者意识到了这点。[31]1946年，左翼电影导演龟井文夫拍摄了一部名为《日本的悲剧》的影片，对天皇的战时角色有过激烈的批判。刚开始，美国审查人员没看出这部由新闻资料片、相片和报纸报道东拼西凑、剪辑而成的作品有何不妥之处，但是经过一次内部放映后，首相吉田茂向军事情报处负责人查尔斯·威洛比（Charles Willoughby）将军告了一状，说这部电影有颠覆性。威洛比表示同意，影片因此被禁。1984年，《日本的悲剧》再度公映时，龟井与电影史专家平野共余子一同出席了放映式。龟井告诉她，差不多在电影被禁的时候，日本人停止了对裕仁天皇战争责任的积极讨论。这让日美官方感到欣慰，而受益的还不止他们。只要天皇还活着，日本人就会在坦白过去一事上扭扭捏捏。因为天皇对发生的一切均负有正式责任，而通过免除他的罪责，所有人都得到了赦免，当然，部分军人和平民替罪羊，即"官吏"和"浪人"要除外，正是他们，沦为了"胜利者正义的牺牲品"。

第七章
教科书风波

德国

在《美国羊栖菜》里，野坂昭如描绘了1945年日本小学生眼中的世界。战时学英语没什么用，历史老师说过，只要知道"Yes"和"No"就行了。[1] 1941年，山下奉文将军要求驻守新加坡的英军无条件投降时，只对白思华将军（Gen. Percival）喊了句："Yes还是No？"但战争既然已经结束，是时候学会说"三克油"（谢谢）和"一刻斯库私密"（劳驾）了。

历史老师过去常说，白思华将军是典型的白人：别看他个头高，但膝部软弱无力。打架的时候，只要是个日本人就能把白人放倒，因为日本人有强壮的大腿。白人弱不禁风，老坐椅子，而日本人坐的是榻榻米，练就了肌肉力量。然而，待到战争结束后，历史——突然被重新命名为"社会研究"——老师改口了："瞧瞧那些个美国人，他们的平均身高是五英尺十英寸。我们呢，只有五英尺三英寸。相差的七英寸决定了一切，我相信这身高的差距正是我们战败的原因。根本性的体力差距，势必会在国力上体现出来。"男孩们不明白老师干嘛这么说,"但是他太擅长巧言令色这套了,让人吃不准他的话能否当真。也许他这么说,只是为了掩饰自己的尴尬吧,毕竟手里拿着被审查官员涂黑的教科书,过去宣扬神圣日本,一转眼却在大谈民主日本"。

结果,没人再相信老师说的一个字了。他们一天前还吹嘘日本人是天神下凡的民族,誓与美利坚-盎格鲁妖魔战斗到最后一人,妇孺也不例外,人人有责。一天后,就满嘴都是"三克油"、"一刻斯库私密"和"德谟克拉西"了。

动身前往东柏林郊区拜会两位高中历史教师的时候,我想起了野坂的这部中篇小说。就在两年前,由工农兵组成、和苏联老大哥团结一致的反法西斯共和国,刚刚和同美国结盟的资本主义联邦德国合并。政治局势天翻地覆,作为其基础,历史也得来个一百八十度大反转。对此,老师将如何解释?学生中又有谁还会相信他们的话呢?

看样貌,莱恩太太和纳斯太太都是四十来岁。纳斯太太是校长,曾是共产党员。莱恩太太没入过党,因此一直当不上校长。两个女人都有一张聪明而严肃的脸庞。头发简单地梳在脑后,露出苍白的额头。她们的着装很朴素,同表情一样一本正经:脚蹬大头鞋,身穿厚毛衣。教学楼年久失修,牛粪色的墙壁上有因渗水留下的裂痕。我们相约在一间冰冷的房间,屋里有股卷心菜味儿。

我跟她们讲了野坂的故事。两人耸耸肩,面面相觑。年长的纳斯太太先开口。她说,1945 年,她们所在的德国不存在诸如此类的问题。在苏战区,90% 的老师都被开除了,1949 年后硕果仅存的那些铁定是反法西斯主义者。至于说 1990 年,她俩任教的学校相对而言也没碰到什么问题,因为都已经变得十分民主。说到这儿,两人不约而同地用力点点头。

当然了,她接着说道,某些历史还是不能言说。比方说,波兰军官遭屠戮的卡廷森林事件就提不得,同样禁忌的还有《莫洛托夫-里宾特洛普条约》(Molotov–Ribbentrop Pact, 即《苏德互不侵犯条约》)。"我们对这些事并不知情,"纳斯太太说道,"我们只说对的话,这点您务必要认识到。我们只是绕过特定话题罢了。"

从民主德国的旧版教科书来看,这种说法并不确切。1939年签署的《莫洛托夫–里宾特洛普条约》使纳粹德国和苏联得以瓜分波兰,这在教科书里确有提及,但是得到了一种特定的解释。我在莱恩太太给我的历史教科书里查了查,145页上这样写道:"《苏德互不侵犯条约》……以牺牲苏联为代价、解决帝国主义体制内部矛盾的这一计划泡汤了。苏联挫败了组建一支强大反苏同盟的目标,遏制了德国人在东欧的侵略。这份条约确保苏联能得到两年的和平,借此建设防御力量。"[2] 苏联侵略波兰不是为了抢夺波兰人的领土,而是"保护乌克兰和白俄罗斯人民的生命和自由免受法西斯侵害"。

年轻读者在读到这段文字时,被要求回答印在留白处的两个问题:《苏德互不侵犯条约》有何意义?"以及"为何时至今日,帝国主义理论家们依然憎恶这一条约?"莱恩太太和纳斯太太的任务就是要把政治观正确的答案教给学生。

"当然了,"纳斯太太说,"我们必须告诉孩子们,今天给他们讲的一些事,我们过去真的不知情。他们接受了这一说法,表示能够理解。可就算在过去,他们也心知肚明,连我们自己都不相信跟他们说的那套鬼话。我们生活在柏林,所有人都收看西方电视节目。大家都是明白人,只是不说出来罢了。"我不由想起所有看过《大屠杀》的东德人,他们没法讨论剧情,是因为本就不应该看。

"这里不存在什么罪行问题,"莱恩太太说道,"我必须告诫学生,让他们在学校组织去波兰和捷克斯洛伐克时表现得规矩点。我得说明,那儿的人依旧视我们为挑起战争的罪魁祸首。您瞧,什么兄弟情谊、团结友爱都是胡扯淡。他们依旧恨我们。但我的学生觉得这难以理解,他们真心不懂。他们当中有个人因为穿着德国国旗颜色的百慕大短裤,结果在华沙街头叫人给打了。"

那么现如今呢?我问,学生们是否接受了另一种历史阐释?两人不屑地翻了翻白眼。

"他们变得很被动，"莱恩太太说道。"再也不向我们提问，"纳斯太太接话道。"没有批判思维，只管看录像。"没错，莱恩太太插话进来，"而且年龄较大的孩子只是耸耸肩，不解自己为何要关心。他们会说，'这有什么意思呢？'"

接着，西德送来了新版教材。莱恩太太和纳斯太太怎么看待这些书？

"哦，"纳斯太太开口道，"看着不错，至于内容嘛，哎……"

"一无是处，"轮到莱恩太太发言了，"十分肤浅。"

我请她们说得具体些。

"对于战争及其为何会爆发等问题探讨得还不够，倒是犹太人占了很大的篇幅——但所涉之事又都很肤浅，既没框架，也没背景……"

我很好奇，她们期待看到的是什么"背景"，她们是否怀念马克思主义关于垄断资本是希特勒法西斯主义根源的论断？

"噢，"两人异口同声地答道，"我们就是相信这个。是那些从垄断资本主义当中获益的人发动了战争。这是明摆着的。我们还是会这么教学生。但您知道问题出在哪儿：学生对昔日民主德国和一个新的联邦德国间历史根源的区别很敏感。难就难在，我们得让他们自己拿主意。"

* * * * *

东德历史书对二战的主要立场在两篇短文中可以得到归纳，它们均出自莱恩女士提供的课本。其中一篇提及了 1935 年在布鲁塞尔召开的德共代表会议："因为希特勒政权是由大资产阶级中最反动、最好斗之徒组成的专制统治，其客观上就违背了不同阶级大多数人的利益。针对希特勒专政的斗争因此必须以建立一种反法西斯民主秩序为目的。这一目标符合民主和爱好和平的各股力量的利益。倡导建立这一广泛同盟的是德国共产党。"

另一篇文章提到了德共在战后的第一项举措:"就在反希特勒同盟的大军从东西两线迫近德国边界之际,身处抵抗组织、集中营或流亡海外的共产党人已经在为一个民主、热爱和平的德国打基础,只等法西斯政权被推翻的那一刻。"

莱恩太太和纳斯太太的学生怎么可能有负罪感?他们出生在这个民主且热爱和平的德国,他们可是抵抗力量的后代。他们的长辈跟希特勒政权斗争过(斗争的对象不是德国甚至不是纳粹德国;善良的德国一直存在,存在于地下,存在于海外流亡人士中间,也存在于共产党人中间)。在德国漫长而动荡的历史长河中,第三帝国这段往事不是一次悲剧性的背离,它也并非脱胎于德国理想主义(German idealism)阴暗一脉的必然产物——事实上,德国理想主义者中那些沙文主义色彩最浓厚的,譬如《对德意志民族的演讲》(*Addresses to the German Nation*)一书的作者约翰·戈特利布·费希特(Johann Gottlieb Fichte),或人称"体操之父"的弗里德里希·雅恩(Friedrich Jahn),在民主德国都是备受尊崇的伟人。恰恰相反,第三帝国的历史首尾一贯,遵循颠扑不破的历史法则。"希特勒政权"只不过是资产阶级资本主义最残暴的终极阶段。正如某位东柏林喜剧演员所言:过去属于西德,未来属于我们。

东德教科书所选的插图验证了这种看法。里面印有共产党抵抗英雄的画像,比如统治东德将近二十年的埃里希·昂纳克(Erich Honecker),以及1941年临刑前高喊"共产党万岁!"的海因茨·卡佩勒(Heinz Kapelle)。俄国女游击队员索娅·科斯莫德米杨斯卡娅(Soya Kosmodemyanskaya)的照片也赫然在列,她在莫斯科附近就义前也曾高喊:"同志们,坚持斗争,无所畏惧!"除此之外还有希特勒的照片,他身旁簇拥着实业界的大佬,点明了抵抗力量要对付的是哪类人。除开一两张东线战场上的苏联军人外,关于战争本身的照片很少。集中营的照片倒是有几张：几乎全部摄于布痕瓦尔德，那里关押着不少共产党人。不过，其中一张里，一名苏联兵正和一个身穿集中营条纹囚服的囚犯握手，这一幕断不可能发生在布痕瓦尔德，因为率先赶到那儿的是美国人。

暴行和种族灭绝在这些文字当中的地位，没有苏联解放者和共产党起义者的英雄气节来得明显。民主德国的孩子不会被要求对父辈或祖辈所犯罪行进行忏悔或反思。奥斯维辛不是他们自我认同的一部分，他们受到的教导是向英雄看齐。

诚如莱恩太太和纳斯太太所言，西德教材展现的是迥然不同的过去。这种过去肯定会让那些"并不知情"的人感到震惊。联邦德国的课本里鲜有抵抗主义英雄的照片，大屠杀的照片倒是有很多。几乎每本教材里都配有一张著名的照片：党卫队军官脚蹬锃亮的皮靴，笔挺地站在比克瑙的火车站匝道处，挑选出要当即处决的犯人。对纳粹文献的引用十分详尽，我们甚至可以看到某个具有代表性的集中营惩戒规则、1935年的《种族法》、戈培尔或戈林的演讲文，以及海德里希就1938年"水晶之夜"所作的官腔浓重且故弄玄虚的报告。

带着全班学生旁听施瓦姆贝格案的中学老师伯恩德·韦茨卡告诉过我，西德的学校按照惯例，建议老师每年讲授六十小时左右的纳粹历史。韦茨卡是历史老师，在施瓦本地区的一个小镇上教书，镇子铺着卵石路，一座中世纪古堡与成排的17世纪房屋相映成趣。他带着我参观犹太公墓，我俩来到一对兄弟的墓前。哥哥是德国军官，一战中阵亡在法国；弟弟于二十五年后死在了特莱西恩施塔特（Theresienstadt）这一"模范"集中营内＊。

我同韦茨卡和他的女友一起啜着茶，后者也是教书匠，三十出

＊ 特莱西恩施塔特集中营位于捷克境内，纳粹当局将其宣传为"模范犹太人保留区"。前期一些享有特权的知名犹太人在此处居住，后成为奥斯维辛等集中营的中转站。1944年，为了迎接国际红十字会的来访，纳粹宣传部门特意举行"美化运动"，拍摄了纪录片《元首赐予犹太人一座城》，掩盖犹太人遭到种族灭绝的大屠杀真相。——编注

头，比韦茨卡年轻十岁左右。两人都说自己的学生对纳粹时期有着浓厚兴趣。比对民主德国的兴趣还要大么？"绝对要更大，"韦茨卡说，"因为我们真心不觉得东德——譬如斯塔西这种东西——是我们民族历史的一部分，反之，第三帝国则肯定是。"

韦茨卡的父母都是随大流的人，换言之，他们过去都是微不足道的纳粹。父亲在武装党卫军（Waffen SS）服过役，参加过东线战事；母亲是希特勒少女联盟里的积极分子。老爷子至今仍保存着饰有纳粹党徽的铁十字勋章。韦茨卡感到很难和父母探讨过去，老师也没怎么给他讲过。那些战时尚年幼的人没有倾诉的需求，而战时业已成年的人则不愿提及往事。不过，有位韦茨卡不太喜欢的老师，这个老头儿打仗受过伤，为人专横霸道。一天孩子们问起第三帝国是怎么回事的时候，他突然情绪崩溃，放声大哭。"我们都有罪，"他边哭边说，"我们看到墙上'宰了犹太人'的标语，却袖手旁观，什么也没做，我们都有罪。"

区别于民主德国的做法，负责编写联邦德国教科书的并不是联邦政府遴选的学者。每个州的课本都不一样。出版商将需送审的课文递交至州政府，后者任命教师委员会（委员由家长和学生推荐）审查内容。原则上讲，课本通不通得过，取决于其是否符合宪法，和意识形态没有关系，只要合乎宪法和教育法，就能通过审批。

教育法某一条款明确规定，教学材料"不应阻碍学生形成自己的主见"。以巴伐利亚州一本典型的高中历史教材来看，这一条款得到了严肃的对待。[3] 课本每一章节的提问用意不在考验政治正确性，而是鼓励学生独立思考。比方说，书里摘录了一段法学家卡尔·施密特（Carl Schmitt）的话，他在写于1933年的这段话里为纳粹党的法律地位做了定性。他认为，纳粹既非私人组织，也不是国家，它自成一体，法庭无权过问。紧随这段引言之后的，是党卫队军校某校长于1937年所作的一篇演讲词。作者告诉学员，他们将要成为新型希腊城邦国家里的贵族，只对希特勒唯命是从。学员在读完语录后，被要求围绕"在一个建立于错误规范之上的国家，个体应如何行事"这一问题展开讨论。

诸如此类的课堂讨论是否有效，很大程度上取决于教师。韦茨卡有些吃不准，除了讲述事实外，还应怎样探讨第三帝国，又如何分析其意义？他的女友更青睐后现代式的教学法。她倾向于让学生阅读希特勒的演讲，对之进行解构，分析听众为何盲从于他。韦茨卡因为年龄大出她一轮，很难接受"特殊道路"（Sonderweg）的理论。这种看法认为，德国历史发展的轨迹独一无二，存在致命缺陷。他觉得，"很难说纳粹主义是不是德国人的专利，不如跟孩子们讲，当某一特定群体为多数人所厌恶时，局势会急剧恶化。也许这样来得更好"。

或许这就是两位东柏林教师所说的缺乏"框架"的含义。然而，西德教科书还是有框架的，虽然同共产主义国家的宣传不一样，但在某些重要方面却和东德的课本别无二致。巴登-符腾堡州的高中老师人人分到一本手册，上面详述了给孩子们讲授"国家社会主义专政"需取得的成果："学生应了解希特勒的外交政策，以及专政是如何建立的。他们还应了解纳粹实行迫害和大屠杀体制的惨无人道。在认识到'第三帝国'的极权特征后，学生必须承认，我国的自由民主秩序保障了我们的基本权利。"该手册强烈建议组织参观集中营。

这么做是为了促进于尔根·哈贝马斯（Jürgen Habermas）所谓的宪法爱国主义（Verfassungspatriotismus）："宪法爱国主义是唯一能让我们不与西方疏离的爱国主义。令人悲哀的是，基于信仰而生的对普世宪政原则的忠诚，只有在奥斯维辛之后——也端赖奥斯维辛——才在德意志这支文化民族（Kulturnation）中树立起来。"[4]

这种做法，我们也许能称之为历史研究的社会科学思路。学生再也不用被要求对国旗、歌曲、英雄或某种精心打造的历史延续性

第七章 教科书风波

的观念产生认同。认同对象换成了自由民主秩序。无论在形式上还是实质上,这都和东德的社会主义秩序形成了反差,因为这个社会主义国家不相信个人基本权利,而是秉持为集体理想献身的信念。为了灌输这种信仰,使用的却尽是旧政权的那套繁文缛节:旗帜、火炬游行、伟大领袖、军事化青年团体,等等。崇拜共产党抵抗领袖,就是崇拜名义上由他们所创立、实际上间或由他们所支配的国家。哈贝马斯和西德课本编写者构想的宪法爱国主义则明确反对国家崇拜。在哈贝马斯看来,既然自由爱国主义"端赖"奥斯维辛才能产生,这就意味着要斩断和过去、和"文化民族"的联系。

自由爱国主义所欠缺的,是民族身份认同的象征意义。人们批评其枯燥、抽象、浅薄。"我们正处于沦落为一个没有历史的民族的危险之中",联邦德国总统瓦尔特·谢尔(Walter Scheel)在1975年如是说。十年后,历史学家米夏埃尔·施蒂默尔(Michael Stürmer)对西德人的精神空虚和丧失民族定位表达了担忧之情。这也是始于1986年的"历史学家辩论"的若干问题之一。拉开这场辩论序幕的是《法兰克福汇报》刊登的一篇文章,作者是保守派史学家恩斯特·诺尔特(Ernst Nolte),名叫《永不消逝的往事》(*Vergangenheit, die nicht vergehen will*)。诺尔特、施蒂默尔等保守派主张,不应让奥斯维辛成为阻断德国历史延续性的一枚楔子,因为历史必须为一个民族提供身份认同——不仅是精神和政治上的,也是审美上的。德国人理应认同民族英雄,拿著名史学家安德里亚斯·希尔格鲁伯(Andreas Hillgruber)的话来说,认同对象甚至可以是1944年的普通德国兵,因为他们抗击了侵犯德国领土的共产势力。哈贝马斯指责保守派意图复辟反动的历史决定论,企图散播反共的德国民族主义。

但实际上,西德教科书提供的仍是一种基于民族和地域归属上的身份认同。同东德教科书一样,它立足于抵抗的概念;这一身份诞生于同纳粹政权的对抗。有人称,1933—1945年的德国并未完全被纳粹运动渗透,"尽管盟军在战时不会承认"。每本教科书都详尽介绍了形形色色的抵抗组织,包括共产党、神甫、牧师、学生(比如"白玫瑰"*)、社民党人。当然,最后还要算上申克·冯·施陶芬贝格男爵(Count Schenk von Stauffenberg)和他多为贵族出身的军队同僚。1944年7月,他们刺杀希特勒的计划失败。后者继而发动疯狂反扑,数以千计的德国人惨遭杀害。主谋者被吊死在普勒岑湖(Plotzensee)监狱内一个暗无天日的大牢里,这片伤感之地至今仍被人们奉为圣地。据传,就在临刑前,施陶芬贝格高呼:"神圣德国万岁!"希特勒惬意地待在巴伐利亚山区的疗养地,把绞刑的录像看了一遍又一遍。

尽管施陶芬贝格无疑是英雄人物,但由于他参与了"资产阶级军人"阴谋,而这群人并无意建立社会主义国家,东德教科书就必须阐明,他不是我们中的一分子。不过也并未鞭笞他。我们得知,施陶芬贝格的交际圈里存在具有"进步政治思想"的人,同共产党有联络。但是在西德,他的声名一样存在争议。"神圣德国万岁!"这句口号可不对左派的胃口。况且,就算某人再怎么憎恶希特勒及其心腹,暗杀预谋在右翼分子眼中终归等同于叛国。虽然柏林的一条马路在1955年被命名为施陶芬贝格大街,但直到1967年柏林市议会才决定,在昔日施陶芬贝格策划政变的军事司令部旧址上建造一座纪念馆和档案中心。

宗教在德国抵抗运动中发挥了一定作用,巴伐利亚州的教材在这点上大做文章。编者称,希特勒的施政方针和施陶芬贝格的宗教人文精神相对立。由于是在巴伐利亚,编者对天主教会给予了格外关注。举例而言,课本里写道,多数笃信天主教的巴伐利亚人在1932年没有把票投给纳粹党。神职人员单枪匹马的英雄行为得到了

---

* Die Weiße Rose,二战期间德国出现的一个地下反纳粹组织,散播反纳粹文学作品。成员主要为女学生苏菲·朔尔和其兄汉斯·朔尔,两人后被盖世太保逮捕,并被处以死刑。

第七章 教科书风波

放大,譬如奥古斯丁·罗施(Augustin Rosch),一位慕尼黑的耶稣会教士。这些事迹固然都很光明磊落,却并不意味着纳粹在巴伐利亚不得人心,仅仅显示出天主教徒遵照神父吩咐,把票投给了天主教保守派。后者在1933年后还是被迫解散了。

然而,这些地方的特殊关注最终还是让位给了一条强有力的政治信息,或者拿一些人喜欢的话来说,让位给了政治框架:"德国共产党、社会主义者、资产阶级、宗教人士、军人和贵族阶层为反抗希特勒付出了代价,不是丧失自由,就是失去了生命。但这一反抗纳粹专制的联盟开启了战后德国宪政和社会秩序的发展进程……抵抗运动和德国自由运动联手,从而使得在联邦德国宪法中确立人文价值、法治原则、民主、福利国家、联邦制度的努力变得较为容易。"

从当时各自教科书中呈现的历史来看,东、西德都建立在抵抗运动的遗产之上。这种观念很有感召力,而倘若对历史人物的认同是得到提倡的话,那么认同冯·施陶芬贝格男爵显然要好过认同海因里希·希姆莱(东德的英雄恩斯特·台尔曼*和埃里希·昂内克就不那么具有榜样效应了,当然总还是强过希姆莱)。

但这么做的影响并不总是好的。在东德,推动英雄崇拜是极权主义宣传机器的任务之一,它严重歪曲了历史。当英雄形象化为乌有,宣传机器势力不再后,数以百计、兴许是数以千计大失所望的年轻人就会站起来造反。他们祭出过去专制时期的英雄和符号,在街上高喊"胜利万岁!"(Sieg Heil)†,崇拜纳粹领导人,仿佛是在缅怀一个更加英雄辈出的年代。而辜负他们期待的长辈封杀了这段光荣岁月。

---

* Ernst Thalmann(1886—1944),德国共产党领袖,1933年因"国会纵火案"被捕,囚禁多年后被杀害于布痕瓦尔德集中营。

† 纳粹见面的招呼语。

在西德，抵抗运动的官方说法让不少"希特勒的孩子"*认为，任何反抗国家的举动不仅因为过去可以得到正名，而且在道德上也是势在必行。不管赤军派的手段和目标有多么令人毛骨悚然，还是可以博得"六八一代"的同情，哪怕仅仅因为他们敢于做大多数德国人在三十年前都没能做到、却具有重要意义的事。

退一步讲，同样是"六八一代"，一些头脑冷静的人却明白，德国的自由民主制度必须立足于对纳粹历史的公开批判。谨小慎微、缄口不语和避重就轻，曾被认为是将数百万原纳粹分子改造为共和国公民的必要条件，但是时候与之一刀两断了。如果说这种一刀两断有时来得太唐突、太粗暴、太自以为是的话，那么它所激起的辩论和智力上的交锋，也为时代气氛注入了一丝清风。不同于或因心生厌恶、或因不屑一顾而远离政治的老一辈德国知识分子，许多"希特勒的孩子"积极投身其中。而当他们察觉到异样的苗头后——反应偶尔会有些歇斯底里——至少能挺身而出，表明立场。1992年，当身穿纳粹行头的暴徒纵火焚烧避难者住所、杀害外国人，严重威胁社会时，上百万德国人走上街头抗议示威。半数以上的慕尼黑市民参加烛光游行，表明反对暴力排外主义的立场。起码从表象上来看，德国人明白了异见的价值。

日本

家永三郎是日本历史教授，过去做过高中老师。1952年，他编写了一本高中历史教材，后被广泛采用。但四年后，麻烦找上门来。文部省认为，家永对日本亚洲战争的描写太过"一边倒"——换言之，太负面了。常有人令他重写。1964年，家永终于忍无可忍，并于翌

---

* Hitler's children，此处作者应是借用了1977年描写德国极左赤军派的一部书名：《希特勒的孩子：恐怖主义团伙巴德尔-迈因霍夫的故事》（*Hitler's Children: The Story of the Baader-Meinhof Terrorist Gang*）。——编注

第七章　教科书风波

年起诉政府违宪。他在1967年和1984年分别和政府又打了两场官司。1980年代，他被要求删除有关南京大屠杀、日军奸淫妇女和日本在伪满的医学实验等段落。家永称，审查教科书有违战后宪法对言论自由的保障。直到1992年，已经七十九岁的家永仍然在东京高等法院打官司，期间经历了不断的上诉和被驳回。

初识家永，首先留意到的是他的年迈体弱。他走起路来有些吃力，很容易累着。体格瘦小的他看起来弱不禁风，苍白的脑袋因为谢顶，形似一枚鸡蛋。宽大的眼镜看着跟身体其他部位不太协调。我很纳闷，他哪来的精力和动力坚持斗争二十七年。坐在位于东京郊外寓所的书房里，他讲述了自己的战争经历，算是回答了我的疑问。

"1941年12月，听到日本偷袭美国后，我就知道我们会输掉这场战争。但当时我断不能这么说，所有一切都受到严密监控。那时的我还在新潟一所中学教历史，文部省命令高中和初中老师教授关于天皇的神话，关于日本民族的神圣血统，等等。"

他编了本教材，书中将远古日本诸神和神话中的天皇描绘为日本独特价值观的传承者。神话被当成了历史。家永边叹气，边翻着这些一碰就破的旧纸张，坦言他不希望日本孩子再读这种书。

"教室成了离经叛道的地方，我们身居其中，不得不践踏自己的原则。我很惭愧，没有拒绝讲授国家倡导的历史观。我将一辈子因此蒙羞。请注意，我不是鼓吹战争的宣传家，但也没有出力制止。"

1965年，家永在法庭上首次为自己辩护时，称自己心怀愧疚："我那时只惦记着自己的良心，但我有罪，在我祖祖辈辈生活的土地遭到蹂躏时，我只是袖手旁观。数以百万计的同胞死在这场战争中，我命大，才活了下来。我对自己眼睁睁地看着山河破碎感到无比羞愧……我只是一介草民，人微言轻，但就算只能尽绵薄之力，我也希望为过去没能奋起反抗做出补偿。这就是我今天打这场官司的原因。"

有句话反复出现在家永的著作和演讲中：日本没有抵抗。1992年11月，他最后一次出庭后又复述了一遍。在高等法院不远处一间租来的大会堂里，家永对其支持者说道："纳粹德国及其轴心国伙伴日本之间的最大区别在于，不少德国人抵抗过，并为之献身。而在日本，几乎没人抵抗过。我们是个唯命是从的民族。因此，如今最重要的，不是我们是否打赢这场官司，而是应该毫不动摇地斗争下去。"临走时，支持者起身欢送家永。他缓缓挪动着步子，走出会堂，瘦弱的肩膀低垂着，仿佛背负着沉甸甸的包袱，厚底镜片后的双眼不住地眨动。

他输掉了官司，输得一败涂地，这点毫无悬念。1993年3月16日，法院下达判决书。家永早料到会是这个结果，但就连他都对裁决的草率程度吃惊不已。他召开了一场新闻发布会，气氛很是激烈。会上，他说自己难以抑制怒火，裁决书让日本蒙羞。一个月后，我给他打了电话，想再见见他，但他推辞说自己已精疲力竭。还会再斗争下去么？"那当然，那当然，教科书这桩案子是我活下去的理由。"他表示，相较于大城市报章发表的不温不火的社论，地方媒体对他的支持力度则要大得多。"你离东京越远，"他说，"就越享有批评政府的自由。"家永案并不是检验这句话的唯一例证。

战争结束时，一切都显得那么鼓舞人心。日本投降后不久，新的教科书尚未发放，因此旧版本得以沿用，只是里面的军国主义段落被用墨水涂黑了。然而，1946年，一本名为《我国的进展》（'くにのあゆみ'）的新教材问世。这是自1881年以来，第一部一上来就描述石器时代，而非远古神明及皇族后裔等民族神话的教科书。一年后通过的《教育基本法》限制了政府对教育资源的控制权。教育的宗旨是"培养热爱真相与和平的人民"，并且"遵循日本宪法"，建设"一个推行民主和崇尚文化的国家"。学校有权自行选用私人编撰和出版的教科书。德育课被取消了，而历史则成了社会研究课程的一部分。

第七章　教科书风波

这掀起了一场革命。至少从1890年颁布《教育敕语》以来，日本教育就一直是帝国的宣传喉舌。时任首相的山县有朋尝言："教育和军队一样，应该奉行皇道。"[5] 他还说过，在国家危难之际，所有日本人都应遵循教导，"勇敢地"为国家献身，"保卫和维护我国皇权的繁荣昌盛"。

就连地理课都是为帝国事业服务的。某本战时地理课本描述，"日本的形状"具有"重大意义。我国看上去处于亚洲前沿，雄起起地探向太平洋。与此同时，我们也显示出已做好准备，保卫亚洲大陆，防范外部入侵"。

德育课被抬到了极高的高度。诸如自我牺牲、军事纪律、祖先崇拜、忠君尊王等民族美德就是以此方式灌输的。20世纪上半叶，军旅英雄在多数国家都受到推崇，成为人们竞相效仿的楷模，日本也不例外。《君之代》（'君が代'）原本是祝愿皇权千秋万代的颂歌，后来成为人们传唱的国歌，旭日旗也插遍了亚洲各个角落。所有日本人在听到神圣天皇的大名后，都有义务迅速绷紧身躯，立正站直。每所学校内都设有一尊供奉天皇画像的神社。要是相片沾上一点灰，或者挂得不够周正，就将招致严厉的惩罚。

1947—1948年，随着国会两院宣布《教育敕语》作废，上述做法都被官方取缔了。取而代之的是宪政主义、反战主义（口号是"真相与和平"）、民主制度和社会研究。家永三郎第一部教材完稿付梓时，官方并未从中作梗。但大约在朝鲜战争爆发一年后，情况开始生变。政府某个教育改革委员会发布了一份报告，提出了若干看法，其中一点是："我们的体制效法一个国情不同的外国，且一心追求理想，导致许多不良因素糅入。"[6]

为了对抗这些因素，教育理事会不再通过选举产生，而是由地方政府直接任命。文部省重新负责编撰和出版教科书。这让政府站在了左翼日本教师工会的对立面。长期对抗致使双方立场都趋于极端。教师工会怀疑政府在复辟军国主义；反观政府，往轻了说将左翼教师——其中就包括家永——视为危险的理想主义者，往重了说则视他们为卖国贼。这一永无止境的拉锯战造成的一个结果就是，日本历史教科书两头都不讨巧。左派和自由派至今仍批评其内容失实，闪烁其词，且有民族主义倾向。保守派和民族主义者则认为其带有太多左翼意识形态"异端"的痕迹。双方都有一定道理：被"阉割"过的教材确实避重就轻，而马克思主义者自战后便占据了史学界的半壁江山。

家永从不掩饰他的政治倾向。在1962年版的历史教材里，他用一张残疾日本老兵的照片作为插图，图中人物的一条断臂绑在皮革护具里，脖子上还挂着个钱盒。文字说明是这样的："这一悲剧性的景象雄辩地向我们揭示了《宪法》序言里用词的深刻含义。原文如下：'……（我们）决心，再也不重蹈因政府行为招致的战祸的覆辙。'"[7]这完美地归纳了家永和教师工会的"宪政爱国主义"和反战倾向。战争，无论是何种类型的战争，都是罪恶的，但最坏的莫过于"帝国主义"列强在亚洲大陆上打的一仗。家永对日本为何没能剿灭中共的解释是："红军有民主的力量。"[8]日本的侵华战争是"一场政治价值观的较量：对垒双方是中国的民主思潮，日本的军国主义和专制作风"。二十年后，他对越战的分析亦是如此。

家永的左翼反战思想和亲华倾向恰恰是日本保守派试图从教科书中抹去的。文部省希望将残疾军人插图连同文字说明一并删去，因为二者传递出的是"一种对战争极端负面的印象"。

家永在书里还用了其他照片，比如即将奔赴战场的学生，以及在兵工厂里劳作的年轻姑娘，搭配的文字说明是这样的："人民生活遭殃。"然而，文部省对这些照片的看法倾向正面，"照片拍得很好，献身国家的学生们脸上都泛着红光"。

我翻了翻1984年出版的某本全日本通用的教材，里面没有描绘残疾军人或日军暴行的照片，有的是沦为废墟的广岛，珍珠港内缓缓下沉的"亚利桑那号"战舰，当年报纸的头版头条，轰炸中被

第七章　教科书风波

转移的日本人,以及参与演习的民众。[9] 最后一幅照片的文字很契合文部省的精神:"居委会在防火演习时帮忙。穿着扎脚裤、包着头巾的妇女正勤恳地练习传接水桶。"

家永编撰的教材提到过在几千名囚犯身上实施致命医学实验的伪满洲国731部队,但后来被删掉了,原因是该问题未经"可靠的学术研究"(开展研究的确很难,因为大部分资料都掌握在美国人或苏联人手里)。但到了1980年代,已经涌现出足够多的证据,证明当初家永的研究是正确的。1992年,他信心满满地认为,今后再版的日本教科书会将731部队列入。

在1962年版的教材里,家永还提到,在华作战期间,"许多日军官兵曾奸淫中国妇女"。文部省决定把这句也删了。"侮辱妇女,"文部省表示,"是人类历史上任何时期及任何战场上都发生过的事,不应将矛头对准日本陆军。"

事实上,日军的强奸行为泛滥成风,以至于一些将领开始担心其后果——暴行将招致中国人的顽抗。因此,他们决定在靠近前线的地方建立军中妓院(即"慰安所"),里面的女性有中国人、朝鲜人、东南亚人,以及部分欧洲人,她们都是从日本帝国统治下的村庄、城镇和战俘营里掳掠来的。多数"慰安妇"后来死于疾病,有些被谋害,有些死在交火中。除了家永所著的《太平洋战争》一书外,任何日本教科书里都不曾提及她们。事实再次证明家永是正确的,后世史籍里必然有这一群体的一席之地。

证据出现的方式颇为耐人寻味。直至1980年代末,韩国人要想出国,都必须获得政府的特批。1965年,韩国政府同意接受日本的一次性赔偿,以抵销日本的战争责任。这之后,个人就不得再提出索赔要求。无论怎么说,"慰安妇"的历史总是令人尴尬的,因为这让幸存者的家人感到耻辱,况且,战时"韩奸"比比皆是。不消说,这些内容不会出现在韩国的教科书里。但到了1980年代末,社会氛围变得较为宽松,韩国人可以去日本旅行了。在女权主义团体的鼓励下，部分原"慰安妇"决定提出索赔。然而，日本政府矢口否认自己负有责任，称战时组织卖淫纯属私人行为，没有证据显示官方曾参与此事。

　　如果不是因为历史学家吉见义明恰巧在电视上看到了这番抵赖之词，事情很可能就此不了了之。吉见记得，自己在自卫队资料室做研究的时候，曾翻阅过一些文献。于是，他回了趟资料室，几天后，他找到了自己要找的东西：建造"慰安所"的官方命令，上面还有日本帝国陆军最高指挥部的落款。一时间，日本媒体纷纷密集报道"慰安妇"的故事。日本首相不得不向韩国人民道歉。当BBC的一名记者询问内阁官房长官，日本政府为何过了那么久才承认事实时，他辩称，政府方面的研究者之前并不知道存在这方面的档案。记者礼貌地表达了他的惊讶，毕竟，一位学者可是单枪匹马、仅花了几天工夫就挖出了档案。这之后，电视上出现了戏剧性的一幕：整整一分钟，内阁官房长官默不做声，只是咬着嘴唇，不敢抬头直视记者。最后，他开口说，这个问题问得"很失礼"。

　　家永用"侵略"一词描述日本的对华战争。文部省任命的审查员阅后提出以下建议："侵略这个词包含了负面的道德含义。出于教育下一代公民的考虑，用这个有负面影响的字眼来形容我们国家的行为，十分欠妥。因此，应使用诸如'军事挺进'这一表述。"他的建议得到了采纳。中国政府不失时机地选择在不同政治场合对这一措辞表达抗议，结果却只是加剧了日本国内的政治分歧。侵略历史剥夺了日本使用武力的权利，这解释了右派为何对其矢口否认，左派为何执著于此，主流保守派又为何倾向于只字不提。只要自民党依旧执政，就有必要安抚右派，他们当中一些年事较高的人自己身上也沾有战争污点。1989年，日本国会的一位共产党议员质问首相竹下登，日本是否在二战期间犯有侵略罪行，竹下回答说，这个问题"应该留给后世的历史学家来评判"。

　　家永其实打赢过官司，在1970年。东京地方法院的法官杉本

第七章 教科书风波

良吉裁定,文部省对教材的审核不应超越修改错别字和勘正事实错误的范畴。对实质内容的审查被视作违宪,家永案就是这么判的。下达判决书后,法官告诉媒体,教师的立场应得到尊重,自由应得到保护。右翼极端分子对法官、辩护律师和家永本人都发出了死亡威胁。家永的住宅外面日日夜夜都围着暴徒,他们高喊口号,像擂战鼓一样敲打锅碗瓢盆,吵得他没法睡觉。东京地方法院的气氛高度紧张,以至于家永和他的律师不得不在警方保护下,从一道暗门进入法院。

文部省不服判决,发起上诉,家永没能再胜诉,或者说至少没赢得那么干净利落。1974年,另一位法官也认为审查过程"过分了",但并未违宪。到了1980年代,又有一位法官宣布,审查得出的所有建议都合情合理。参与家永案时间最久的辩护律师尾山宏称1970年代早期是"日本司法的黄金年代"。我问他,那之后又如何。他回答说事情简单得很:"跟政府作对的法官不会被晋升到更高级的法院。因此,除非你不考虑仕途,才会做出公正的判决。"杉本法官的职业生涯就是如此。

然而,让所有人大吃一惊的是,1993年10月20日,东京高等法院裁定,文部省对家永的教材做出多处删改,包括涉及南京大屠杀的记录,实已超出职权范围。自民党在选举中的落败兴许促成了这股新风气。但更可能的原因是,年轻一代的日本历史学家们提供了证明日军暴行的大批新证据。

日本右翼民族主义者在攻击从事教育工作的左翼对手受到"外来"思想影响时,当然没有说错。但这并不是说,本土主义者的思想就是纯净的,只不过他们在坚持传统一点上似乎确有更强的话语权。正如德国保守派曾抨击魏玛共和国宪法不符合德国国情,"是犹太人制定的"、不配得到拥护一样,日本右派也曾炮轰战后日本宪法及支撑其的教育体制是舶来品,因此在日本水土不服。著名的比较文化学者入江隆则还煞有介事地对比了魏玛共和国和战后日本。[10]他说,日本宪法是由那些"仇视国家"的犹太人起草的。

德国的宪政爱国主义和战后宪法本身就是德国法学家和思想家创造的产物,如有必要,他们会从欧洲启蒙运动、歌德的人文主义思想和德国反希特勒抵抗运动中获取一种延续性。日本人面对的局面要困难些,因为催生宪法和教育改革的是占领它的美国,而不是日本人自己。而且正如家永所言,日本没有什么抵抗传统,有的是马克思主义,它在日本和西方知识界都颇有渊源,也提供了对抗民族主义迷思的一剂良药。

1984年版的高中教科书用了一整页篇幅,完整讲述了日本的战时抵抗——或毋宁说是没有抵抗——的伤感故事:"1933年,日共领导人放弃了他们的政治信条,此举对社会主义者有着广泛的影响,他们当中大部分人都仿而效之。就连为数不多还坚持社会主义信仰的人,譬如日本无产党的铃木茂三郎,在承受了巨大的压力后,也于1937年终止了他们的活动。"

教科书简短地提到了发生在美浓部达吉教授身上的一段复杂往事。美浓部是宪政法学家,他在1935年抛出一套理论,将天皇定性为"国家机关"之一。在他看来,国家享有最高统治权,而天皇只是其中的最高统治机构。他随即招来一片批评声,人们骂他是国家政体的敌人,因为只有天皇才享有至高无上的权力。

教材接着写道:"围绕美浓部的理论所引发的争议,导致不光是马克思主义,就连自由主义也被抨击为某种反国家思潮。不久之后,军部激进派策划的内政改革就主导了大众媒体。这点在文化事务上亦是如此。与官方文化政策一致的是,军国主义反动趋势正益发增强,对西方文明不加批判的模仿也在得到反思。重新审视日本传统文化正成为一股汹涌的潮流。"[11]

所谓的抵抗也就止于此了。但上述这段话并没有将凤毛麟角的抵抗者——比方说美浓部——立为楷模,反而明显存在模棱两可之处。军国主义和思想钳制当然应该谴责,但对西方文明"不加批判

第七章 教科书风波

的模仿"也不是什么好事。再说了,重新审视"日本传统文化"又有什么错呢?不管怎么说,用"反思"和"重新审视"这种字眼来形容赤裸裸的政府审查,显得很是奇怪。

其实,即便没人公开支持军国主义死灰复燃,许多日本民族主义者也深感有必要捍卫日本传统文化,反对不加批判地模仿西方。从政治上讲,这意味着捍卫日本主权,包括其发动战争的权利,并抵制马克思主义和反战主义的影响。从宣传上讲,受围困的"文化"是个模糊的概念,指的是家族制国家,其古老的价值理念经由名义上没有断代的皇族血脉世代传承。由于建立战后秩序的主体不是那些继承反抗旧制度(ancien regime)衣钵的日本人,他们看待过去的态度必然会较德国要模糊些,不管是东德还是西德。实际上,捍卫日本人的身份认同往往就是捍卫旧制度:不光要反对日本左派,而且也反对那些来自东方或西方、批评日本所作所为及其历史记忆的外国人。

这就是为何原文部省大臣藤尾正行曾这么对我说:"日本近代史上没有令人羞愧的篇章。"1986年,他因为发表朝鲜人对朝鲜在1910年被日本吞并也负有部分责任的言论,影响日韩关系,被首相革除了职务。接受采访时,他说东京审判是一场"种族复仇",目的是"抢夺日本的权力"。藤尾这么说,是因为他希望"通过历史和传统来恢复日本精神"。

藤尾既非另类,也不是战后第一个发表上述想法的人。1971年,即将卷入一桩贪腐丑闻的首相田中角荣表达了对日本教育缺乏德育培养的担忧。他建议恢复《教育敕语》,因为"其总体来讲阐述的是普世的道德准则"。但早在1957年,文部省就已触及问题的核心。在针对家永三郎编写的首版教科书出具的报告中,文部省给出结论,"家永不遗余力地促使人们反思过去,已经远远偏离了教授日本历史的正道,即承认我们祖先的历史成就,从而强化我们身为日本人的认识,激发对本民族的爱。"[12]

1991 年，尽管左派和自由派强烈反对，官方还是宣布原帝制时代的国歌《君之代》和旭日旗是日本的国家象征。这一决定并未通过立法产生，而是体现在文部省下发的一份指导手册里。它批准通过修改后的教材，在战后首次加入了正面描写日本军旅英雄的段落。至少松江日本大学附属高中这一学府私自恢复了《教育敕语》。校长冈崎功号召学生每天清早朗读《教育敕语》，因为这是"让你成为具有真正日本精神的日本人的绝佳文章"。

1992 年秋，我和大约二百五十人一起等候在东京高等法院外。法庭内空间有限，因此不得不抽签决定谁能旁听家永三郎最后一次庭审。很多人都隶属于某个支持家永的团体，有些是从北海道和冲绳千里迢迢赶来的。人群里有男女老少，有学生、老师、公司职员和家庭主妇。尽管家永案前景不容乐观，但现场气氛格外轻松。人们分到的宣传册介绍了将要举办的会议，有探讨人权或言论自由的，也有探讨赔偿昔日"慰安妇"等日本军国主义受害者的。人群对远道而来的参与者报以欢呼，家永案前几次庭审中的证人更是赢得了满堂喝彩。

但是现场最热烈的欢呼声——好似感情猛然迸发——还是出现在家永登场的那一刻。只见他走在律师团队最前方，进入法院前向人们脱帽致意，双眼在镜片后眨了眨，神情看起来既孱弱，又顽强。

法庭庄严肃穆，不带任何世俗或宗教意义上的权力装饰。法官穿着欧陆式样的简约黑色法袍，身后是一片苍白的大理石墙壁。律师做陈辞时的腔调一板一眼，甚至有些了无生气。家永的辩护律师团队里有一位女性，文部省的律师则清一色都是男性。

尾山宏自 1965 年家永案开审起就一直担纲辩护工作。我听着他的陈述，他口齿清晰，辩才出众，一一论证：日本如何逐步倒退回战前的教育方法；日本的人权标准如何之低；日本相对于德国，在面对自己历史上的黑暗篇章时有着何等糟糕的纪录。他引用了孟德斯鸠所说的"法的精神"，指出宪法保障人们可以不服从国家对事实真相的垄断。他说，这就是为什么编写教科书的作者理应有权自由表达观点。因为没有思想自由的话，就不会有民主。

法官和文部省的几位律师背靠座椅，双目紧闭，不是在聚精会神，就是已酣然入睡。也许他们感到无聊，因为这一切就是炒冷饭。也许他们觉得这是没有意义的走过场，因为事先已得知会有怎样的裁决。但这并非没有意义的走过场，因为家永三郎以实际行动延续了一场长达二十七年的重要辩论。一个讨人嫌的教书匠和聚集在法院外的几百名支持者也许没什么了不起的，但却足以显示，这一回，终于有人奋起反击了。

第八章
纪念堂、博物馆和纪念碑

维滕贝格市的玛丽安教堂曾是马丁·路德布道的地方。站在教堂的东南角,可以辨认出教堂墙壁上突出的一尊有趣的雕塑,外形酷似滴水兽,距离地面大概三十英尺。雕的是一头母猪,正在给三只猪崽喂奶。一个戴着尖顶帽子的小人儿抬起它的一条后腿,帽子表明他是15世纪的犹太人。在犹太人和猪崽上方——有人告诉我,母猪代表"撒旦的犹太教堂"——用希伯来语写着上帝的大名。这个装饰物叫犹太猪(Judensau),作为犹太人屈辱的见证,过去被广泛用来装点德国教堂,有一些迄今还在,不过导游多半不会提及。

这座破败的东德城市,正式名字叫路德城维滕贝格(Lutherstadt Wittenberg),如果不是因为教堂的公告板吸引了我的注意力,我也不会留意到"犹太猪"的雕塑。公告是1988年教堂修缮后张贴起来的。修缮工作始于1983年,在此期间,路德派的年轻教友决定,得做点什么,不能让"犹太猪"就这么杵在那儿,无人关注。于是,教友集资后托人刻了一块碑,提醒世人这一雕塑的重要意义。这是块警示碑(Mahnmal)。然而,由于当时仍然处于民主德国时期,官方并不承认存在反犹主义,纪念碑揭幕仪式并没有市政府官员露面。

第八章 纪念堂、博物馆和纪念碑

警示碑就竖立在"犹太猪"雕塑正下方的过道上，以铜铸成。四块方板拼接在一起，活像形状奇怪的窨井，四处摸索的铜手指从下方微微将其托起。碑的一侧写有诗文："十字架下，犹太人在基督徒面前无力念出上帝的大名，它如此神圣，却被用来施暴，六百万犹太人就这样命丧黄泉。"铜手指象征的，是反犹主义的受害者正从万人坑中站起来。除此之外，它还蕴含更抽象的寓意，也许与警示碑更为搭调：可耻的回忆不会磨灭，如同反复发作的梦魇，它触动着我们的良知。维滕贝格的警示碑不过是德国境内成千上万座警示碑之一，但它是我见过的唯一一块不以特定事件、而以记忆本身为对象的碑。

二战爆发前，德国是没有警示碑的，有的是战争纪念堂，用以缅怀为国捐躯的军人。大理石质地的雕像好似基督像。民族共同体的纽带因为他们的牺牲得到强化。在一战纪念碑上，战争是一种神秘的体验，是祭奠勇气、牺牲和重生的地方，类似基督受难地。德意志帝国时期曾修建哥特式的大型纪念碑群，为的是从战败中挽回一丝颜面。二战后没有出现这样的事。德国人立碑，不是为了美化战争，而是警示后人；纪念碑（Denkmal）成了警示碑。

纪念碑多散落于西德各地，它们就像一串串连而成的念珠，印证着人们对记忆的忧虑，对遗忘近乎神经质的担忧，以及对将过去定格在石头中的痴迷。事情并非向来如此，1940年代末至1950年代，人们更倾向于遗忘。勾起人们回忆过去——不光是希特勒这段历史——的东西都被推翻、爆破和拆除了。苏联人和西方盟军利用昔日的集中营关押德国俘虏，这种情况维持了一阵子，但一等条件成熟，这些设施不是被夷为平地，就是被废弃。第三帝国仅存的一点外在遗迹不是无人关心，就是任凭其经受日晒雨淋，典型的譬如施佩尔设计的坚不可摧的纽伦堡体育场；而在东德，它们遭到冷落则多半出于政治原因。警示碑和纪念地大多诞生于1960年代，是战后一代人大力倡导的产物。不同于巴不得甩掉过去的父母，他们一心想要警示后人，铭记历史。

警示碑多种多样，形态各异。昔日集中营如今成了纪念地，集博物馆、旅游景点和纪念馆各种功能于一身。其中一些，譬如东德的拉文斯布鲁克，基本上完好无损；而另一些，比如西德的贝尔根-贝尔森，则只剩遗迹。

柏林郊外的万湖（Wannsee）边有栋别墅，1942年1月20日，用完早餐的莱茵哈德·海德里希在这里同幕僚边啜饮干邑，边商量"最终解决方案"的具体布置。事隔五十年后，万湖别墅改作纪念地，对外开放。当天下午，有关方面安排了一场题为大屠杀和记忆的会议，完后还有香槟酒会，以示庆祝。

万湖会议纪念地的博物馆里没什么新鲜展品。墙上所挂照片较少涉及策划"最终解决方案"的纳粹官僚，倒是多和受害者有关。为他们拍照的施虐者十分仔细，一点一滴都没漏过，再一次定格了受害者身陷苦海的形象：华沙的犹太隔离区里，男孩高举双臂；人们被关在密不透风的载货车厢里，透过车门上的缝隙窥视车外，眼神充满恐惧；火车匝道口的"死亡遴选"；被迫骑在彼此背上、供人取乐的拉比，等等。我翻了翻参观者的留言簿，阅读着抒发民族耻辱的自白："不得不自称德国人，这可真叫人难为情、伤感和无地自容啊。""德国人大多信仰基督教，居然会做出这种事？""参观过这里后，我对身为德国人感到羞耻。"

西柏林市中心有座警示碑，正对着一些门庭若市的百货商店。每天，都会有好几万人途经这里，手里拎着装得满满的购物袋，他们见过这座碑，却从未留意过它。这是块指示牌，罗列了西德几座大型集中营，告诫我们勿忘历史。类似的标志遍布这座城市。

生于1940年的艺术家约亨·格尔茨（Jochen Gerz）出了个点子：立一块看不见的警示碑。他对常规的纪念馆和纪念碑持批评态度，因为它们将历史凝固在铜像中，是对过去的美化，意义深远的个人缅怀因此也就成了一种集体仪式。他认为，这不啻为另一种形

第八章 纪念堂、博物馆和纪念碑

式的掩盖过去。对历史的重现会替代记忆本身，尤其是在亲历者与世长辞后；这么做只会阻碍个体的反思。问题在于：那你如何将记忆具体化？格尔茨的回答是：办不到。

既然不行，他转而以德国犹太公墓的名字为线索，追寻犹太人生活和文化的痕迹。格尔茨和他的学生参照犹太人扫墓时在坟前留几块石头的风俗，挖开了萨尔布吕肯市（Saarbrücken）一座城堡外马路上的铺路石。城堡过去是盖世太保的监狱。格尔茨在每块石头上都刻了一座犹太公墓的名字，及其被发现的日期。完后，他再将石头放回原处，确保有字的一面朝下。格尔茨的团队共撬开了1926*块铺路石，依照此法刻上字后再放回，并用记号标出"看不见的警示碑"所在的位置。

在一篇名为《过去永不能正常化》（'The Past Must Not Be Normalized'）的文章里，于尔根·哈贝马斯一如既往地批评了德国保守派。他们一心想把不久前的历史说得不那么突兀，而是比实际情况正常，且符合历史主流，从而抛却这一包袱。他引用了赫尔穆特·杜比尔（Helmut Dubiel）的一段话，描述的正是这一态度："人们说起民族历史，就如同说起放射性废料无处堆放的核电站一样。"[1]读到这儿，我想起了瓦尔特·本雅明的话，他把历史形容为一堆堆积如山的残骸。然而，尽管一些（也许是很多，甚至是大多数）德国人希望放射性废料能得到掩埋，但也有人竭尽所能地试图找回每块石头、每堆炉渣，然后保存在纪念碑和博物馆里。

比方说，柏林的原盖世太保总部旧址除了石头外，就什么也没剩下。希姆莱给自己手下人挑选的办公地址，都是柏林最好的地段。盖世太保的办公地点设在阿尔布莱希特亲王大街的原工业艺术和工艺学校内，海德里希掌管的保安处则在威廉大街上的阿尔布莱希特亲王宫殿里办公。这是座漂亮的巴洛克式宫殿，由弗里德里希·申

---

* 原文如此，应为2146块。——编注

克尔*在 19 世纪初翻新。两栋建筑合在一起，构成了集中营和秘密警察网络的中枢神经。大规模的屠杀便是在此一步步付诸谋划。盖世太保还在艺术学校的地窖里建造了刑讯室。

同柏林各处一样，两栋楼都毁于空袭。倒不是说毁坏得无法修复，可是，正如诸多历史遗迹的命运，宫殿在 1949 年被拆除。1953 至 1964 年间，原先的艺术学校也被实施定向爆破。连一尊纪念这个地方的警示碑都没有。除了堆积成山、从未被妥善清理的残砖碎瓦外，这里什么也没剩下。

1983 年，决定有所作为的柏林市政府举办了场竞赛，看能否征集人们对这一历史遗迹恰当的艺术改造创想。倒是涌现了一些创意，但都无果而终。六年后，政府任命了一个委员会，委托后者调研兴建博物馆、档案中心或警示碑的可行性。在官方层面，这次依然没什么下文，但与此同时，一个名为"柏林法西斯和抵抗运动活动博物馆"的团体，在被认为是盖世太保刑讯室的遗址上搭起了一座简易博物馆。实际上，所谓"遗址"不过是洗手间的颓墙残垣罢了。尽管如此，耸人听闻的坊间流言还是传了出来。马路对面一座宾馆曾是党卫队中级军官的招待所，后被拆除。有个当地人压低嗓音，像说悄悄话似的告诉我，宾馆的一些家具都是从盖世太保的刑讯室里搬来的。

数年前，人们确实挖出过刑讯室的地基，但州考古部门将之封存了起来。这个机构同负责历史建筑的主管单位杠上了。后者想将整个遗址变成"党卫队的庞贝"†——这里借鉴的是 1968 年来一直担任柏林首席考古学家的阿尔弗雷德·肯德尔（Alfred Kernd'l）的原话。肯德尔计划在刑讯室周围造个纪念馆，再种些不起眼的苗

---

* Karl Friedrich Schinkel（1781—1841），普鲁士建筑师、画家、城市规划师，德国古典主义的代表大师。

† 庞贝（Pompeii），古罗马城市，公元 79 年因火山爆发被彻底淹没。整座城市的遗址直到 18 世纪中期才重见天日。

木，借此标注出刑讯室的边界。

到了1992年年中，依旧全无动静。名为"恐怖地形图"（Topograpie des Terrors）的临时博物馆依然屹立在那儿。肯德尔担心刑讯室地基是否保存完好，而博物馆外，孩子们已把山地车骑上了瓦砾堆。人们对旧址利用继续建言献策。某政客建议，也许可以取一段柏林墙摆在废墟后方，再附上一段恰当的文字介绍，比如"两个独裁政体的灭亡"。最后，待到年底时，分管文化事务的参议院作出决定。不仅"恐怖地形图"要扩容，还要再造一个"国际中心"，可供召开探讨纳粹历史的学术研讨会、座谈会和大型会议。

与此同时，爆发了另一场考古风波。1990年6月，柏林人即将在原希特勒总理府遗址上迎来平克·弗洛伊德乐队，借一场摇滚音乐会庆祝柏林墙的倒塌。此处距勃兰登堡门不远，过去是一片荒地，宛如一条尘土飞扬、地雷密布的护城河，横亘在柏林墙以东。逃往西德的东德人曾被击毙于此，四周野兔窜来窜去。就在柏林墙倒塌前不久，这里建起了灰色的住宅楼。演唱会前夕，工人翻挖瓦砾堆，搜寻未爆炸的地雷，希特勒的地堡就此重见天日——这是建于战争末期、用来藏匿希特勒及其侍从的混凝土迷宫。曾宣称"地下一切都是我的地盘"的阿尔弗雷德·肯德尔跳上自行车，火速赶到现场，发现了一些很有价值的东西，因为地堡内部自1945年来一直保持原状。火焰喷射器留下的奇怪斑痕说明苏联红军来过这儿，但不知为何，他们居然忘了将其炸毁。

地堡里有供党卫队卫兵就寝的床铺，木桌上摆放的空瓶、刀叉和瓷碗上积了几十年的灰。某位业余画家曾在墙上作画，画的是高大的党卫队军人，身穿紧身长裤，脚蹬锃亮黑皮靴，守护着正在德国橡树下玩耍的金发碧眼的德国孩子，以及和金发碧眼的士兵手挽手、坐在格子桌布边呷着啤酒，金发碧眼、胸部丰满的德国姑娘。平克·弗洛伊德乐队演唱会的策划人有着摇滚乐演出经纪人惯有的品位，他想办法抢在肯德尔锁门前站在壁画前，让人给留了张影。

演唱会如期举行。平克·弗洛伊德乐队唱啊唱：自己坐在地堡里，身前是一堵墙，等待蠕虫的到来……这之后，关于地堡的争论就拉开了序幕。

保守派对于又发现一处不受欢迎的历史遗迹感到很难堪，想要毁了它。部分自由派和犹太社团成员则忧心忡忡，担心这会成为新纳粹的圣地，因此也欲除之而后快。但肯德尔坚称，作为重要历史文物，其理应得到保留。

肯德尔在夏洛腾堡宫有个办公室。一走进这栋建筑，就能看到纳芙蒂蒂（Nefertiti）*佩戴过的珠宝。肯德尔为人心直口快，柏林口音很重，这在西柏林并不常见。"典型的德国人"这个词一直挂在他嘴边，而且每每说起，都带着鄙夷之情。想要埋葬过去的是"典型的德国人"。他说，日本人把历史扔在一边，其实德国人也一样。赫斯†死后才一个月，施潘道监狱就成什么样了？"砰的一声，炸成碎片，我们又一小段历史就这么没了。典型的德国人！"

我问他，保存地堡的几率有多大。他表示，希望不大。"他们只想在博物馆里展示历史。"但他为何会觉得地堡值得保存呢？我追问道。"悲哀啊，"他说，"这一切所在的位置，过去是皇室名媛的宫殿和俾斯麦的故居，也是浪漫派诗人笔下的天堂。可惜如今剩下的就只有这党卫队军人的地堡了。怎么也要把它保留下来。你瞧，可以打上德国人身份烙印的东西如此之少，为什么还要把我们仅有的这些给毁了呢？"

又是那一套身份认同：我回想起所有去过的德国城镇，它们都有属于自己的乡土博物馆（Heimatmuseum），每座城镇都拼命守护着代表本邦风土人情的文物和当地历史，似乎是在抵御变革带来的破坏。拿破仑建造博物馆是为了彰显王权，炫耀战功。维多利亚时

---

* 即古埃及第十八王朝法老阿肯那顿（Akhenaten）的王后。
† Rudolf Hess（1894—1987），纳粹德国政治人物，曾任纳粹党副元首，1987年死于柏林施潘道军事监狱内。

第八章　纪念堂、博物馆和纪念碑

期，英国诸多伟大的博物馆为社会进步和帝国疆域歌功颂德。而德国的乡土博物馆则展现了本邦人的形象，或者说昔日的形象，抑或者，更准确地说，是他们自己心目中的形象和过去的模样。但有一点，是许多欧洲历史博物馆——起码自法国大革命以来——所共有的：它们存在的目的都是为了展示，现实生活中人们的习俗、品位，甚至于社会治理方式，皆为历史发展自然和不可避免的结果。这个目的可能被政治化，为一场革命、一个国家和一种特定政府的形式授予合法性。当政府的意识形态基于对历史铁律的信仰，这种情况实属在所难免。

* * * * *

魏玛郊外有座青山，歌德和朋友艾克曼过去常常坐在山顶上，背靠橡树，一边欣赏图林根乡村绿意盎然、天鹅绒般细腻的风光，一边探讨文学和人生。艾克曼记下大师的话："坐在这里，心情舒畅，自由自在。"

1937年，当森林被砍光、腾出地方以建造集中营时，纳粹当局颁布了一道特别法令，歌德背靠过的橡树因此得到保护。得益于《自然保护法案》（Nature Protection Act），橡树周围筑起了篱笆，这才撑到了战争末期。那一年美军空袭，树的一角着了火，纳粹决定将其砍掉。集中营一个囚徒在医疗室里给死者做过遗容模具，他取了些橡木，雕了张人脸。至今，我们仍能在布痕瓦尔德国家警示和纪念地（Nationale Mahn- und Gedenkstätte Buchenwald）看到这件作品。

1991年冬，我再次探访布痕瓦尔德集中营。导游为我指出歌德之树的具体位置。他身材瘦长，举手投足之间的迎合反衬出内心的紧张。"朝这儿看，您能体会到典型德国人的精神面貌，"（导游也是德国人）说完他大手一挥，指向原集中营所在地。"歌德的橡树代表文化和浪漫情怀，焚尸炉代表野蛮残暴，动物园则代表多愁善感。"

我之前没听说过这里还有动物园。它就在铁丝网外面，靠近正门的位置，建造初衷是为了给党卫队看守找乐子（不消说，动物的待遇比集中营囚犯要好多了）。另外，导游所勾勒的德国人"精神面貌"实在没什么新意。

但对这番陈腔滥调，世人近来才有所耳闻，因为布痕瓦尔德过去是"红色的奥林匹斯山"（Red Olympus），是德意志民主共和国最神圣的圣地。许多重要的共产党人曾被关押在此；而战前德共主席恩斯特·台尔曼就是在这儿就义的。据说，1945年4月，囚犯中的共产党人在最后时刻领导了一场起义，这件事被收录进共产党人的英勇事迹中，成了一段历史佳话。现如今，五十年前发生在布痕瓦尔德的事被归咎于德国人的民族性。这显示出，过去两年里，东德经历了何种翻天覆地的变化。

一年前，我首度造访布痕瓦尔德。当时，一切还很正常——也就是说，很传统。同多数西德参观者一样，我被矗立在万人坑遗址上、雄伟壮观的纪念碑震慑到了，甚至还有点心怀畏惧。民族路（Street of Nations）沿途共有十八座巨型石头高塔，上面立着巨大的圣杯，象征有国民不幸落入纳粹魔爪的国家。据导游手册称，一座高达四十五米的钟楼其钟声可"响彻大地"。钟楼内部，一块铜板下盖着从若干集中营里带回的泥土。钟楼外屹立着几组囚犯的巨型雕像，只见他们打碎了身上的镣铐，高举起石质拳头。钟楼檐壁画上的英雄人物正在惩罚拷打他们的人，或者借1945年4月布痕瓦尔德解放后诞生的《布痕瓦尔德宣言》（Buchenwald Oath）来说，正在"连根铲除纳粹恶势力"。

我参观了斯大林主义英雄恩斯特·台尔曼遇害的牢房。一块铭牌上写着："德国人民的伟大儿子，德国工人阶级的领袖，死于法西斯分子的毒手。"牢里还有一盏长明灯，以及兄弟党派和工会组织敬献的花圈。

然而，布痕瓦尔德的神化同遍及苏维埃帝国的类似传说一样，

第八章　纪念堂、博物馆和纪念碑

都有一个明显的漏洞。共有六万五千名男男女女和儿童死在了这个集中营里，犹太人占了很大一部分。但这点几乎鲜有提及。与奥斯维辛或特雷布林卡不同，布痕瓦尔德并不是专为灭绝犹太人而设的死亡营。这里的囚犯不是活活累死，就是死于疾病、饥饿、酷刑或处决。所有囚犯都受到了非人的虐待，不过据大部分记载来看，犹太人是最惨的。可是，我只发现了一块很小的铭牌，纪念那一万名在1938年"水晶之夜"期间被捕、后来在拘留营的恶劣环境下吃尽苦头的德国犹太人。至于从奥斯维辛运来的上万名犹太人*——当闷罐车到达时，许多人已经死亡，成堆的干瘪尸体只能从车里抠出来——则只字未提。

在共产主义信条中，根本不存在针对犹太人的战争。二战是一场阶级战争，是法西斯分子和财阀发动的针对人民的战争。犹太人同吉卜赛人一样，和法西斯主义的其他受害者并无本质性差别。我那本1988年版的导游手册是这么说的："粉碎马克思主义、为一战战败复仇、无情镇压所有反抗者，这些从一开始就是德国法西斯主义的公开目标。但真正起到决定作用的是垄断资本集团，其一掷千金，就是为了给纳粹运动鼓与呼。"

不过，布痕瓦尔德博物馆倒是展示了一堆女人的头发、童鞋和一颗被子弹打穿的人类心脏，这些都是"奥斯维辛纪念地"慷慨捐赠的。导游手册里有两张描绘比克瑙火车站匝道旁"死亡遴选"的照片，但是照片上方唯一的文字说明却是恩斯特·台尔曼的一句话："资产阶级说要将共产党和整支工人阶级先锋队一网打尽时，是动真格的。"

和所有集中营遗址一样，布痕瓦尔德吸引的多半是游客（党卫队的一间营房被改造成了宾馆）、幸存者和以他人苦难为乐的好事者。集中营臭名昭著的铁门上刻有"各得其所"（Jedem das Seine）

---

*　应是战争末期，随着盟军在东部的不断推进，被迫转移的奥斯维辛囚犯。——编注

这句口号。就在铁门外的停车场上,一个美国退伍老兵找我搭讪。他告诉我,自己每年至少来参观一次,过去他在海军陆战队服役,在巴顿将军的率领下,于1945年4月11日解放了布痕瓦尔德。"当时焚尸炉还是热的,"他慢吞吞地说,"炉子还是热的。"

这种说法与民主德国的正统观念格格不入。关于布痕瓦尔德的神话认为,是关押在集中营里的共产党人带领囚犯组织武装暴动,才解放了大家。诚然,集中营里确实有一支抵抗组织,成员缴获过若干武器。但这些武器是否使用过,则有待商榷。如今生活在西方国家、目睹此事的个别幸存者表示,解放集中营的是美军,而且没有发生流血冲突。巴顿指挥的坦克包围集中营时,党卫队看守不是逃之夭夭,就是束手就缚。

但这个故事很重要,因为它构成了德意志民主共和国的建国神话,每个东德学生都必须阅读布鲁诺·阿皮茨(Bruno Apitz)的小说《裸露在狼群中》(*Naked Among Wolves*)。而阿皮茨正是那个用"歌德之树"橡木雕刻面具的人。这是本蹩脚的社会现实主义风格作品,书中,共产党抵抗委员会的成员在策划最终暴动时,不惜以身犯险,救下了一个犹太小男孩。小说围绕一个问题展开:是集体利益重要,还是个人利益重要?值得为一个小毛孩危及大伙儿的命运么?这个问题让人痛苦,但却从未真正得到解决。最后,孩子和大伙儿都获救了。在结尾的高潮部分,英雄穿过集中营正门,"顺着势不可挡、潮水般的人流,踩在解放浪潮的浪尖上,徐徐前进"。

于是,借《布痕瓦尔德宣言》的话来讲(解放当天于集中营校场上宣誓生效),一场为争取"和平自由新世界"的奋斗拉开了序幕。这个世界的本质很快变得清晰起来。1958年,德意志民主共和国首任总理奥托·格罗提渥(Otto Grotewohl)在原布痕瓦尔德集中营对八万名集会者发表讲话。他宣布,《宣言》在社会主义德国已经成为现实。为了歌颂这一成就,数以万计的学生、工人、社会主义青年、军人、农民和外国同志每年都要前往"红色奥林匹斯山",敬献花圈,

第八章　纪念堂、博物馆和纪念碑

聆听演讲，参加火炬游行，并展现他们坚持迈向共产主义千禧年的决心。

到了1991年我再度踏入布痕瓦尔德时，事情开始出现变化。当然，气势恢宏的纪念碑依然矗立在那儿。影院里仍旧播放着纪录片，银幕上，奥托·格罗提渥、瓦尔特·乌布利希*和台尔曼的遗孀沿着民族路迈步前行。但在博物馆里，有人塞给我一份新的宣传册。册子以一种相当微妙的口吻，宣布于1990年春通过决定，"只要技术上可行，应有所改变，纠正某些一边倒的表述"。

这番话很难概括在重写民主德国立国神话一事上存在的争议。在某个历史遗址、某个承载着沉甸甸象征意义的"警示和纪念地"上重写传说并非易事。旧的神话是应该受到质疑，但不是说要用新的来替代。布痕瓦尔德这片圣地出了状况，是因为一两具骸骨从其橱柜里掉了出来。†

1983年，建筑工人在这座纳粹集中营外围的森林中挖出了一堆人体骸骨，都被埋在一个乱葬岗里。东德政府当即勒令把这个万人坑填埋好，这件事也就到此为止。但1989年后，人们发现了更多骸骨，四十年来提都不能提的事如今可以公开讨论了：布痕瓦尔德，以及东德的其余集中营，比如萨克森豪森（Sachsenhausen）和拉文斯布鲁克，一直运转至1950年前。苏军一抵达魏玛，布痕瓦尔德立即重新投入使用，这次是用来惩罚昔日纳粹、阶级敌人、反革命分子，包括拒绝让共产党接管的社民党人。没有证据表明苏联人像纳粹的残暴政权那样强制囚犯进行劳役。然而，被关押在苏联人看管的布痕瓦尔德的三万名囚犯中，有三分之一的人后来都一命呜呼，大多死于饥饿和疾病。

我在西柏林邂逅了幸存者之一的罗伯特·采勒（Robert

---

* Walter Ulbricht（1893—1973），德共首任主席。
† 英语谚语中有 skeleton in the closet 的说法，直译是壁橱里的骸骨，意指见不得人的丑事。这里是指布痕瓦尔德臭名昭著的过去。

Zeiler）。几年来，他不断对人讲起他的故事——听众有学生、记者、幸存者协会——故事本身就是一部史诗般的传说。采勒的父亲是管弦乐队指挥，是"雅利安人"，母亲则是犹太人。采勒年满十一岁时正值首部种族法出台；不久后，父母就离婚了。作为混血（Mischling）的采勒还能靠住在母亲家来保护她几年。他的姐姐则没那么幸运，被送往拉文斯布鲁克，原因是窝藏她的犹太未婚夫。

到了1943年，纳粹下决心不放过任何一个犹太人，采勒的母亲被送往特莱西恩施塔特集中营。没过多久，二十岁的采勒也被捕了，原因是窝藏犹太人——即窝藏自己的母亲。他被送往布痕瓦尔德。没过多久，他的体重只剩下九十磅（约四十公斤——编注）。看着今天穿着运动衫、身材圆滚滚的他，实在难以想象其当时的模样。

从集中营里重获自由后，采勒驾着美军的吉普车，前往捷克斯洛伐克寻找母亲。她活了下来，两人一起开车返回柏林，中途在波茨坦过夜。趁母亲还在睡觉的间隙，采勒开着吉普车驶往柏林，想去看看自家的老房子还在不在。但半路上，他被苏联秘密警察拦住，并被指控为美军间谍。他辩称自己是被纳粹迫害的犹太受害者，但苏联人说他是骗子，因为犹太人都死光了。之后的几个月里，他被人从一所集中营送往另一所集中营。最后，采勒发现自己阴差阳错地回到了布痕瓦尔德，而他还要在那儿待个三年。据他回忆，原纳粹集中营里负责共产党囚区的那些年轻狱头更为狠毒，苏军看守还不算太坏，他们多数是思乡的年轻人，喜欢哼伤感的小调。采勒表示，苏联集中营里最难熬的，就是无聊。

我问采勒，他最终回到家，跟别人讲述了自己的遭遇后，听者都作何感想。他端详着桌上的茶巾，上面绣有广岛和平纪念馆的照片。他说，自己的故事很多人听过，有德国人，也有占领当局官员。说完便陷入沉默。我打量了下房间，里面摆满了小物件，和他父亲留下的与音乐有关的纪念品。我又重复了一遍问题，他回答说当时

第八章　纪念堂、博物馆和纪念碑

根本没人感兴趣，所有人脑子里想的还是纳粹。一些西德人已经开始抱怨盟军对待德国战俘的态度——比如说在达豪集中营。但在德意志民主共和国，苏联集中营这一话题根本就不存在。

我再度探访布痕瓦尔德时，伊姆加德·赛德尔博士（Dr. Irmgard Seidel）依旧是纪念馆副馆长。她的办公室过去是党卫队的某间营房——这是栋大体量的建筑，长长的走廊由集中营囚犯所建，里面飘着一股蜡和洗衣粉的味道。赛德尔博士办公室房门边的墙壁上挂着一幅图，画面中的党卫队士兵手执皮鞭，身前是一名遭受酷刑的受害者，双手反绑后被吊在杆子下。配图文字如下："上帝啊，原谅他吧，他压根不知道自己在干什么。"

"我过去根本不知道有苏联集中营这回事，"当被问起此事时，赛德尔博士如是答道。"1989年12月，我头一回听说这事。您知道，1945至1950年间发生的事是个禁忌话题，根本没法展开讨论。"

赛德尔博士的语气倒不是说很失礼，但看得出来她没好气，且有几分愠怒。她过去是党员，如今却生活在一个由保守派政府统一的崭新德国，形势彻底扭转：魏玛市内一个由好事居民组成的委员会正吵着要开除她。赛德尔博士的上司已经被炒鱿鱼了，取而代之的是一位西德历史学家。但当后者同西德共产党的关系被公之于众后，他旋即也被撤换。

赛德尔博士急切地想给我看能自证清白的材料，她特别想让我知道，自己已摆脱共产党宣传的控制。对于社会主义德国如何无视屠犹一事，她心知肚明，但这并不意味着她接受部分保守主义反对派的看法。在他们口中，苏联人比纳粹还要坏。为了证明自己也有人支持，她拿出一封纽约大屠杀幸存者社团出具的信件。信的内容是抗议任何将苏联秘密警察（NKVD[*]）的受害者同纳粹受害者混为一谈的企图。信里还提到了德国政治犯的英勇气概，"他们的牺牲

---

[*] 苏联内务人民委员会，即克格勃的前身。

为德国的道德涅槃奠定了基础……"

"没错，"赛德尔博士说道，"我们忽视了犹太受害者，但我们打算做出改变。我们的犹太朋友清楚这点，充分支持我。"或许他们的确支持她，或许赛德尔博士有理由感到被人冤枉了，但我不太相信她的辩解。她肯定对集中营的战后历史有所知晓。1988年，魏玛市出版了一本宣传册，并在集中营博物馆书店里免费发放。册子里提到，有了苏联官方的热心配合，布痕瓦尔德才得以被改造为纪念地。这在1950年就已实现，那时，"关押纳粹公职人员的集中营在四个星期内就人去楼空了"。

然而，既然现在真相——或至少是部分真相——已大白于天下，那么又该如何呢？德国保守派急于指出苏联和纳粹罪行之间的相似之处。一位投书《法兰克福汇报》的作者写道，是时候重新擦去覆盖在极权主义理论上的尘埃了。这一理论认为，左翼和右翼暴政"也许不完全一样，但应得到一视同仁的看待。还有什么地方比布痕瓦尔德更能证明这套理论的价值呢"。魏玛市的基督教民主同盟希望将集中营改造为"所有专政受害者的纪念地"——似乎第三帝国只是另一个独裁政体而已。

自从德意志民主共和国覆灭后，某种思想变得大行其道，在右翼圈子中颇有市场。布痕瓦尔德就成了这一思想十分受用的焦点：这种思想认为，共产主义德国是第三帝国的某种延续。还有人认为，从某方面来看，民主德国比纳粹德国还要坏：前者维持了四十多年，而希特勒在位时间不过才十二年。这种论点很有蛊惑力，因为它使第三帝国的罪行显得更常见，也不那么骇人了。但同时，它也轻易掉进了掀起1986年历史学家大辩论的那种结论：纳粹主义只是针对苏联暴政的一种防御性姿态。这套理论的始作俑者、保守派历史学家恩斯特·诺尔特认为，希特勒是在试图保卫欧洲免受斯大林的"亚细亚野蛮之风"的侵袭。历史学家辩论肇始的时间，距德国总理赫尔穆特·科尔邀请美国总统罗纳德·里根并与之手牵手肃立在比特堡（Bitburg）军人公墓只过去了一年。去比特堡之前几小时，两人还一同参观了贝尔根-贝尔森纪念堂。科尔觉得，在寻求和解的伟大时刻，再去区分坟墓是党卫队军人的还是其他战争受害者的，会显得十分狭隘，甚至完全不得要领。是时候将这一区分抛之脑后了。借恩斯特·诺尔特的话说，是时候让往事远去了。

受害者与受害者是不同的，此坟也非彼坟。自1988年以来，一场围绕这类区分的风波在柏林不断酝酿。负责文化事务的市议员同意在希特勒总理府的旧址上建造一座犹太大屠杀纪念馆。这么做的初衷是想用一座丰碑来缅怀遇难的欧洲犹太人。但吉卜赛事务中央委员会表示抗议，要求纪念碑铭记所有种族迫害的受害者*。规划方表示反对，说这会让整件事丧失意义。争论愈演愈烈，甚至变得荒诞不经。甚至出现这样的观点，问是否四分之一的犹太人遭迫害，就比八分之一的吉卜赛人遭迫害情节更恶劣？很快，争论双方的口气都变得像纳粹的种族理论家一样迂腐。

究其根本，历史就是一门关于区分的学问。这也就是为何在1990年，德国政府任命了一个由杰出史学家组成的委员会，负责处置因布痕瓦尔德而起的历史论争。纳粹和苏联的受害者是不是应该一同缅怀？如果答案是不的话，又该如何将二者分开？民主德国的纪念碑应当拆除么？那博物馆呢？诸如此类的问题一连串。这项差事很棘手，因为委员会多数成员来自西德。而"东佬"又向来反感"西佬"对他们国家的历史误区指手画脚。一旦过于突出苏联的罪行，原共产党人就会拍案而起，相反，也有人觉得委员会在"反苏倒苏"一事上还不够彻底。艾伯哈德·雅克尔博士（Dr. Eberhard Jäckel）是委员会的西德史学家之一，他告诉我："我们同原民主德国人的关系相当尴尬，因为他们把我们也看成是1945年战胜的同盟国。"

---

* 除了犹太人外，欧洲吉卜赛人（罗姆人）也是纳粹德国种族灭绝政策的主要受害者，死者约有五十万。

到头来，委员会只提议作出一些局部改变。关押过恩斯特·台尔曼的监狱换了块牌匾，上面的文字较过去更加言简意赅："德共主席曾被囚禁并杀害于此。"另外，根据规划，在已有一座纳粹历史博物馆的基础上，布痕瓦尔德旧址上还将建造另一座博物馆，用以展示苏联管辖的那段岁月，不过规模较小。

然而，一座历史博物馆能否同纪念堂或警示碑合二为一，且不歪曲其目的，这个问题依旧有待解答。纪念堂是宗教化或半宗教化的丰碑，在这里，缅怀过去是一种集体仪式。人们在纪念碑前祈祷，点燃火把，敬献花圈。反之，博物馆是世俗机构，在自由社会中，它的职责是谋求学术独立。在专制国家，所有一切——政治、学术、追忆——都被简化为公共仪式，不存在什么内部张力；但在自由民主国家，这种张力是存在的。

* * * * *

尽管二战已过去四十七年，但直到1992年，日本仍然只有一座战争博物馆，而且古怪得很。当然，广岛也有和平纪念资料馆，但仅仅关乎广岛本身。此外，九州南部的原空军基地遗址上也有一座小型博物馆，陈列着神风突击队某中队的纪念物。但只有东京的靖国神社博物馆，涵盖了整场战争的历史。

神社本身就充满争议。这座神道教寺庙供奉着自1868年明治维新以来所有为天皇捐躯的日本人的灵位。博物馆发放的介绍册写道，这些爱国者是为"国家"献身的，但天皇即国家这个等式从未得到过认真思考。这点很符合神社的基调；事实上，这恰恰是它存在的理由。供奉在靖国神社的亡魂多达数百万，其中包括东京审判后被列为甲级战犯并判处绞刑的军政大员。一些保守派政客历年参拜神社，祭奠战殁者，他们声称，靖国神社同弗吉尼亚州的阿灵顿国家公墓或伦敦的阵亡将士纪念塔没什么分别。但是它们确有不同。

第八章 纪念堂、博物馆和纪念碑

1860年代，以天皇为名义上政治首脑的新政府推翻了德川幕府，是谓"维新"，这一过程伴随着流血。出于祭奠那些效忠皇权、对抗幕府的亡魂的目的，明治天皇建造了靖国神社。因此，从某种意义上来看，靖国神社是一片献给革命者的，或者更确切地说，是献给波拿巴主义者（Bonapartist）的圣地。发动维新的是武士阶层，直到1945年前，只对天皇负责的武装力量往往处于日本社会秩序的核心。走近神社的巨型鸟居，首先映入眼帘的是军事战略家、日本帝国陆军创始人大村益次郎的铜像。他于1869年被政治对手暗杀身亡，同年，靖国神社落成并开放。

尽管有史料记载以来，每一届日本政府都会确保自己获得当朝天皇的恩泽，不管后者是出于自愿还是被迫，但军国主义化的天皇崇拜（有时亦称国家神道）是脱胎于明治时期的产物，不过分地说，是一种日本版的现代民族主义。这一个人崇拜的头号圣地就是靖国神社。打仗是"为了天皇"，执行命令是"为了天皇"，"为天皇捐躯"后魂归神社，供人膜拜。

战后，为了实现政教分离，美国占领当局坚持要日本人摈弃神道教的国教地位。包括靖国神社在内的神道教寺庙自此成为私人场所。多数日本人欣慰于摆脱了军事压迫，对此表示欢迎。但到了1951年，原来的军官组建了右翼团体，要求释放所有战犯，并为靖国神社正名。这在后来一直是右翼的一大目标。民族主义知识分子至今仍在发表言辞愤慨、哀叹丧失"民族身份"的书籍，诸多压力集团渴望能恢复部分战前价值观。在一篇关于靖国的文章里，批评家江藤淳写道，日本人不同于其他民族，"向死而生"。[2]因此，他总结道，在靖国慰灵对日本民族的繁衍生息极其重要。

日本战殁者家属协会有一百多万会员，其中多数人都会把票投给保守派自民党，这是一个很有分量的压力集团。那些希望修宪、恢复天皇神圣地位以及战争主权的右翼政客，自然而然地坚称靖国是个官方祭拜场所。因此，右翼的聒噪和个人信仰结合起来，促使包括首相在内的日本政客每年都参拜神社。

为了将争议降到最低限度，他们以"个人名义"参拜，即使如此，他们的集体参拜也成了公共事件，还上了晚间新闻。到了1985年，首相中曾根康弘开创先河，以官方身份参拜神社，并在访客留言簿上署了自己的大名。他向神社的献祭是从一棵圣树上掰下的名贵树枝，所产生的费用也是由公共财政买单。基督徒、左派人士、反战主义者和中韩两国政府均表示抗议。日本一佛教团体的成员还起诉首相，指责他"花纳税人的钱，却在对我们造成精神伤害"。可是，中曾根坚称参拜是为和平祈福。靖国神社的官方宣传册也是这么说的——这座庙宇的存在是为了追求和平。"靖国"的词意便是"为国家带来和平"。

这是种奇特的和平观。神社前栽着樱花树，树上挂着写有帝国陆军各师团番号以及著名战舰名称的白色标签。神社后方有尊石碑，形似地球仪，是为纪念宪兵队而立。宪兵队相当于日本的党卫队。附近一堵绵延的混凝土墙面上凿开了几个洞，里面摆放着颜色各异的石块，分别来自莱特岛、瓜达尔卡纳尔岛、关岛、威克岛等昔日的战场。此外，还有一尊"母亲之像"：由白色大理石雕刻而成，看着像拥有一道深喉，湍急的水流从中贯穿而过。从碑上所刻铭文可以得知，这要表达的是"因口渴而奄奄一息的军人，他们脑海中浮现出的母亲形象"。

一条石子路通向神社主殿，沿途停着几辆蓝色和卡其色的卡车，车身扎满民族主义标语，车载喇叭震天响地播放战时军队进行曲。卡车隶属于一些极右翼团体，他们希望在裕仁天皇离世前恢复战前秩序，也就是他们口中的"昭和维新"（昭和是裕仁的年号）。剃着光头的制服青年齐声高喊，整齐划一地朝皇宫方向鞠躬。

"游就馆"前方陈列着老式机枪、一辆二战时期的坦克、一门榴弹炮、一枚鱼雷和第一节行驶在泰缅铁路上的火车头。这些东西都得到了精心维护。此地在"游就馆"手册中被唤作"圣地"，而

第八章 纪念堂、博物馆和纪念碑

这些公开展示的武器曾为"神社内的英灵倍加爱惜地使用",是"游就馆"馆藏的"神圣遗物"。

踏进一号厅,率先映入参观者眼帘的是一幅巨型油画,镶着厚重的镀金边框。这幅画所描绘的是裕仁天皇在1930年代参拜靖国神社。他身穿戎装,两侧是一袭白袍、颔首鞠躬的神道教僧侣。除了画以外,展品还包括一口由神社附属僧侣锻造的神圣的靖国刀,以及参加过19世纪和20世纪之交甲午战争和日俄战争的军人遗物。

另一些展品比如"人体鱼雷"——形似香肠的一根钢管,可以容纳一个人。此人的使命是操纵着载满炸药的爆炸装置,撞向敌人舰船,与之同归于尽。再看战旗,士兵在上面写下血书,时至今日,他们的名字已然褪色,只留下一些褐色斑痕。再比如一架仿制的"樱花"战斗机,神风队员曾驾着它发动自杀式袭击。军人写给母亲和妻子的家书被封存在玻璃柜中。一堆沾了污渍的战旗中间还夹带着一件血迹斑斑的破衬衫,它的主人是一位战死在菲律宾的军人。一旁还有张皱巴巴的照片,军人阵亡时随身携带着,照片上是他的母亲。

除此之外还有不少油画,清一色具有和"天皇参拜靖国图"一样的华丽风格——有的描绘了日军在长城边上和感恩戴德的蒙古人的亲善场面,有的描绘了人体鱼雷或樱花战机慷慨赴死的景象。一个形似迷你花园的巨大模型重现了当年毫无胜算的缅甸和菲律宾战役。"奉命玉碎"的微型塑料坦克从毛毡做的悬崖边"栽落"了下去。对于战后被苏军俘虏、并关押在西伯利亚战俘营的日军遭遇,馆藏品给予了极大的关注。最后一件展品是个玻璃柜,里面装着缅甸军人独裁者奈温将军(Gen. Ne Win)呈给日本的一面缅甸国旗和其他物件。奈温战前曾在日本受训。因此,文字说明写道,送这面旗的人"拜日本所赐,才赢得了民族解放"。印尼总统苏加诺则送了只塞了填充物的天堂鸟标本,以表感激。

每个展品间的文字说明介绍了当时的战争背景,是十足的战时宣传。1931年吞并满洲，是为了保护亚洲大陆免遭苏联共产主义和中国人染指的必要步骤。侵华战争不可避免，因为英美两国怂恿中国起义者进行抗日活动。而日美战争是关乎民族存亡的大事。日本战俘及数以百万计的人在共产主义政权手中所受的煎熬，证明了日本自始至终都是正确的。简言之，拿"游就馆"书店里一本历史书的话来讲，"大东亚战争并非'侵略战争'，恰恰相反，这是一场为了将全世界从共产主义手中解放出来而进行的圣战"。

我们很容易从上述发现中得出一条结论，即靖国神社的战争博物馆美化了军国主义。事实上，情况比这要更复杂。"游就馆"以准宗教化方式赞美的，不是好战心理或仇恨，而是自我牺牲。"游就馆"乃至整个神社的基调，在一块由"祭奠特别攻击队联合会"（"特别攻击队"即神风特攻队）所立的大型铜质牌匾上得到了归纳。这块匾于1985年珍珠港事件纪念日当天揭牌。所刻之字笔法潇洒遒劲，出自联合会总裁竹田宫恒德之手："六千壮士死于自杀式袭击，他们的壮举前无古人，震慑敌心。整个国家都为他们的无比忠诚和无私奉献感激涕零。"

在主殿旁的一间小屋内，我跟一位年轻的僧侣攀谈起来，他的长袍白得晃眼，象征其所从事职业的纯洁性。他年龄不会超过三十岁，父亲也是神道教僧侣。交换过名片，寒暄了几句后，我问他对太平洋战争有何看法。他说，首先，管二战叫太平洋战争大错特错，应该叫大东亚战争。同样，认为大东亚战争是侵略战争的想法也是错误的。"我们没得选择，打仗纯粹是因为这关乎国家的生死存亡。还有，这么做的初衷是为了解放亚洲。亚洲人民对此至今心存感激……"

他肯定注意到我有些不耐烦，因为他停了下来，问我究竟想了解什么。于是，我问"游就馆"到底是派什么用场的。这一回，他的回答倒是既诚恳又可信。他说，"游就馆"不具备教育功能，只要战争幸存者仍然在世，它就不能算是正规博物馆，只是用来存放

第八章　纪念堂、博物馆和纪念碑

靖国英魂遗物的场所。但是，随着时间推移，它肯定会成为一座像模像样的战争博物馆，他说道。

我追问，这该如何实现，如何遴选馆藏品，又如何进行介绍？会不会任命史学家来从事这项工作？

他需要思考片刻，不过没用太久。"问题在于，"他说，"一旦你把史学家扯进来，就会碰钉子，会产生歪曲。这里是神社，我们必须考虑英灵和家属的感受，得让他们高兴。正因如此，史学家加入的话只会捅娄子。比如他们所谓的侵略战争，其实是一场救亡图存之战，我们可不想让战殁者家属觉得我们供奉的是侵略者的牌位。"

如果暂且忽略神道教和基督教之间差异的话，那么有着"遗物"、"圣地"和向杀身成仁精神致敬的铜牌匾的靖国神社，和一战后修建的不少欧洲纪念堂的确没什么两样。总的说来，欧美的二战纪念馆（苏联的除外）已不再歌颂阵亡士兵的舍生取义。奥斯维辛之后，再歌颂牺牲、把战争浪漫化并拔高其精神高度，显得不合时宜。为国王和国家承受苦难的基督教骑士再也不会还魂了。但在日本，战争依然是真正意义上的战争（不是屠犹），而其象征意义依然能勾起人们的宗教热忱。诸如靖国神社这样的庙宇依然传承着19世纪民族主义思潮的薪火，并继而传递出这样一种印象，即国家"复兴"是战殁军人用生命换来的。

九州南端的知览附近有座特攻和平会馆，馆外的木牌完美地印证了我的看法："我们"——也就是日本人——"对他们以壮烈牺牲换来的新生感激涕零……我们对国家走向繁荣昌盛感激涕零，对日本今天的和平盛世感激涕零……我们相信，（神风特攻队）也期盼恢复和平与繁荣"。

也许他们的确祈求和平，但在我穿越一座小型观音殿——观音是慈悲女神——外的花园，走向"和平会馆"的时候，我着实弄不明白，他们到底为和平作出了哪门子贡献。神社没给出答案。在由退伍老兵协会捐赠、用来告慰亡灵的石灯群之间，停着一架银色的自杀式战机，神风特攻队员曾经驾驶过它。他们有个绰号，叫"樱花"——美丽缤纷但转瞬即逝。

神社和博物馆建在空军基地旧址上。在过去，神风队员就是从这里起飞，奔赴冲绳执行自杀式任务的。鹿儿岛是离这儿最近的城市，地处风景旖旎的海湾口，跟珍珠港十分相似，因此日本海军1941年选在这里进行军事操练。一踏进"和平会馆"，就有人递来一份册子，介绍说这座博物馆"之所以建立，是为了保存二战的真实历史档案，为真正的世界和平作出贡献"。大半个博物馆——这是栋丑陋的现代建筑，由政府拨款，建于1985年——都围绕着"樱花们"的遗物而建。其中包括"千人针"饰带，据传由一千名女子之手缝制而成，飞行员佩戴后可获得力量。此外还有破旧的军装，以及飞机爆炸后从海底打捞上来的部分残骸。但是最最重要的遗物，还是飞行员留下的书信和日记，许多都写得感人肺腑，令人动容。

按照惯例，飞行员要写好遗书，留给亲人。遗书中流露的部分情感俗不可耐，这点可以预料：比如为天皇和他的神圣土地捐躯乃无上荣耀的爱国言辞，履行军人义务的自豪感云云。但这些都是常规套路，之所以这么写是因为上头要求，比方说向父母谢罪儿子忠孝不能两全，言辞之悲切，令人唏嘘。许多信件用词大抵相似，都是劝父母和兄弟姐妹莫要流泪，莫要悲伤，而是应举起一杯清酒，拿出和军人慷慨就义时一样的气概把酒言欢。

欢声笑语是重点。这不光在信里得到了强调，也体现在墙上挂着的青年遗照中，它属于当时媒体报道的一大特色。纵然面对无法逃遁的死亡，也要发出少年般的欢笑，这点和爱国情绪一样普遍，且备受赞美。"和平会馆"的某张写真里，一群乐呵呵的飞行员正准备起飞，其中一人不过是个小孩儿，他刚和自己的宠物狗诀别。配图文字如下："在这些不久之后注定命丧黄泉的人欢笑的脸庞上，洋溢着一种别样的美。"

当然，这份故作淡定并非日本人独有，英军轰炸机飞行员也是笑口常开。年轻人对壮烈赴死的浪漫想法没有抵御力。但现如今看到这被当成一种美好的事物，在"和平会馆"里得到大力歌颂时，还是让人心里发毛，因为爱国口号和爽朗笑声无法掩盖生命被白白葬送的悲剧。相反，它们平添了一丝苍凉的凄楚，在欢声笑语的背后，其实掩藏着一种绝望的情绪和难以抑制的歇斯底里。

一名十八岁的青年在寄给双亲的遗书结尾写道："我真是个窝囊废，妈妈，竟然无法抛开一切，大声呼喊您的名字，尽管我很想这么做。妈妈！请原谅我，您一定觉得很孤独，但我现在要使出全力，大声呼喊您的名字：妈妈！妈妈！妈妈！"

这儿还有一封，是个叫阿茂的少年写的，年龄不详："是时候出发了。登上神圣战机的樱花正在怒放。我要加入他们的行列，开得一样绚烂。爸爸，妈妈，各位，请别为我担心。大家保重，我祝愿你们在世上都能活得幸福……"

这些信件和照片对参观者造成的影响不言而喻。男人沉默不语，不一会儿便抽身去看模型战机。上了年纪的女人则低声啜泣，用叠成小块的方巾擦拭眼泪。"太年轻了，"她们呜咽着，"太年轻了。"只比"樱花"年幼几岁的学生排队经过展品。有些人哈哈大笑，有些在闲聊，还有些默不做声。

令人悲伤的并不只是神风飞行员的过早凋零。但凡打仗，无论哪国的军人（乃至平民）都是如此。但他们的死让人最难过的地方，莫过于泛滥到让人反胃的煽情元素，而这居然被拿来为自我牺牲正名。我们没有理由认为神风飞行员根本不相信那套樱花凋零和杀身成仁的爱国主义说辞，毕竟这在当时非常普遍。而这正好切中了问题的本质：他们被教育为自己的死欢欣鼓舞。正是这种对他们懵懂理想的利用，让劝之赴死的做法显得无比邪恶。但这点在"和平会馆"里至今完全没有提及。

至于虚假的理想和腻味的诗意，它们依然是此地氛围的构成要素。通往会馆的马路两旁栽着樱花树；人们大肆吹捧所谓的"欢笑脸庞之美"；导游指南称会馆为"泪之阁"；一幅骇人的 4 米 × 3 米的油画里，六个身裹白袍的天使将一位飞行员的遗体抬离正在燃烧的机体，托着他升向天堂；最最重要的是，拒不承认自杀式任务完全是白白葬送生命，仅仅起到了延缓战争结束的作用。几千人的死被赋予了一种子虚乌有的意义：年轻人为了和平与繁荣而死，他们的牺牲是爱国主义的光辉典范。

松本先生是负责管理会馆的当地公务员，他站在主楼里一架绿、白、红三色相间的自杀式飞机前，身旁簇拥着三百来个身穿海军蓝和黑色校服的学生，他们席地而坐，正听松本训话。松本的口气像极了过去放幻灯片的解说员的腔调，带着婉转悦耳的鼻音。他问孩子们从哪儿来。"喏，这是你们的前辈，"他边说边拿出一张和孩子们是同乡的飞行员照片。照片里的死者笑容可掬地看着镜头。松本举着照片，讲述他们的生平故事；关于牺牲、勇气、单纯无私的情感，以及美好理想。结束演讲时，松本说有人恐怕会批评他将战争理想化了，或者在鼓吹军国主义。但这种想法大谬不然，他表示。战争太坏了，坏透了，我们再也不能重蹈战争的覆辙。

然而，事后我在他办公室追问道，如果说故事的主人公都那么英勇，他们的理想又如此纯洁的话，为什么孩子们还会得出战争太坏了的结论呢？"这是因为，特攻队的飞行员是如此真诚地信奉和平。"

我知道多说无益，松本和会馆创始人既不是嗜血之徒，也不是为战争辩护的卫道士。然而，战争宣传向来立足于理想之上——牺牲、诚实和神圣事业。他们对于理想的信念太过坚定，难以撼动。

第八章 纪念堂、博物馆和纪念碑

*****

要想精确洞察变化总是不甚容易,因为事物一直都在发生变化,多数悄无声息,无人留意。但就战争记忆而言,1990年代初在日本可谓是一段大变动的时期,或者起码看似如此。自1980年代末以来,退伍老兵开始公开谈及往事。1991年,原韩国慰安妇及部分幸存中国劳工赴日索赔。在大阪和京都,两座着重反映日本侵略历史的新博物馆对外开放。总而言之,似乎打开了几扇窗,放进来一缕清风。对此有两种常见的解释,一是1989年裕仁天皇撒手人寰,二是里夏德·冯·魏茨泽克于1985年在德国国会所做的演讲。他在演讲中谈道:"任何对过去视而不见的人对现在也一样盲目。不论是谁,只要他拒绝铭记过去的惨无人道,就存在染上新疾的风险。"演讲稿被译成日文,读者甚众。许多日本人都跟我谈起过此文,说这为他们树立了榜样。

但日本的侵略史之所以重新得到了突出,还有一个更为政治化的原因。海湾战争引发了一场对日本武装力量今后扮演之角色的严肃讨论。一部新法案(《协助联合国维持和平活动法案》[Peace Keeping Operation],简称PKO法案)获得通过,使得日本自1945年以来首次能够以参与联合国维和任务的名义向海外派兵。这乍听起来好像很轰动,实则不然,因为自卫队只能携带轻武器,且不能参与任何战斗。但这一尺度对不少日本反战主义者而言已经够过分的了,他们将其视为军国主义死灰复燃的又一迹象。呼吁在平和会馆设立"侵略者一角"的广岛活动家是这么想的,作家兼政治活动家小田实也是这么想。两座崭新的战争博物馆——大阪国际和平中心和京都世界和平博物馆——背后也折射出强烈的和平主义思潮。二者均非日本政府拨款所建。大阪的博物馆由大阪县政府和市政府建立,而京都那家则隶属于立命馆大学。

两座新博物馆都是世俗机构,并无义务供奉任何人的灵位;这里既没有"遗物",也不存在"圣地",更不见对舍生取义的颂扬。话虽如此,反战主义并非没有自己的宗教氛围。一走进京都世界和平博物馆大厅,就能看到漫画家手冢治虫所绘的两幅巨型壁画,内容是两只惊慌奔逃的鹤——一只飞离幽暗而残酷的过去,另一只正飞向光芒万丈的未来。用宣传册的话讲,艺术家倾尽全力,想要"歌颂生机勃勃的宇宙,歌颂让所有生灵都能活出精彩的上苍"。

大阪国际和平中心位于一幢富丽堂皇的现代建筑三楼,中心最后一个展厅呈现了人类依然面临的危险:核威胁、生态危机和社会危害。耳畔萦绕着新世纪风格的音乐,空灵而飘逸。世界各地的人们通过录像,阐述自己对和平的见解。一名美国女性表示,战争属于男人,只有女性的治愈力量才能带来和平,因为她们会纺纱织布,培育后代。

撇开上述景象,两座博物馆的宗旨简单明了:改变战时日本的形象,使之从受害者变为侵略者。日本人的苦难并没有被忽略;大阪博物馆的一个展区就十分详尽地——尤其是从孩子的视角——展示了大阪是如何被燃烧弹摧毁的,以及遭到打击是何种滋味。在当时儿童所绘的一幅彩色图画里,逃命的人群惊慌失措地飞奔过桥,身旁炸弹爆炸,婴儿的头颅被炸上了天,鲜血四溅。可是,不同于广岛博物馆,在这里人们小心翼翼想表达的是,这一切之所以会发生,是因为日本发动的战争。

满满一屋子"十五年战争"的文物、档案和照片清楚展现了这点。没有什么是被粉饰的;南京大屠杀、化学战部队、慰安妇,这些都有介绍。但除了只言片语外,解释并不详尽。很明显,这么做并不是想过多触及战时宣传的本质——国家神道鲜有提及——而是让年轻的参观者对战争的残酷性有所体认(据悉,他们多为初中生,因为高中生正忙于应付考试)。

由于对日常生活的军事化管理、压制言论自由和民族主义宣传给予了更多关注,京都博物馆的启迪意义更大,涉及政治的内容更多,对战后历史所做的简短概括也符合左派常有的结论。比方说,

第八章　纪念堂、博物馆和纪念碑

某本供小学生使用的插画书就写道,越战是美国发动的一场"侵略战争",但"渴望自由和独立的越南人民经过了艰苦卓绝的斗争,最终取得胜利"。

话说回来,这么做的目的与其说是鼓吹反美主义,不如说是为了彰显战争都是邪恶的。用大阪国际和平中心宣传册的话来说:"我们生活在一个自由而富饶的日本,但战争阴云依然笼罩在我们上空。'十五年战争'教会了我们很多东西。最重要的一点就是,根本没有所谓的正义战争。"

大阪国际和平中心创立人之一胜部元教授在一本由他撰写的、名为《日本的角色》的小册子里,进一步厘清了反战主义的政治背景。在书中,胜部探讨了《美日安保条约》和PKO法案。在他看来,政府故意歪曲或掩盖日本战时历史,以此为日本军事大国地位的恢复背书。他希望日本能斩断"如今同美国的霸权主义全球伙伴关系,并成为民主和平阵营的一分子……",另外,"如果选择走这条路的话,日本就必须承认它在'十五年战争'里所犯下的战争罪行,并对战争受害者作出赔偿"。

胜部教授为人光明磊落,他似乎一向如此。由于在私人研究团体内部质疑日本的战事,他于1943至1945年间蹲了两年大牢。他指出,同所有政治犯一样,释放他出狱的不是本国政府,而是美军。这段经历给他造成了创伤,打那以后他就一贯以最大的恶意揣测日本政府。他的穿着一副年迈进步主义者的模样,很是随意:灰色运动衫、蝶形领结、宽松长裤。他向我解释大阪国际和平中心标志的意义——紫色的圆圈中央有个绿点,他说,绿点象征大阪,传递着和平的讯息,紫色圆圈则代表世界各国。

参观完博物馆后,某位馆员领着我来到天台。站在那儿,我们俯瞰围绕大阪城天守阁而建的大型公园,那里曾是日本帝国陆军操练和演习的地方。我回想起先前参观过的日本战争博物馆,有大阪的,有京都的,有设在九州原神风特攻队基地的,有广岛的,还有靖国神社里的"游就馆"。诚然,战后的日本确有变化,可是基本的争论依然如故。正方心目中的日本,已从罪行中吸取教训,再也不会走向战争。反方认为,日本应有重新成为"普通"军事强国的自由。只要一方运用历史罪孽来支持其和平畅想,另一方就会加以否定。

* * * * *

迪特·舒尔特(Dieter Schulter)是我在德国遇到过的怨气最重的人之一。七年来,他一直担任波茨坦历史博物馆馆长。该市位于原民主德国,是诸多宫殿和军营的所在地。两德合并后,他被开除了。一位来自西柏林的中世纪史学家接替了他,并被指派修缮博物馆。她形容舒尔特是个"死硬派党员",还告诉我,秘密警察斯塔西的办公室就在他头顶上。

我们约在一座破败宫殿裙楼内的季诺咖啡馆,这个地方很现代,光线昏暗。舒尔特衣冠楚楚,身穿熨烫过的蓝色牛仔裤和花纹毛衣,脚蹬一双柔软的便鞋,一头白发梳得整整齐齐,指甲富有光泽,说明最近刚修剪过。他讲话时,视线不停地在屋内游移,不说话时则撅起嘴唇。

他说,放弃在博物馆的工作并不容易,因为这曾经是他生活的重心。另外,他对时局的变化也很不满。他谈到波茨坦的历史地位。自腓特烈大帝以来历朝历代都将波茨坦作为展现其形象的工具,他解释道。波茨坦在1920年代是右翼政治活动的中心。战时,希特勒的高级将领都驻留于此,就连策划1944年未遂政变的那批人也不例外。然而,这一切在博物馆里都没有被给予足够的重视。舒尔特相信,博物馆最重要的功能,就是"展现历史的法则"。

在面见舒尔特之前,他的继任者比尔申克太太已经带我在昔日博物馆的一些地方转了转,包括陈列二战馆藏的展厅,那里迄今未改作他用。自德国统一后，这些展厅就对外关闭了。里面散发出一股霉味，闻着有点像熟蘑菇。新馆长开了灯，揭开盖在玻璃展柜上的一块白布，露出"新制度的象征"，即共产主义德国诞生前的旧政权。标志物排成一行：有个一战的德式尖顶钢盔，一顶财阀戴的高帽和一顶冲锋队的褐色军帽。它们排列的次序就跟历史法则一样顺理成章，和多米诺骨牌一样整整齐齐。在展厅的其他角落，我学习了法西斯主义为何是"魏玛共和国内部民主体制和帝国主义之间矛盾"的必然产物。

我问舒尔特，这些文字是谁写的，他是否还相信这一套。他撅撅嘴，望向我身后，开口说道，声音轻得几乎像是在耳语："这些差不多是七年前写的，科学知识后来进步了……"

他的想法发生了哪些变化？"我仍然相信，社会主义必须是探寻社会关系和语境的基础。历史不能只是由细节拼接而成的马赛克，只展示物品的博物馆算不上是博物馆。"

接着，他话锋一转，谈起自己在共产主义统治下的不易，比方说，每次办展都必须得到审查人员批准，然后才能落实哪怕是最微不足道的物资，譬如印刷用的纸张。

他是否觉得德国比过去更自由？"不，我们从来就不自由，从来就没自由过！"哪怕是相对而言么？"没错，你瞧，就跟我们过去为了拿到纸张或资金，不得不作出妥协一样，现如今某件事如果和资本主义制度不合拍，那你照样什么也办不成。必须噱头十足，必须如何如何。好吧，也许历史博物馆会更有趣……"

我对舒尔特无甚好感，他是个共产党官僚，跟前人没啥两样。他的口气听着甚至很像1945年突然发现自己的世界轰然崩塌的那些纳粹低级官僚。当被问起办公室楼上的斯塔西时，他说自己一无所知："从没人告诉过我，我不知道，这种事怎么可能知道？我知道啥，我啥都不知道。"

但他关于博物馆的一番话有一定道理。一座博物馆，特别是历史博物馆，不能只是随随便便展示些物品。展品必须根据观念进行排布。没有故事的历史是令人费解的。这不是说，世上根本就没有真相，所有故事都是宣传。但要是想抓住真相，就必须有对抗，有争论，有阐释，还有重新阐释——简言之，有一种无休无止的叙述。问题在于，如何在博物馆里呈现这点。

东柏林或许给出了一种答案。民主德国解体前，每栋住房、每所学校、每家工厂、每座军事基地都有一个所谓的"传统之屋"（Traditionskabinett）。这些屋子实为一间间微型博物馆，概括性地展示了一系列历史事件的来龙去脉：德国工人运动，共产主义反法西斯抵抗运动，苏联红军解放易北河以东的德国领土，以及德意志民主共和国建国。这里呈现的是最纯粹的历史"传统"，为共产主义国家提供了合法性。同无处不在的列宁胸像一样，这些地方中的大多数在1990年后已被拆除。然而，在东柏林某公园一角，一间"传统之屋"仍保存完好。不过，它的主题不再是历史，而是宣传。展品四周贴满了标签，在解释展出内容的同时，也进行批评。从某种程度上来看，可以说是在解构旧政权留下的神话。

虽说两者并不完全一致，但我还是联想到了汉堡一座著名的警示碑，作者是雕塑家阿尔弗雷德·赫尔德利奇卡（Alfred Hrdlicka）。赫氏的作品刻画了血肉模糊、惨不忍睹的尸体和骨瘦如柴的囚犯，是对一旁一座年代更为久远的纪念碑的批判——此碑丑陋至极，形似巨型地堡，立于1936年，目的是纪念第二汉莎步兵团76营。浮雕上刻着成排一模一样的士兵，正环绕石碑行军。在他们佩戴的头盔上方，刻着一行哥特字体的文字，摘自海因里希·莱什（Heinrich Lersch）作于1914年的一首诗："我们终有一死，而德意志永垂不朽。"（Deutschland muss leben, und wenn wir sterben müssen.）几乎所有纳粹纪念碑都难免被拆毁的命运，但这块碑却逃过一劫。人们选择将赫尔德利奇卡的尸体石雕立于其侧，是一种更为妥当的回应。这座警示碑存在的意义是进行反驳。

第八章　纪念堂、博物馆和纪念碑

然而，诸如此类的例子十分罕见，也并未为历史博物馆或纪念碑存在的问题提供一种实际解决途径。当总理科尔于1983年提议联邦德国建立属于自己的德国历史博物馆时，他脑子里盘算的肯定不是上述做法。为了向柏林建城七百五十周年献礼，其博物馆计划要到1987年后才开工。

赫尔穆特·科尔在保守派学者米夏埃尔·施蒂默尔等顾问的熏陶下，对历史很有兴趣。同其他保守派一样，他担心联邦德国缺乏历史认同感。在酝酿建造博物馆的计划时，里夏德·冯·魏茨泽克还是柏林市长。魏茨泽克表示，东德人起码有更为连贯的历史观——东柏林还有一座德国历史博物馆，一座大号的"传统之屋"，位于壮观的巴洛克式军械库内。米夏埃尔·施蒂默尔曾写道，"追寻我们丢失的历史"不仅"在道德上具有合法性"，而且"在政治上具有必要性，因为这关乎联邦德国的内在延续性和外交政策的可预测性"。[3]基民盟国会议员阿尔弗雷德·德莱格尔（Alfred Dregger）担心，倘若对"德国整体历史"了解不够，年轻一代的德国人就不会充分支持"民主国家"。"整体历史"（die ganze Geschichte）是句隐语。他要表达的是——而且在一些场合确实说过——对于纳粹时期历史给予的关注过多了。简单地说，上了一定岁数的德国保守派担心，国家被一分为二，联邦德国的公民会自感不是完整的德国人。历史——即"整体历史"——会帮他们增强认同感。

因此，当科尔在1985年就博物馆项目再次做国会演讲时，他指出有必要知道"我们从哪儿来，作为德国人今天又身居何处，以及将向何处去"。[4]不过，他还提到了和东德的关系，所谓的"德国政策"（Deutschlandpolitik），这触及"我们的民族认同感、我们国家和欧洲命运的核心"。

一个由史学家和博物馆专家组成的委员会应运而生，接踵而至的是一场辩论。左翼政客和知识分子对科尔的想法完全不感冒。他们怀疑保守派政府的计划背后动机不纯，对保守派民族认同思想更是极度不信任。可以说，在他们心目中，身份认同压根不关政府的事。社民党政治家弗莱穆特·杜维（Freimut Duve）在1986年声称："历史不属于政府，也不属于政治。在民主国家中，政府既不能、也不应以过去封建领主的方式建立博物馆。"[5] 就这样，正反两方你来我往，相持不下，直到1990年整件事变得多此一举后，这场口水仗才告一段落：两德合并，又只剩下一个"德国"了。

今天，最接近官方历史博物馆的，是坐落在柏林的德国历史博物馆（Deutsches Historisches Museum）。它位于东柏林的军械库内，过去是共产主义德国历史博物馆。早在1989年柏林墙倒塌后不久，就有人试图改造它。那时，门口的一块牌子上写道："我们如今知道，这座博物馆反映的是一种为越来越官僚和集权的社会正名的历史观，它禁止人们同过去和现在建立积极而主动的联系……所有一切都有待改变，有待得到新的评价。欢迎您不吝赐教，协助我们以真正可取的方式呈现历史。"

这番话里能读出一丝急切，暗示东德人尽管有世上最强的意志，但单靠自己也无力应对。因此，西德人参与了进来，军械库内部被拆除一空，代之以新博物馆。崭新的德国历史博物馆没有设永久性馆藏；历史主旨和话题呈现于各种临时展览中。据馆长克里斯托弗·施托策尔（Christoph Stölzl）介绍，"如此设计，是为了促使人们思考"。

施托策尔来自慕尼黑，是个品味考究的自由派，仪容整洁，很有英国范儿（style anglais），扎真丝领结，穿花呢西服。他既是美学家，也是经验丰富的行政人员，说起话来头头是道，像个做广告的。施托策尔出生时恰逢战争末期，不过他身上没有折磨许多"六八一代"知识分子的那种对罪行的道德关切。他以一句评论开启了我俩的谈话："你不可能为某件你没做过的事进行心理哀悼。"无疑，他指的是奥斯维辛之后身为德国人这一老生常谈的话题。

"你能做的，"他说，"只是些象征性的事，形式上的。比如设立一年一度的奥斯维辛日，给大赦国际（Amnesty International）

第八章　纪念堂、博物馆和纪念碑

捐款，这些都不错，总比自我反省更有建设性。可是，德国理想主义最典型的特征，就是幻想不切实际的事，却忽略那些可以做到的。"

我来拜访施托策尔，是想就他供职的博物馆请教几个问题，可他却滔滔不绝地谈起了纪念馆。不过，他尝试对二者进行区分："我认为，应该用象征性和艺术性的姿态来面对过去，但有不少德国人觉得，应以话语取代仪式。问题在于，他们把探讨变成了一种准宗教活动，而不是政治活动。"

在博物馆，审美和政治话语的结合是行得通的，纵使总有些人会抱怨，说艺术成了话语的牺牲品，或者倒过来，话语成了艺术的牺牲品。而在纪念馆里，仪式和分析恰恰无法相融。施托策尔也许会因为过于强调艺术性而遭人指摘，毕竟，现在谈的可是历史博物馆。他关心的是外在形式，就纪念馆而言，这也许是他应有的关切。但就连他，也会将博物馆和纪念馆混淆起来——尽管这有时或许在所难免。

比方说，对设在万湖别墅内的大屠杀博物馆，施托策尔就持批评态度，因为其选择的形式是错误的。据他称，博物馆把大屠杀中的犹太人描绘成"永恒的受害者"。他反对展示死亡营和隔离区的照片。在他眼里，写不写实不是重点。他希望记忆的形态能鼓舞人心。相比较下来，他更青睐天主教公墓对逝者的呈现方式。透过墓碑上的照片，逝者可以活在人们心中。"这么做，"施托策尔表示，"才像是复活。我觉得，最好还是把逝者当成活生生的人来缅怀，而不是被卷入工业化杀戮机器的骷髅或尸体。"

然而，万湖别墅的问题在于，它究竟是博物馆还是纪念馆？这点存在模糊之处。想必二者皆有，这就是问题的核心。你能通过艺术作品、仪式、分析和话语来铭记大屠杀，但这一切不能在同一时空进行。我向施托策尔指出，仪式化和艺术性对待历史的态度是天主教的立场，而强调道德话语更符合新教的传统。他认可了我的说法，称没准是这么回事。事后，我觉得这一概括或许可以进一步延伸，因为德日两国的纪念馆和博物馆面临的问题在本质上是一样的。

记忆既可以是宗教化的,也可以是世俗化的。两种说法都成立,但不能混淆。德国在避免二者被混为一谈这点上,做得并不比日本要好多少。宗教思维依然在相同程度上纠缠着这两个国家。

第四部分

第九章
一个正常国家

1988年11月10日,波恩。距离"水晶之夜"过去了整整五十年,联邦议院议长菲利普·耶宁格(Philipp Jenninger)坚持由他亲自主持纪念日,对西德议会做演讲。他不希望任何人抢他的活儿,就连犹太社团领袖海因茨·加林斯基(Heinz Galinski)也不行。如果同意让加林斯基发言——他日后在维也纳告诉我——就得让天主教会大主教也说两句,那新教教会要不也来?不行,这样下去没完没了,再说联邦议院又不是这些人的舞台。总之,议长菲利普·耶宁格博士态度坚决,只有侵略者的后代才有资格发言并缅怀这一天,受害者可不行。

于是,他站起身,与其说是在发言,不如说是在照本宣科,操着拖沓无比的官腔,仿佛宣读一项草案。下文摘录了他的发言内容:

……我们今天齐聚联邦议院,纪念发生在1938年11月9日至10日的排犹暴动。因为,理应铭记并为发生在我们中间的罪行负责的人,不是受害者,而是我们,我们德国人必须清楚地了解本国历史,吸取有利于当下和未来施政的教训……

受害者——世界各地的犹太人——很清楚1938年11月在他们的苦难历程中意味着什么，可我们清楚么？……

总体而言，德国人对反犹活动和措施的反应很漠然；他们过去几年来一直如此。积极参与暴行的人数并不庞大，但也没人起来反抗，没有什么值得一提的抵抗行为……

回首过往，女士们先生们，很明显，1931至1938年间，德国发生了一场真正的革命——这场革命将一个法治国家变成了犯罪国家，变成了摧毁法律、伦理准则和道德根基的工具，而国家顾名思义，本是为了保护和捍卫它们而存在的。

就德国和欧洲犹太人的命运而言，希特勒获得的成功甚至比他的罪行和劣迹更加意义深远。即使时隔多年再回眸，即使我们已经知道后来发生了什么，1933至1938年这段时期依然让人捉摸不透，起码从希特勒最初几年在政治上的无往不胜几乎史无前例这点来看，事情确是如此……

对于大体上将魏玛共和国看成一连串外交政策耻辱的德国人而言，所有这一切看起来一定像是奇迹。还不单单是这样。人们不再失业，重新走上工作岗位，之前大家都过苦日子，之后多数人都过上了基本富足的生活……

至于犹太人，喏，他们是不是太妄自尊大了呢？当时的人就是这么说的。他们难道不应该学着谦卑点么？难道不应该被敲打敲打么？最重要的是，撇开无法信以为真的夸大其词外，当时的宣传难道不是基本符合人们的猜测和想法么？当事情到1938年11月变得一发不可收拾时，人们总还能找到说辞，比如借当时某人的话来讲："我们干嘛要关心？如果很吓人，不看就是了，这又不关我们的事。"

女士们先生们，早在希特勒冒出来之前，德国就有反犹主义，许多别的国家也有……

诚然，国家社会主义者竭尽全力想要掩盖他们犯下大屠杀的真相，但所有人都知道纽伦堡（种族）法案，所有人都目睹了五十年前的事，遣送犹太人也是在众目睽睽之下发生的……

许多德国人任由自己被国家社会主义蒙骗和引诱。许多人漠不关心，使罪行成为可能。许多人自己也成了罪犯，有关罪行和掩盖罪行的问题是人人都应回答的。

我们所有人都应该抵制的是对历史真相的质疑，是将一群受害者与另一群受害者对立起来的做法，以及对事实的否定。所有希望减轻我们的罪孽、声称过去并非暗无天日——或其实没那么暗无天日——的人，都在试图为无法辩解的事进行辩解。

为了阐述他的观点，耶宁格引用了一段描述1942年犹太人遭集体处决的目击者证词。所有细节——婴儿流着血，身体不断抽搐；赤身裸体的母亲；年轻的刽子手在开枪间隙抽烟——在他不动声色的嗓音中娓娓道来，一点没有遗漏。他还引用了希姆莱的话，后者曾开导手下的党卫队军人，说不要因为看到一百具、五百具甚至一千具堆积如山的尸体就心里发憷。耶宁格套用当时流行的话说，犹太人是"害虫"，诸如此类；他引经据典，甚至把尼采和陀思妥耶夫斯基也搬了出来。但这一切都无济于事，错误已经铸成，演讲是一场灾难。

在他开讲后没多久，绿党的大部分议会代表便起身离场，以示抗议，待到演讲结束时，有四成的社民党人也已离席。据一篇新闻报道称，耶宁格本人所属的基民盟的党员"羞得无地自容"。在耶宁格演讲前，年迈的犹太女演员伊达·埃雷（Ida Ehre）曾朗读保罗·策兰的诗歌《死亡赋格》，引起巨大反响，此时却以双手掩面。耶宁格离开议会大厅时形单影只，苍白的额头上淌着汗。就连最亲密的政界友人都没跟他握手。耶宁格本想给众人上一堂历史课，但他的讲话往轻了说是口无遮拦，不知所云；往重了说是不知廉耻地妄图为德国人开脱。

"丢人现眼！"演讲刚结束，某位基民盟党员就大声斥责。"黑暗的一天，"一位自由民主党人哀叹道。"一场灾难，"某社民党人评论。"痛心疾首，"另有人说道。国外媒体一概义愤填膺：意大利某日报的头版头条是"德国议会的反犹主义"。荷兰某报的标题写道："希特勒崇拜在德国议会兴风作浪。"伦敦的《泰晤士报》称这一天为"西德的国家灾难"。两天后，耶宁格辞职。颇有些吊诡的是，大约一年后，他被任命为驻维也纳大使。

时隔多年后重读耶宁格的演说词，很难理解其为何会掀起轩然大波，他自己恐怕也会感到不解。或许他用词欠妥，或许旁征博引属于聪明反被聪明误，但光看表面是不够的。要理解人们为何群情激愤，就必须想象当时的场景，或者事情的经过。

耶宁格在位于维也纳的办公室里——房间摩登、实用且无个性——向我坦言，他那时犯了个大错。在伊达·埃雷念完保罗·策兰的诗后，他不应该紧跟着发言。"这首诗太有感染力了，"他说。嗯？这怎么说？"喏，用它为严肃的历史演讲做铺垫并不合适。"对，没错，不合适，我迎合道。

> 清晨的黑牛奶
> 我们夜里喝
> 我们中午喝
> 死神是来自德国的大师……*

想不被感染是不可能的。用《法兰克福汇报》的话来说："（埃雷）洪亮的声音在颤抖。你能听到她的喘息和讲稿捏在手里的窸窸窣窣声。议会大厅里的所有人无不为她话语中的力量和悲恸所打动。接着，耶宁格走上讲台，一副公事公办的样子：'女士们先生们……'"

---

* 此处采用的是北岛先生的译文。

耶宁格相貌平平，不是那种能轻易打动听众的人。身材矮小臃肿、来自莱茵地区的他出身农家，靠打拼才有了今天的成就。在德国，随便哪家啤酒馆的餐桌旁都能见到这号人。他笑声粗嘎，西装看着太紧身了，这一切都不利于当天的发挥。他乍看就是那种稀里糊涂、笨嘴拙舌、后知后觉的人。

一位社民党党员抱怨称，他一次都没有使用 Trauer 这个词，这可以翻译为"悲痛"，也可以译作"哀悼"。惹恼很多人的，正是耶宁格演讲的基调——不够"痛心疾首"（betroffen）。擅长道德姿态的大师、西德首相维利·勃兰特曾在原华沙犹太人隔离区前双膝下跪，为纳粹的所作所为谢罪，他称耶宁格事件为"战后德国史上黑暗的一天"。耶宁格"之所以栽跟头，不是因为他是个坏人，而是因为他所谈论的，已经大大超出了他的能力"。

耶宁格的讲话，被人拿来同里夏德·冯·魏茨泽克三年前于德国议会所做的著名演讲作对比。后者在浸透悲痛之情（Trauer）的演讲中提到，"单纯、诚实地缅怀过去"的必要性，已经成为"一个人内心生活的一部分"。甚至有人把耶宁格的表现同其好友赫尔穆特·科尔一天前所做的演说进行对比。科尔平素并不以风度或圆滑著称，但在法兰克福的韦斯滕德犹太教堂，就连科尔都老练沉着，从容应对，称大屠杀"有理由让人感到深深的耻辱"。几乎所有人都认为，耶宁格栽跟头，是因为挑错了场合，当时需要的是追思会，而不是"不带感情的历史演讲"。

但是，耶宁格发言的场所不是犹太教堂，他也不是以德国人的身份向一群犹太人发表演讲；他置身于世俗的德国议会，这里是德国政治的殿堂，面对的听众是其他德国人。日后在维也纳的办公室里回忆起那痛苦的一天时，耶宁格嚷道："我们必须发声！但不能老是那一套。光说我们感到惭愧、不会让其重演是不够的。我是想拿面镜子，让德国人照照自己！"

我对耶宁格生出一丝同情。有意思的是，许多从受害者角度看问题的人也同情他的境遇。德国犹太社团中央委员会成员米夏埃尔·福斯特（Michael Fürst）就觉得耶宁格没必要辞职。毕竟，他说，耶宁格所述均属事实。除了他以外，纽伦堡审判的检察官罗伯特·坎普纳（Robert Kempner）也认为耶宁格的演讲"甚至算得上精彩"。

那么，德国人为什么讨伐声一片？为什么有那么多人硬要错误理解耶宁格的引经据典？他们为何认为是他，耶宁格——而不仅仅是他援引的那些人——视希特勒为令人痴迷的政治家，而犹太人是"害虫"呢？或许，他的演讲场合和内容都不足以充分解释其遭遇的滑铁卢，这还同德国国内的猜疑氛围有一定关联。绿党、自由党和左派怀疑保守派在利用一切机会为战争洗白，相反，保守派则怀疑绿党、自由党和左派借奥斯维辛一事让德国人下不来台。"水晶之夜"五十周年纪念之际，德国的猜疑气氛达到巅峰，当时正值一个十年即将落幕。在这十年中，保守派屡次试图篡改历史，甩掉罪孽的包袱。早在六年前，右翼基民盟党员阿尔弗雷德·德莱格尔就呼吁全体德国人"走出希特勒的阴影——我们必须恢复正常"。

往前推四年，赫尔穆特·科尔造访了以色列。访问期间，他谈到自己"所幸生得晚"——也就是说，因为生得晚，所以没动手杀过犹太人。他也使用了"正常"这个词，譬如论述德国和以色列之间的"正常关系"。这时距离科尔的比特堡之行过去了三年，距离恩斯特·诺尔特称大屠杀是对斯大林的"亚洲野蛮之风"的自卫性效仿、从而掀起"历史学家辩论"过去了两年；换言之，大屠杀并非德国特有，只不过是人类恐怖历史中一件稀松平常的事罢了。

讲话磕磕绊绊、支支吾吾的耶宁格一头闯进了这片战后德国的战场。固守一方阵地的是那些希望德国正常化，因为生得晚所以毫无罪孽感的人；盘踞另一方阵地的则是将奥斯维辛化为自我认同一部分的人。到头来，耶宁格两头不讨好，因为他一方面揪着罪行不放，另一方面又没有显示出足够的愧疚感。

同赫尔穆特·科尔一样，耶宁格幸亏生得晚，没能成为纳粹的信徒。他生于1932年,即希特勒上台前一年。耶宁格回忆称,他的父亲是画家,曾经反对纳粹。耶宁格有几位兄长,均投身军旅,有两人并非出于自愿:其中一个刚参战就死在了意大利,另一个死在了俄国。

耶宁格只比君特·格拉斯(生于1927年)年轻几岁。他们那代人很特别,要加入纳粹已经晚了,但年纪尚小,足以被教育成纳粹:譬如少年团、希特勒青年团,等等。这段经历让许多同龄人对过去沉默以对(倒是他们的子女在大谈特谈)。"生得晚"赋予他们或许是几代人中对过去最为复杂的看法:太年轻,不必担责,但却沾上了罪行的污点。像格拉斯那样谈论并描写战争的人,往往从不停歇,甚至走火入魔,而且时常是从孩子的视角述及战争,譬如格拉斯的《铁皮鼓》(*Tin Drum*)。他们的心结是要为父母的行为作出解释。这是最难办的,因为要解释父母的行为,就得尝试想象他们眼中那个世界。这意味着产生共鸣,哪怕只是在思想层面上,而感同身受能够轻而易举地蜕变为辩解。这就是为何耶宁格的多数同龄人倾向于只字不提。

针对耶宁格演讲的诸多批评之一——说这话的是某位自由民主党政客——是他试图"解释无法解释之事"。这是一种普遍的指控。普里莫·莱维曾写道(关于大屠杀,而非耶宁格):"也许我们无法理解,毋宁说,我们不可以去理解所发生的事,因为理解几乎等同于为之正名。让我来解释一下:'理解'一种倡议或人类行为,意味着'克制'情绪,隐去始作俑者,把自己代入他的位置,对他感同身受。如今,人类再也不能够去认同希特勒、希姆莱、戈培尔、艾希曼等数不胜数的这类人。这一方面让我们沮丧,另一方面也给了我们一种慰藉,因为他们的话(不幸的是,还有他们的行为)如果无法理解的话,没准还让人好受些。这都是非人的言行,十足的反人类,无历史先例可循……"[1]

我们会犹豫要不要和莱维这样的亲历者争论。然而,倘若认为

"水晶之夜"乃至大屠杀是无法解释的、"反人类的",抑或者是某个隐藏在人类黑暗深渊中反基督者的行径,这其实是在淡化责任问题。当然,我们无从探索希特勒的内心世界。另外,人类暴行最深刻的根源或许神秘莫测,但诸如此类的暴行背后隐含着政治原因。这些原因既可以、也必须得到解释,特别是在德国国会内。耶宁格是个政治家,不是诗人,也不是上帝的信徒。

在谈及过去时表现得"痛心疾首"、满口宗教话语相对容易。耶宁格想要解释他父母的行为——也许有欠妥当——或至少是与他父母同辈的人的行为。正是那些人,想把他教育成未来的纳粹。"希特勒上台时,那些教授和作家在哪儿呢?"他的声音响彻办公室,边说还边跺脚,踩着那双看起来很廉价的土黄色鞋子。"我怎么老听说大家其实都反对希特勒呢?那是什么让他们选择了同流合污?我觉得,我们只有透过事实真相,才能同自己国家的历史取得和解。解释意味着讲实话!"

耶宁格松了松领带,这仿佛是根绞索,紧紧勒住了他粗短的脖子。额头上细密的汗珠泛着亮光。他告诉我,演讲结束后自己收到了三万封来信。声援他的人不是垂垂老者,就是青葱少年。老一辈的人感谢他,是因为总算说出了"当时究竟是什么状况"。年轻一辈则对知道了事情发生的真实原因心存感激。

揭开过去的神秘面纱,把历史看成是一系列大致有内在连贯性的事件——而不必囿于固定法则——并对它们作出批判性解释和评估,这些是史学家的任务。这项任务很艰巨,而且当这些事件尚历历在目、罪与耻的问题依然至关重要时,或许难以完成。1933—1945年间发生在德国和被占领国家的事件并不属于"正常"历史的一部分。对于德国学童而言,这是课堂上讲授的政治道德寓言。为警示碑揭牌,或纪念诸如"水晶之夜"等事件时亦是如此。从受害者的角度来看,这是一段不同以往的岁月,在时间的长河之外,他们忍受着罪恶的沉重负担。但自从1960年代末以来,人们

第九章 一个正常国家

试图将1933—1945年的这一时期看成是"正常"历史，不是道德寓言，而是大历史当中的一个片段，同之前和之后发生的事存在结构上、政治上和文化上的关联。描述这一进程的德语词叫"历史化"（Historisierung）。但"历史化"有个悖论，这一进程的目的虽然是形成更为客观的历史观，但实际上却催生了愈加分化的主观看法。正常的历史意味着多样化的阐释。

比方说，某位保守派民族主义者也许会认为，大屠杀固然可怕，但依然可以算是一种一般性的种族灭绝，需要放到当时的大环境下加以理解，那段时期很不幸地涌现了大量种族屠杀事件。抑或者，他也许会说，第三帝国的德国人当时行为举止相对正常，因为希特勒毕竟提振了德国人的精神面貌。同样可以理解的是，希特勒作为一位精于礼节仪式的大师，有能力将一个从骨子里热爱歌剧式大场面、满怀浪漫主义情怀的民族迷得团团转。事实上，这些观点过去都出现过。只是耶宁格不太走运，听众认为他对此表示赞同。

"历史化"的另一个悖论牵涉到身份认同。"历史化"的目标是拉开与过去的距离，冷眼看历史。然而，诸如安德里亚斯·希尔格鲁伯等部分保守派史学家之所以想将纳粹这一时期放在绵延不断的常规德国历史中来看，是为了更方便对当事人——即非犹太裔德国人——产生认同感；也就是认同加害者的看法。倘若1933—1945年这段历史被看成是特殊的（sui generis），史无前例，邪灵转世，同主流格格不入，那么除了部分边缘化的狂热分子外，世人几乎不会对其建立什么认同。而对那"区区十二年"给予过多关注的结果就是，德国人被剥夺了历史自豪感。好，假使说第三帝国也算"正常"、不过是另一个时代的话，那么希尔格鲁伯以同理心推度德国士兵背后的故事——他保卫祖国免受亚洲野蛮之风的戕害——借此强化德国人的身份认同和自豪感的初衷，就会更有可行性。但在这种刻意认同的过程中，客观性两次受损：元凶一次是讲故事的人自己，一次是将罪责归咎于他人的故事主人公。

这样说来，认同就站在了"历史化"的对立面。受害者和加害者之间的鸿沟依旧如此之宽，彼此记忆反差如此之大，以至于任何探寻客观看法的人（特别是德国人）都可能跌入这道鸿沟之中。特奥·索默（Theo Sommer）在《时代周报》里，就耶宁格的演讲发表了一篇言辞激烈的社论，标题是《论作为德国人的负担》（Von der Last, Deutscher zu sein）。[2] 看来耶宁格是想说实话喽，索默写道："好吧，我同意。但请让我们知道全部的真相——有关受害者的真相与加害者的真相一样有说服力，而且还要带有感情——对于被猎杀之人命运的愤慨，应该同对猎手动机的同理心一样富有感染力，甚至是有过之而无不及。"

强有力的用词，高尚的情感，但话依旧没说到点子上，因为耶宁格无法代替受害者说出真相，他也不打算凭区区几句忏悔之词恳请宽恕。他想要做的是探讨历史，站在一定距离开外了解过去。这么做并不可耻，但他本应意识到，即便战争过去了四十三年，"历史化"依旧是一项高度危险的工作。因为一个"普通"社会，一个不为过去阴影所搅扰的社会，不可能靠对历史"正常化"或摇晃十字架和大蒜就能到达。情况往往截然相反：只有当社会在面对过去时变得充分公开和自由——不是从受害者的角度，也不是从施害者的角度，而是从批评者的角度——阴影才会淡去。

* * * * *

长崎，1988年12月7日。这一天是偷袭珍珠港四十七周年纪念日：天皇每天都在大失血，正缓缓走向死亡。要他命的是癌症。但是处在"自制"氛围中的日本媒体对此只字不提。在昭和时代即将落下帷幕的这些天，日本国内气氛沉闷，压抑，似乎山雨欲来。传统的新年祭被取消了，平时无比艳俗的橱窗展品也做了调换，以使其显得不那么扎眼。12月7日当天，长崎市议会某位共产党代表直言不讳地向市长本岛等发问：是时候谈谈天皇的战争罪行了吧？

本岛答道："距离战争结束已经过去了四十三年，我认为我们有充足的机会反思这场战争的本质。我读过不少国外文献，也当过兵，受过军事教育，因此我相信，天皇对战争是负有责任的……"

1988 年 12 月 8 日，长崎市议员及自民党地方分支机构要求市长收回他说过的话。

1988 年 12 月 12 日，本岛市长说，都走出这一步了，他不能"背叛自己内心的真实想法"，但会辞去自民党顾问的职务。辞呈未被批准，相反地他被解职，永不叙用。本岛在新闻发布会上说："我并不是说只有天皇对战争负有责任，包括我自己在内的很多人都有责任。但我真心觉得，目前的政治状态是不正常的。任何关于天皇的言论都会让人意气用事。言论自由不应受到时间或地域的限制。在民主国家，哪怕我们不同意一些人的观点，也应予以尊重。"

1988 年 12 月 19 日，二十四个极右翼组织共驾驶三十辆装有扩音喇叭的卡车，浩浩荡荡穿行在长崎市内，叫嚣要索本岛的命，还说这是"天诛"。自民党希望长崎县知事拒绝同市长进行政治合作。知事答应了。

1988 年 12 月 21 日，六十二个来自日本各地的右翼团体共驾驶八十二辆装有扩音器的卡车，在长崎市内游行示威，要求市长以死谢罪。

1988 年 12 月 24 日，新成立的"长崎市民自由言论委员会"将 13684 名市长支持者的签名提交给长崎市政厅。收集这么多签名只用了两个礼拜。包括长崎县神道教寺庙管理办公室在内的多个保守派协会代表则呼吁弹劾市长。

1989 年 1 月 7 日，天皇去世。

1990 年 1 月 18 日，本岛市长被人开枪击中背部，袭击者是一名右翼极端分子。接受日本媒体采访的右翼人士宣称本岛终获"天诛"。

市长差点丧命，他的肺部被子弹击穿，一边咳血，一边等在车里向人求救。[3] 警方没有向他提供保护，因为保守派议员反对这笔开支。

从表面上看，本岛事件和耶宁格的议会滑铁卢完全没有共同点。耶宁格受到的指控是他为屠犹辩解，本岛则被控将战争责任推给天皇。对于耶宁格，他流露的愧意太少，而本岛过多地谈及了罪行。耶宁格掩盖真相，本岛揭露事实。耶宁格粉饰过去，本岛自曝家丑。耶宁格惹毛了自由派和左派，本岛开罪了右派。在许多支持者眼里，本岛是英雄，耶宁格则灰溜溜地跑去了维也纳。然而，这两位的为人和遭遇还是有些许共通之处的。这些共同点或许能揭示德日两国的某些国情。

本岛比耶宁格年长十岁，思维也更缜密，但二者身上都有地方政客那种莽撞和刻板的做派，他们也同是在战后保守主义政坛扬名立万：耶宁格是基督教民主联盟党员，本岛在惹上麻烦前隶属于自民党。本岛在1979年借他人之力当选市长，而日后正是当初助选他的组织把他赶下台。另外，即便险些死于枪击，他依然乐意同保守派合作。

1992年，建筑工人在紧挨着长崎和平公园（这座公园比广岛和平公园小多了，基本算得上是一片寄托忏悔之意的土地，里面遍布着现今多已不复存在的"人民共和国"赠送的纪念碑）的地方作业时，挖到了一座昔日监狱的地基，位置就在原爆中心附近。这之后爆发了一场风波。战时，来自朝鲜和中国的囚犯葬身于此，部分死于日本人之手，另一部分死于原爆。一群长崎市民希望保留监狱遗址，以显示日本人不只是受害者，原子弹也不是平白无故投下来的。保守派表示反对：和平公园是个"欢乐的场所"，有人说，"游客干吗要来看一座监狱呢？"本岛站在保守派这边，他需要拉拢他们才能留任。他在建筑行业人头很熟，监狱的遗迹于是被埋在了一座新建停车场下。因此，不管他发表天皇战争责任论出于何种动机，可以肯定的是，他和左翼激进主义不沾边。

第九章　一个正常国家

本岛和耶宁格挨批，更多是由于他们不聪明地选在错误的时间发声，不善于审时度势，而不在于说过什么话（当然这肯定也是挨骂的原因）。耶宁格选在举行纪念日当天给人上历史课；而本岛在天皇临终前的行为几乎犯下"不敬罪"。自民党纪律委员会在评估本岛事件时，表示即使个人可以有自己的观点，但"一名政府官员公开发表这样的言论，是极端不检点的行为"。[4] 我甚至从公开支持市长的人口中听到过类似的话，其中一位还是服务于本岛的长崎市政厅官员。

在天皇大殓这周我与他见过一面，那是1989年2月的一个晚上，天气清冷。我俩受邀前往一位共同的朋友家里吃饭。这位公务员年近中旬，体态发福，笑起来有些谄媚，颇像那种见惯了迟钝学生的校长。他从蓝色西装的翻领上摘下办公徽章，喝了口清酒，开口道："现在我可以以个人身份跟你们聊上两句了。"说完他一个劲地摇头，以表达困惑："老实说，我不明白市长干吗要那么说，真的不明白。"

跟我一起的是个美国朋友。他问官员，市长所言到底有没有道理。官员龇了龇牙，闭上眼，似乎在承受巨大痛苦，又似乎是在沉思。他扭了扭粗短的脖子，双目依旧紧闭，答道："哦……没错，其实没说错……"那他说的是实话咯？"这个么，对，可以说他没说错，但我还是不明白，他干吗要那么说。"朋友脸上的不耐烦已有几分失礼，问道，既然这样，他是否认为市长应该说谎。官员的眼睛再次消失在厚厚的眼睑后，他的表情此时不再作煎熬状，而是一种痛苦的无奈。"在日本，"他说，"我们都知道真相，但却保持沉默。你必须理解我们的文化……"他扯了扯衬衫领子，叹了口气，领角已经湿了。

我们的文化……我想起一个旅日澳洲人在听到本岛言论后的反应。"很明显，"他在电话里对我说，"本岛不懂日本文化。"我没和他争。他的话和露丝·本尼迪克特所谓的罪与耻的文化范式[5] 不谋而合：德国人心中充满负罪感，觉得有必要承认罪孽，卸去其包袱，获得世人的原谅；日本人则希望保持沉默，最要紧的是，希望别人也保持沉默，因为重要的不是在上帝眼里是否有罪，而是公开出丑、难堪和失了"面子"。总而言之，耶宁格坦白程度不够，而本岛则话太多。两人的缺心眼虽不尽相同，但本质是一样的。他们没有循规蹈矩，他们破坏了本国文化的规则。

本尼迪克特的说法得到了一条重要细节的支持：本岛是基督徒。这也恰好解释了一些对手为何对他抱有成见。套用某位批评者的话说，本岛"表现得不像个日本人"。

市长收到一封信，寄自某位神道教神官，作者在信中指出，天皇已经承担了道义责任，要求他承担更多责任的做法"不符合日本人的习惯"。[6]难道说天皇在一年一度的日本战败投降纪念日上没有表现出深切的悲痛么？另外，神官写道，像本岛那样谈论天皇是不对的，更何况整个国家的人都在密切关注后者的健康状况。接着，他写到了重点："基督徒和言必称西方的人，包括所谓的知识分子在内，普遍会犯一个错误，他们不明白，西方社会和日本社会建立在完全不同的宗教观念上……他们忘记了这一前提，企图将西方的结构加之于日本的基础之上。我认为，这种错误解释了为何会有人要求天皇承担全责。"

本岛等出生在九州沿海一个小岛上，这里是天主教传教士在日本唯一留下过印迹的地方。早在17世纪，长崎市的大部分居民经由西班牙和葡萄牙神甫施洗，皈依了基督教。后来，对此忧心忡忡的幕府将军下令大肆拷打和屠杀基督徒。基督徒被迫践踏圣母玛利亚的画像，宣布退教，这一遭遇倒是同1930年代的共产党人颇为相似。但日本南部的基督徒还是坚持了下来，尽管迫害从未间断。本岛的爷爷曾被人逼着跪倒在地，然后朝膝上加石板，直到骨头折断。一旁还有警察向他吼："基督，天皇，到底谁更重要，基督还是天皇？"

本岛自己在1930年代上小学时，也被迫朝神道教寺庙鞠过躬。

第九章　一个正常国家

天皇生日当天，老师会因为他没有表现出足够的敬意而责罚他。他们会抛出与当年击垮他祖父一模一样的问题折磨他："基督，天皇，谁更重要，是基督还是天皇？"

在日本，长崎是一座很特别的城市。曾几何时，它是面向外部世界的一扇狭小窗户，这段历史是这座城市引以为傲的资本。长崎有着大型唐人街，当地的一些菜肴从名字可以看出它们起源于中国。17至18世纪，日本几乎全面锁国。在此期间，荷兰商人被允许住在长崎湾内的一座小岛上，他们唯一的访客是官员和妓女（部分长崎人至今依然拥有祖先留给他们的高鼻梁这一特征）。在长崎，一些勇敢的学者通过孜孜不倦地翻阅辞典和医书，从中汲取精华，开创了"兰学"，首次给予日本人管窥欧洲科学的机会。长崎还有推行"洋学"的学堂、一座修道院，以及一座别致的大教堂。投到日本的第二颗原子弹（投弹的飞行员恰好是罗马天主教徒）偏偏在教堂上空爆炸，将修道院夷为平地。关于长崎原爆，最著名的一本书叫《长崎之钟》，作者是信奉基督教的医生永井隆。他相信，世上没有意外。投到教堂上空的原子弹是上帝一手策划的，73884名死难者同几个世纪前被钉死在山上的永井祖先一样，都是不折不扣的殉道者。

对于本岛市长而言，正义是基督教里的观念。他同前文所述的澳洲人和神道教神官一样，相信这赋予他一种不同于其他日本人的生活态度。枪击案发生前差不多一年，我和他见过一面，他向我阐述了这种思想。他说，日本人为自己在战时的野蛮行径承担责任，这具有重要意义。责任是个道德命题，而道德又是个宗教命题。日本人身上的问题是，"他们崇拜自然，却又不具备宗教性或哲学性的道德基础"。

我一边思忖，一边瞟了眼本岛市长。他的衣着打扮像个体育教练，身穿一套运动衫，这在日本是一种很流行的休闲服饰，但一位市长穿成这样接受采访并不多见。看到我在瞥他，他也瞥了我一眼，并牢牢盯住我的双眼,那种目光虽谈不上凶,但透过镜片,总还是让人感到几分厉色。他饱满的嘴唇绷得紧紧的,这让他歪斜的嘴部看着有些执拗。多数日本官员身上总有那种怯生生的紧张情绪,或者是因为心怀戒备而生的狂妄自大。但本岛身上没有半点这种气质。这是个有信仰的人,他知道自己是对的。

"在欧洲,"他接着说道,"人们的情绪有几个世纪的哲学和宗教传统做基础,但日本人只崇拜自然。这已经内化于心。在一个由自然统辖的世界里,是不会出现个体责任这一问题的。"

既然如此,那有什么解决办法呢,我问道。日本人应不应该全民皈依基督教?"我是基督徒,所以你说得没错,我就是这么想的。"

他的口气听着像是天主教作家远藤周作小说里的人物。格雷厄姆·格林[*]对远藤推崇备至。和本岛市长一样,远藤相信他那些信奉万物有灵的同胞缺乏基本的道德原则及善恶观念,但他同时也认为日本人永远无法习得这种观念——也就是说,他们永远也成不了基督徒。远藤的所有作品都刻画了这种绝望之情;他的一部名作、出版于1966年的《沉默》,讲的就是一位耶稣会传教士背离信仰、放弃规劝日本人入教的故事。在远藤的作品中,东西方永远不会相遇。不过,尽管他或许是唯一一个从基督徒的视角描写个体战争罪行责任的日本小说家,他笔下的日本人却并非全然泯灭良知。他们只是缺乏供表述的语言,或难以为其命名。在《海与毒药》中,户田大夫参与了一起活体解剖实验,结果导致一名美国战俘死亡。[7] 良心有愧的他回到手术室,也就是犯罪现场,却并未感到"特别痛苦"。"我猜我没有良知,但不光我一个人没有,其他人也没对自己在这里的所作所为感到有何不妥。"

也许那位神道教神官所言不虚,也许要靠基督徒才能打破日本的禁忌(本岛的同仁、广岛市长荒木虽然惯于高谈阔论,但他不是

---

[*] Graham Greene(1904—1991),英国小说家、剧作家、评论家。

基督徒，也拒绝在 1988 年支持长崎市长）。不管右翼民族主义者和神道教神官如何极力辩称天皇崇拜不是宗教，而是日本的"风俗"，但其无疑就是一门宗教。要攻讦一种信仰，似乎得借助另一种信仰，譬如用另一位"天皇"——可以是佛祖、马克思或基督——来挑战日本天皇崇拜的政治信仰。这或许就是基督徒和马克思主义者总是对天皇体制及其政治用途不遗余力抨击的原因，恰如几个世纪前某些佛教徒的做法。但实际上，事情还不止这么简单。

由于多数日本人在昭和天皇临终前已经丧失了信仰，民族主义者因此想为宗教恢复元气。天皇的病入膏肓成了他们的机会。帝制崇拜是他们眼中日本的"正常状态"——"正常"和"自然"两个词一直挂在他们嘴边。大约在天皇离世前后，文化批评家江藤淳在某份知名月刊里撰文道，美国人把虚假的天皇形象强加给了战后的日本人。[8] 他写道，日本人被禁锢在"战后民主和仅仅存在于名义上的天皇体制中"。但是，他接着写道，当天皇病危时，甚至连常年被西方洗脑的自由派媒体都无法掩饰作为日本人的个体悲恸。这显示出，"我国皇家的神圣性和庄严性"得到了保留，并将永世长存。右翼自民党政客石原慎太郎在同一份刊物里写道，天皇和日本人之间的纽带远远高于国家元首和公民的关系："这反映了日本和日本人的独特性……"

英文名叫"托尼"（Tony）的加濑英明是原日本驻华盛顿大使之子，也是闻名遐迩的政论家。他曾为日本版的《花花公子》杂志写过一篇精彩的文章。文中，他描绘了神道教的"新尝祭"仪式。[9] 根据这一仪式，新任天皇在父皇驾崩后，会迎来天照大神的册封，他要钻进她的子宫，获得重生，加冕成为一位神圣的统治者。"日本人的民族性格，"加濑写道，"早在有历史记载之前就已成形……日本国诞生时，天皇就已经是最高祭司和国家元首了。皇室同日本神话水乳交融，无法分割。传说等同于日本的诞生。天皇之所以神圣，是因为他同创造我们国度的诸神有血缘关系。"

这就是浪漫主义者希望日本人信奉的内容。同世界各地诸多知识分子一样，甚至可以说，同不少德国保守派一样，他们对物质主义和经济繁荣造成的精神真空忧心忡忡。恢复种族和帝制神话（两者归根结底是一回事）是日本修正主义者眼中恢复日本普通国家地位的出路。本岛的言论对他们追求和谐和自然福祉的理想构成了挑战。这在本质上是一种反自由、反民主的理想，是威权主义政治的完美宣传。

同许多思想（mentalité）冲突一样，日本的修正主义思潮也许在一定程度上和年龄有关。最积极的修正主义者是那些年过五旬的人，他们在战时接受教育，军事占领让他们受到打击。同耶宁格的情况相似，给本岛写信、表达支持的人往往要么年迈，出生时沙文主义集体癫狂尚未达到顶峰；要么就十分年轻，从未受其影响。没准，对可怕的精神真空感受最强烈的，正是被历史夺去赖以成长的天皇信仰的那批人。耶宁格和本岛的言论大相径庭，这使我们不便作对比，甚至会认为对比没有意义。毕竟，耶宁格被和修正主义者、历史粉饰派和新民族主义者联系在一起。可我觉得对比还是成立的。由于通过世俗手段对待历史，耶宁格和本岛都触怒了试图填补精神真空、彼此却截然不同的团体：在波恩是宣读反战自白书的左派和绿党，在长崎则是意图复辟天皇崇拜的人。

这就是我为何觉得本岛的基督教信仰其实并没有表面看起来那么重要，而他面对的挑战也不单是一场信仰冲突。他的个人动机毫无疑问和宗教有关。正义对他而言或许真的是个基督教观念。但他的言论是世俗化的，造成的效果亦然。他的支持者中部分是马克思主义者，部分是基督徒，但从信件判断，所有人都抓住了要点，即这件事涉及政治，而非宗教。

发表言论两周后，本岛收到了一万封对他表达支持的来信。又过了几个月，数量攀升至三十多万封——写信人有家庭主妇、上了年纪的退休工人、退伍老兵、高中学生、办公室职员、为和平奔走的活动家、电影导演、大学教授等等。虽然除了个别人以外自由派知识分子均令人费解地保持沉默——日本没有出现写下"我控诉"（J'Accuse）的左拉式人物——自由主义立场的《朝日新闻》来信专栏里还是笔仗不断，好不热闹。我在这里只摘录其中一封，不是因为这封信有什么特别，而是因为其具有典型性。信的作者是一位七十三岁的退休机修工：

"天皇体制引发了军事统治，酿成了日本史上最惨烈的悲剧。保守派当局如今再度祭出传统君主制，攻击民主权利……我们应当科学地分析自明治时代以来影响大众意识、并导致战争爆发的机制，这是我们对历史的责任……唯有这样，我国领导人的战争责任问题才能得到充分解决，不是靠'胜利者'正义，而是靠日本人民自己。"[10]

这不是上帝、马克思或神圣祖先的声音，这是理性的声音。

当然，对于那些彻底取缔政治活动或对个人的任何行为——除了不执行命令外——都不追究责任的政权而言，政治责任的问题的确比较微妙。正如先前所见，哪怕是其他日本领导人的责任，都因为天皇的幽暗身份而变得不那么明朗了——他既是制宪君主，又是神圣祭司兼帝王。待到他们将国家引向一场自取灭亡的战争中时，一切无疑为时已晚。卡尔·雅斯贝尔斯在讨论战争罪行的文章里写道，人们应为统治他们的方式承担集体责任。如果统治国家的是个罪恶政权，人民就不可能逃脱罪责。说这话时，浮现在雅斯贝尔斯脑海中的也许是1930年代的德国市政广场，上面挤满了狂躁的暴民，呼喊着他们的元首。但雅斯贝尔斯的观点也有问题。什么样的政权才叫罪恶政权？罪不罪恶，又由谁的法律说了算？另外，人们又能否因为他们无从选择的局面被追究责任？

实际上，德国人的选择权比日本人要大。希特勒和他的褐衫军可不是靠一己之力摧毁魏玛共和国的。许多德国人在1932年把票投给了纳粹党。但在战后，希特勒已经归西，所以脏水大可朝他头上倒。德国人越是朝他泼脏水，就越是感到自己得到了解脱。都赖他，他们只是被灌了迷魂汤，在当时的情形下，这是可以理解的。耶宁格并未认真挑战这一看法，这就是他的演讲被视为狡辩的原因。

另一方面，本岛关于天皇的言论造成了相反的效果。在日本，不存在可以投票选举的纳粹党，天皇也无需参加竞选。天皇不会退位，也不会被妖魔化——只有凤毛麟角的人敢这么做。1945年，在把一身戎装换成生意人的西装，并在东京审判上逃脱罪责后，他实实在在地成为了民族象征。他无辜，就是日本人民无辜；同天皇一样，他们也是被军事领袖给"骗"了，从没有人告知他们战况如何，一心企求和平的他们是被拖入战争的。

事实上，天皇掌握了大量当时战局的情况，尽管他的政治影响力或许十分有限。自从19—20世纪之交以来，大部分日本人都心甘情愿地听任好战宣传诓骗他们，这种情况出现了不止一次。战争结束后，多数人却都不愿承认。然而，天皇受到蒙骗、清白无辜、热爱和平的形象必须得到捍卫，因为这是战后日本团结民心的一大要素——这是其一，其二是反战主义；一旦海陆军将领得到清算，日本人和他们那位几乎同阿米巴虫一样千变万化的"国家象征"——天皇——就能一起清清白白地安享荣华、否极泰来了。

有人对这番惺惺作态提出了批评。导演伊丹万作在1946年的一篇文章里谈到了战争罪行的问题。[11] 他讽刺了那种认为所有人都被骗了或者受骗之人必然无辜的看法。他认为，受骗之人必须和骗子一起承担骂名，因此"双方都肩负战争责任，只是程度不同罢了"。那些被骗的人仅仅因为任由自己被骗就摆脱了罪名，这可不行，全民族都应为怯于批评、卑躬屈膝、不会思考受到责备，他如是写道。同许多左派知识分子一样，伊丹对"日本人尚未能够摆脱封建主义和闭关锁国的桎梏，只能借助外来强权获得基本人权"倍感气愤。

"如今我们得到了政治解放，"伊丹写道，"但只要日本人坚持把责任推卸给军队、警察或官僚，那么他们永远也不会严肃反思自己的罪行、反思自己是如何任凭这些人摆布的,日本民族也就永远不会有希望。"

伊丹接着得出了和卡尔·雅斯贝尔斯一样的结论。人们必须对自己生活的社会负责。这是句残酷的评价,等于在说奴隶要为自己的境遇负责,或者更进一步说,要为主子的行径负责。但这种看法很重要,缺了它,维系公开、自由社会的必要制度就无法存续。这就是本岛的言论为何如此重要且如此令人振奋。他既然要天皇为战争负责,就不是在为日本人开脱。相反,通过揭露这位不负责任的大祭司身上的名不副实,他对其追随者的自我形象提出了质疑——这是一种逆来顺受的受害者形象,是某个谜一般的大棋局中小卒子的形象。

雅斯贝尔斯和本岛都是虔诚的基督徒,他和市长的另一个共同点是其正义感也源自信仰。但伊丹和那些赞同他意见的人一样,并非基督徒。基督教——比如耻文化和罪文化之间的区别——其实从来就不是重点。打破日本社会禁忌的本岛在为一个更公开、更正常的政治社会作斗争,并险些为之丧命。我倾向于认为耶宁格也想为同一目标奋斗,但他失败了,丢了乌纱帽。也许他并不胜任这项使命,抑或者,也许那时的西德还不够正常,听不进他的话。

第十章
两座普通小城

帕绍

同许多德国大河沿岸的小城一样，帕绍虽漂亮，但谈不上美。这座城市太多愁善感，不适合用美来形容。它仿佛一个小巧玲珑的珠宝盒，坐落在多瑙河、因河和伊尔茨河的交汇处。帕绍绿草茵茵，风光旖旎，别致的小屋嵌在郁郁葱葱的山坡上。这番自然景致宛如德国童话中的仙境。齐格弗里德（Siegfried）的遗孀克里姆希尔达（Kriemhilde）曾途经帕绍*，因此，早在12世纪，沃尔夫格主教（Bishop Wolfger）便在此眷录过《尼伯龙根之歌》。这座小城有着巴洛克式的大教堂、狭窄的卵石路、低矮的拱门，每个街角都有灰泥砌成的圣人像和天使像。这些建筑物粉刷一新、保存妥善的程度，不由让人隐隐感到，整座城市犹如一具精心整理过遗容的尸首，经过一番熟练的化妆后，看着就像起死回生了。

一如所有广受欢迎的旅游景点，帕绍之美很容易落入俗套。帕

---

* 齐格弗里德同克里姆希尔达都是《尼伯龙根之歌》里的人物。

绍的俗，体现在一种过了头的德国乡土气息：纪念品商店兜售的木雕，刻画了头戴高帽、皮肤粗糙的农民，他们一只手握着猎刀，骨质刀把上刻有哥特式文字，一只手端着大号啤酒杯，上面有雕花玻璃的圣人图案。有着"尼伯龙根"、"克里姆希尔达"等名字的游船载着旅客，穿梭在河面，甲板上传来约德尔山歌（yodel）。我坐在一家露天咖啡馆里，一边品着奶味儿浓郁的咖啡，一边读着当地报纸，连着好几个版报道的都是射击俱乐部大会（会员是身穿绿色制服、头戴羽毛帽的汉子）。我身旁不时有德国和奥地利游客经过，有的拿着冰激凌蛋筒，有的端着盛啤酒的塑料杯。男的穿着短裤、袜套和拖鞋，女的穿着花布连衣裙。

  河岸两旁墙壁上的涂鸦显示出，这座"尼伯龙根之城"除了多愁善感外，还有较为黑暗和凶恶的一面。一些涂鸦文字怪得离谱："因为爱或恨而燃烧"；"死人才会害怕"；"薛恩胡伯，你必须呱呱叫！"（薛恩胡伯，Schönhuber，指右翼共和党党首。）其中最荒诞不经的一句是："我们不会等待圣诞老人的到来。"

  我回到酒店房间，从那儿能将因河风光尽收眼底。沿着河往上几英里是小城布劳瑙（Braunau am Inn），希特勒的故乡。他在帕绍度过了部分童年时光。我摁下开关，电视上正播放一部1940年的德国电影，差不多快结束了。这是部浪漫喜剧片，背景设在1870年代，讲的是普鲁士军官和他们身穿衬裙的女伴。我换了频道，另一个本地台正放映一部名为《我们的家园》的纪录片。静谧的村庄掩映在绿意葱葱的巴伐利亚山谷中，粉白色的教堂外鳞次栉比地点缀着红瓦小屋。湖面上天鹅畅游，山雾笼罩大地。衬托这一切的背景音乐是贝多芬的奏鸣曲。旁白的语调故作诗意："云层后的土地如此广袤，如此陌生，却又如此熟悉，恰如我童年的故土……"

  我的帕绍之行，缘于几个月前在伦敦看过的一部电影，片名叫 Das schreckliche Mädchen，翻译得很蹩脚，叫《坏女孩》。片子基于一则真实故事改编而成，主人公是一位参加全国作文竞赛的高中女生。作文题是"第三帝国时期你家乡的日常生活"。这个姑娘过去一贯表现良好，是老师眼中的优等生，而且和自己为人保守、笃信天主教的父母相处融洽。她为了作文，开始四处跟人打听，访谈对象有高级修士、报纸编辑、自己的祖母、城市档案保管员，等等。但当她逐渐发现有证据显示，那些在她记忆中一直是纳粹反对者甚至是"抵抗主义战士"的人，其实是纳粹同情者甚至还做过纳粹官员的时候，她遇上了麻烦。有人让她别写了。干吗不写些更重要的题材呢，比如欧洲历史什么的？她一个黄毛丫头，懂什么叫过去呢？若干年后，当女孩决定把自己的发现付梓成书时，她遇到了更大的麻烦。图书馆和档案馆将她拒之门外。对她本人和家人的死亡威胁就像开了瓶的毒药一样，源源不断地通过电话倾倒过来。她养的猫被人弄死后钉在门上。还有人从窗外朝她家扔炸弹。整座城市的名流都跟她过不去。她备受尊敬的双亲——母亲是神学教师，父亲任小学校长——感到无地自容。然而，在祖母和一位年迈的原共产党员的鼓励下，她坚持不懈地写完了书，一举成为全国名人，并因此让自己的家乡——或起码是其最显赫的居民——蒙受了耻辱。

这部影片很引人入胜。故事反映的是被掩盖的历史，但内在的主题是代际冲突。尽管女主人公生于1960年代，但影片表达的却是老一代人的愤怒，即同该片导演米夏埃尔·维赫文（Michael Verhoeven）一样的"六八一代"。有趣的是，德国人讨论第三帝国历史时，年轻人和他们的祖辈总能寻得共识——他们也正是那些给长崎市长和菲利普·耶宁格写信表达支持的人。"坏女孩"年纪太小，没来得及成为"希特勒的孩子"，但她的祖母是纳粹上台前德国理性声音的典型代表。失忆往往是父母这一代的毛病。对此，另一部有关记忆的德国电影、由埃德加·莱茨执导的《故乡》也有述及。这部影片中，出生于19世纪的祖辈同样象征着未受现代物质主义和极权主义宣传腐蚀的传统美德：正直、诚实、自力更生、家庭价值观。

第十章 两座普通小城

从某种意义上讲，莱茨的《故乡》和维赫文的《坏女孩》系出同源，这一源头在1970—1980年代为不少德国艺术家和学者提供了素材：地方史（Heimatgeschichte）。失落的天堂、儿时的村庄、"云层背后的大地"无时无刻不面临没有灵魂的现代性的威胁。地方史的出现，给予这种传统乡愁新的转折。人们过去将历史看成是一出以伟人意志为转移的木偶剧，这一想法后来被日常生活史所取代。过去就像由一百万个故事组成，贯穿于芸芸众生的生活之中。这些小历史的舞台不是大都会，而是小城镇和村庄。这一类型的历史部分是对那些试图用结构和制度来解释历史的人的反击，后者往往容易陷入枯燥的理论。当然，埃马纽埃尔·勒华拉杜里*对法国农民生活的描绘一样很有影响力。但是，在德国地方史的治史习惯中，有一种同19世纪浪漫主义音乐一样丰富的怀旧气息，这或许会赋予第三帝国历史一种别样的视角。

莱茨的《故乡》为这种特别性提供了有趣的注脚。影片除了充斥对旧时代价值观的怀念——比如依靠双手勤恳劳动、温馨的家庭生活，等等——还有对1930年代"普通"日常生活的留恋。导演满怀感情地创造了沙巴赫（Schabbach）这一虚构的莱茵河畔村庄，影片讴歌了简单而愉悦的乡村生活，以及当时的流行文化：夜幕降临时观看萨拉·勒安德(Zarah Leander)†的电影，等等。然而，富有地主的儿子成为党卫队队员；一些片段描绘了从事劳役的奴工；某位默默无闻但素来正直的人加入纳粹党，成为某个地方小城的市长，影片并未绕开纳粹崛起的历史，但这并没有败坏当地生活的温馨常态。比起只字未提的"水晶之夜"，影片里纳粹主义特有的现代性——比如高速公路等事物——对旧有价值观的威胁更大。沙巴赫是个村子，也许那儿什么大事都没发生过，但人们也很少提及其

---

* Emmanuel Le Roy Ladurie（1929—   ）法国著名学者，年鉴学派第三代史学家。
† Zarah Leander（1907—1981），瑞典喜剧女演员，曾被认为替纳粹宣传体制工作。

他地方出过什么事。

这部电影是建立认同感的一次真正操练,因为我们是透过亲历者的视角来看待过去的。它就是一次回忆。对于沙巴赫的善良居民而言,1930年代留给他们的记忆总体上是美好的,直到战争带走他们的儿子,并时而夺走后者的生命。《故乡》似乎是对战后多年来否定德国人乡土认同的一记反击。"六八一代"的知识分子总是嘲讽这种乡土情结的庸俗品位。他们可是欧洲人。现在是时候回眸过去、追根溯源了。《故乡》在寻回故土——抑或转述莱茨对《大屠杀》的评论,在夺回被美国人盗走的"我们的叙述"——一事上,可以算是一次大放异彩的努力,而且构思甚为精妙。

但从年轻得多的"坏女孩"来看,情况恰恰相反。其主题一样是乡土历史,但她自小没离开过家乡,从未丧失过对地方的认同;反而是反对者试图通过让她丧失归属感,从而夺走她的故乡,比方说骂她是"犹太婊子",这个字眼反复出现在她收到的恐吓信中。然而,她设法从刻意遗忘的黑暗沼泽中挽回的过去,和莱茨重塑的乡野田园一比,则没有那么美妙。

电影《坏女孩》让人想起一本影集,作者是当地一位摄影师,取景地在距离莱茨虚构的沙巴赫不远的某个镇子。1932年,奥托·韦伯(Otto Weber)成为一名摄影师,他拍了些克莱维镇(Kleve)的照片,直到工作室在1944年被炸弹摧毁。1987年出版了他的影集,名为《绝对正常的一千年》(据称第三帝国可以存在那么久)。[1]起初,照片稀松平常,拍摄的是下过雪的一条古老卵石路。人们拿着铲子,齐聚在市镇广场上,帮忙清扫积雪,不时互相问好。天主教唱诗班的孩子列队走过人们身旁。头几张照片里,镇民们表情满足、和蔼、可敬,略有几分无趣。接着事情开始发生变化,一点褐色悄然侵入。先是有位名流站在广场上,穿着崭新的制服,神情既疑虑又不无骄傲。接着,又出现了第二个、第三个、第四个这样的人,最后,整个广场都被黑褐色制服、纳粹党徽横幅、行进的军靴以及成千上万双被火炬照亮的眼睛给填满了。这也是地方史,图中人不是什么罪大恶极之徒;他们是校长、教堂管事、市政厅官员、报纸记者、牙医、工厂监工、油漆匠、屠户和面包师。而地方史的这一页,正是"坏女孩"被禁止窥探的。

起初,坐在"坏女孩"本人——本尊,而非演员——的起居室里有种奇怪的感觉。她名叫安雅·罗斯穆斯(Anja Rosmus),留着一头卷曲的金发,蓝眼睛炯炯有神。穿着挺考究的,但略显俗气。她不再是小女生了,如今离了婚,独自带着两个孩子。从写就第一篇文章以来,她已经发表了几本关于帕绍褐色历史的作品。起居室的一面墙上挂着罗斯穆斯自己所绘的画,有兔子、大胡子犹太人,还有幻想中故乡荒漠里灰扑扑的村子。墙上挂着个死者遗容面具,原型是德国讽刺作家库尔特·图霍尔斯基(Kurt Tucholsky)。在从纳粹德国逃至瑞典后,绝望的他于1935年自杀。面具是图霍尔斯基的遗孀赠送的礼物。

"还算挺真实的。"她如此评价影片。不过个别细节除外,譬如从窗户里扔进来的炸弹,这个情节是杜撰的。她倒是给我看了些恐吓信。"犹太婊子"绝对算不上是最恶毒的用词。有人发誓要用毒气毒死她和她的两个幼子,此外还有其他威胁。好多个夜里,她听到有人猛敲家里的窗子,还使劲摇房门,吓得她无法入睡。某人的兄长还起诉她诽谤,但此人的过去其实比她说的还要不堪。他叫埃米尔·杨尼克(Emil Janik),是当地天主教会的顶梁柱,战时人称"褐色埃米尔",理由是他同情纳粹。某次公开会议上,罗斯穆斯被问起她是否真的认为杨尼克是纳粹,她说即便他不算名副其实的纳粹,也肯定不是什么抵抗组织战士。杨尼克的兄长为此把她告了,于是乎,她必须拿出档案,为自己举证。档案显示,杨尼克不仅反犹,而且还教唆所有天主教徒投希特勒的票。针对她的指控最终撤销。然而,庭审期间,法庭试图对她采取安全防范措施,因为她某种程度上危害了国家安全。

当然，几乎所有针对她的恐吓信都是匿名的，但其中最有意思的一封不仅有署名，而且不带脏字。写信人过去是陆军军官，战时在西欧和东线战场服过役。他曾申请加入武装党卫队这一"我军的精英"，但未获批准。在他的军旅生涯中，"从未见过不寻常的集中营或人"。战后，美国人逮捕了他，"像对待犯人一样对待他"，尽管他"既没犯下过，也没目睹过罪行"，只是"履行了职责"。

这封信之所以有意思，是因为其用词同耶宁格十分相似。不过，写信人认同耶宁格引用的观点。这位老兵描绘了一幅魏玛共和国走向覆灭的常见景象：失业，民族耻辱，"被犹太资本摧毁的小企业"。因此，很明显，纳粹当政后，"大部分德国人都很欣慰，总算有所改变了……"

> 无疑，怨天尤人者、自以为无所不知的人，以及存心阻挠的家伙是不受欢迎的，因而"被清理出了公众视线"。他们去了所谓的防范性拘留营，后来被称为集中营……要想把德国从《凡尔赛条约》的利爪中拯救出来，有件事必须得到明确：你要么是敌，要么是友……
>
> 必须坦言，我年轻时，事情在朝好的方向发展。我们互相教育，防止自己遭受任何反常之事的侵害，另外，我们也没受到任何负面影响……
>
> 犹太人在德国不讨人喜欢，后来越发明显，他们不受欢迎。但是，正常人不会纵容煽动仇恨，也不会容忍所谓的"水晶之夜"。毕竟，我们过去可是包容过犹太人的……
>
> 我们这些亲历那一时期的人有必要扪心自问，为何要辱没自己的名誉。很显然，把事实描得更黑对我们没有好处。我觉得，像加林斯基（德国犹太社团领袖）和西蒙·维森塔尔先生（纳粹猎人）这样的人起劲煽风点火是很坏的做法。我从没觉得自己做错过什么，也无法忍受子孙后代被迫背负罪孽感。

第十章 两座普通小城

这样说来，安雅·罗斯穆斯就在辱没她的故乡，甚至是她的国家。然而，实际上，她发现有些人的表现值得敬佩，却并未收获应有的赞扬。比方说，人们丑化战时的市长，说他是个纳粹恶魔，什么脏水都朝他身上泼。事实情况却是，他曾试图制止驱逐犹太人，同意让他们逃命。除了市长外，罗斯穆斯发现还有其他人也冒着风险，搭救受迫害者。市政厅职员签发护照；她的祖母给当地一个集中营的囚犯送吃的；家庭主妇为人提供避难所。他们默默无闻的英雄行为从没得到过认可，也没人对之多大兴趣。另外，她发现这些人自己也不太愿意谈论过去。

我问她为什么会这样。她说，他们根本不关心政治，出手相助纯粹出于人道主义。但也有另一层理由："多数人不想因为违法挨批。这儿的人对于抵抗的看法极度矛盾，他们将爱国主义和秉公守法这些事混为一谈。这就是为何抵抗向来不为人所接受，哪怕抵抗的是纳粹。帕绍的居民中96%都是天主教徒。有人抵抗是出于宗教原因。有个牧师因为在教堂里庇护犹太人遇害。另一位牧师拒绝宣誓效忠希特勒，也被杀害。但人们谈起这两人时，却不曾流露出一丝敬意。他们违反了规则，他们不听话。公民不服从被认为是一件坏事。我自己的祖母对于当年帮助别人从而触犯法律仍旧抱有负罪感。这就是我在这里如此遭人痛恨的原因。哪怕我说的都是大实话，也是在给官方添堵。"

我好奇于她本人的宗教思想，这对她的行为有影响么？她笑了，说道："我二十五岁时离开教会。这对我父母是个巨大的打击，因为他们活着就是为了教会。直到现在，他们依旧不明白，也拒绝正视我不是虔诚信徒的事实。"这番话并没有提供足够的解答，我的目光停留在墙上那些关于正统派犹太人的绘画上。安雅·罗斯穆斯太年轻，体会不到她父母那辈人近乎神经质的"爱犹主义"。不过转念一想，也许年轻不是问题，也许这种事超越年龄界限。我联想到在柏林见过的年轻人，那些新一代的德国人在围绕破损犹太教堂残垣而建的犹太咖啡馆里品着茶；虽然不是犹太裔，却在脖子里围着绣有大卫星的围巾。

安雅·罗斯穆斯似乎能看穿我的心思，说道："我的确受犹太教的影响。依我看，耶稣是个典型的犹太人。毕竟，你知道，基督教里很多东西都和宗教无关：圣诞节，复活节——这些都是德国的传统习俗。而我们每逢周日则会在教堂里举行许多犹太仪式。后来我读了弗洛伊德的书，他写出了我一直以来的感受，即人们出于深切的心理需求，才创造了宗教。"

如果把她的努力轻描淡写地说成是宗教冲动，对这位勇敢的女士是不公平的。我没有理由质疑她对追寻真相的执着，而且她很有政治智慧。她看起来对自己毁誉参半的名声安之若素，这点并不让我感到困惑。事实上，她的自负在十分艰难、甚至是危险的局面下毫无疑问是她前行的动力。然而，她身上还洋溢着一种热情，就算不是宗教催生的，也一定有道德驱使的因素。在跟我讲述一个又一个有关家乡的骇人故事时，她眼中闪烁着光芒。帕绍首份印刷品出现在1476年，展示了被摧毁的犹太教堂图片。过去是犹太社区礼堂的地方，如今换成了一座煤气厂。一位邻居在奥斯维辛做过看守。他在那儿藏匿了一堆金银财宝，后来重回故地寻宝，在得知帮过自己的朋友是犹太人时，开枪打死了后者。这则故事后来被搬上银幕，影片名叫《亚伯拉罕的金子》(*Abraham's Gold*)。我没有理由质疑罗斯穆斯。她对于真相的追求一丝不苟。但是传说被曝光到一定程度时，自身也会衍生出传说。

比方说纳粹党徽面包的故事。每年，极右翼德国人民联盟（DVU）的党员都要在帕绍的尼伯龙根会堂集会，成群结队相伴而来的还有光头党、形形色色的时代落伍者、心怀怨气的老同志。他们夸夸其谈，放声歌唱，豪饮啤酒，肯定把老生常谈的故事又听了一遍，除此以外，没准还交换了些纳粹纪念品。但似乎这些行为还不够邪恶，一则故事逐渐传开了，说是集市广场上在售卖纳粹党徽

第十章　两座普通小城

形状的面包,刚烤出来,还是又热又脆的。这个故事传到记者耳朵里,他们用它为帕绍的形象又添上了一笔。这个无可救药的小城过去是希特勒的家乡,也是艾希曼成婚的地方。安雅·罗斯穆斯并没有传播过这一后来证明子虚乌有的故事。然而,黑暗的地方出现这类传说可谓十分正常。

不过,罗斯穆斯跟我讲了点别的,无疑是真人真事。帕绍郊外有座小型集中营,是隶属毛特豪森集中营的所谓"附属营"(Außenlager)。在安雅·罗斯穆斯成长期间,这是帕绍人从来不会谈论的话题之一。她所就读的中学过去是希姆莱之父教授拉丁文的地方。人们围绕如何恰当地怀念战争纷争不断。1946年,帕绍决定为市镇中心重新命名,以缅怀国家社会主义的受害者;另外还计划建造一座纪念馆,用作同一目的。两个项目最后都落空了。几年后,因河区(Innstadt)公墓里筑起一块纪念碑。那儿埋葬着军人,以及纳粹主义更直接的受害者。市长声称,能做到这样已经很好了。若不是社民党当地分支机构决定在1983年赞助修建一块纪念碑的话,集中营旧址很可能会彻底淡出公众记忆。

这个地方不好找。一座水坝将湖泊一分为二,我朝湖边走去,途经一块标牌,上面写着:"从长远来看,只有电才可靠。"耳边唯一的声音是鸟儿的啁啾,以及狭长的木质牛棚里传来的牛哞(也许牛棚过去是营房?)。水坝旁有个头戴蓝色鸭舌帽的老头儿正在干活儿,我问他水坝是不是"过去"的囚犯建造的,他"嗯"了一声,接着继续干活。那他知不知道纪念碑在哪儿?"不知道。"连头都没抬一抬。我正想放弃,却瞥见了纪念碑,它藏在灌木丛后,几乎完全看不到。竖立的灰色石碑外观朴素,上面写有一行字:"献给奥博里尔茨穆勒(Oberilzmühle)毛特豪森集中营附属营的遇难者,1942—1945。"碑文下方刻着五个十字架,以及立碑的时间,1983年。篆刻的字体形似如尼文字(Runes),这是一种十分古老且据传很神秘的条顿式字体,深受纳粹的喜爱。

选用如尼文字的决定显得对历史无知，但无疑并非出于恶意。在德国，这样或那样的复古之风随处可见。某个政权或制度越是新近成立，越是缺乏安全感，就越会去仿古。早在 19 世纪时，一股仿冒中世纪之风就吹遍了大半个德国。纳粹以自己的方式延续了这一风尚，而这在战后德国城市修葺一新的外观中也得到了承继。毕竟，区区十二年和神圣罗马帝国、条顿骑士或巴洛克、洛可可时期的光辉岁月一比，又算得了什么呢？

帕绍市政厅内有一些后哥特时代的遗物，尽管大部分其实诞生于 19 世纪。费迪南德·瓦格纳（Ferdinand Wagner）从尼伯龙根传说中选取素材，在市政厅内墙上绘制壁画。市政厅的外墙正对多瑙河，属于后哥特式风格。我与人约好在这里相会，来者是安雅·罗斯穆斯的某位死对头，名叫戈特弗里德·多米尼克（Gottfried Dominik），他是市政厅隔壁游客咨询处的主任。

多米尼克年龄四十五岁上下，留着八字胡，日渐稀疏的一头金发下，粉红色的脑门亮堂堂。他身穿一件牛角纽扣的巴伐利亚式西服，表情谈不上不友好，但很拧巴，似乎正在忍受消化不良的煎熬。他一激动就脸红。

我在他办公桌前刚落座，多米尼克便手指墙上的一个镜框，里面套着一句名人名言，落款处是一位德国红衣主教的签名。"这是我的人生格言。"多米尼克说道。格言这么写来着："那些有梦想、并准备好为实现梦想付出代价的人是幸福的。"我点点头，问起安雅·罗斯穆斯的事。多米尼克随即摆出一副十分痛苦的表情，并向我解释原因。他说，这牵扯到两个问题，一是帕绍的好名声，二是罗斯穆斯女士的性格。帕绍地处巴伐利亚一块很特别的地区，这儿的人既自信，又略显保守。可这位罗斯穆斯女士跳出来说帕绍是个纳粹城市，侮辱了左派不算，还侮辱右派，整个就是"一个女人一台戏"。这么做对帕绍很不好，会掀起这么大的风波，当真不足为奇。

对，我附和道，这我知道，但罗斯穆斯的指控难道不是确有出处么？多米尼克咬了咬胡子，翻开办公桌上的一个棕色文件夹。他从中抽出一份刊登在伦敦《星期日泰晤士报》上的剪报，食指叩击文章，脸涨得通红。"一派胡言，"他叫道，"纯属一派胡言！"能说得具体点么？"这篇关于纳粹党徽形状面包的稿子是在胡说八道，根本就没有这样的面包。"但这是从罗斯穆斯那里传出来的么？多米尼克答不上来，却一口咬定罗斯穆斯是幕后黑手。

我想暂时回避纳粹党徽面包这一话题，于是问多米尼克，他认为罗斯穆斯有关战时帕绍的那本书在事实上是否经得起推敲。他方才的怒气退去了不少，拧巴的表情重新浮现在脸上。这个很难回答，他告诉我，因为他自己不是帕绍本地人，他的家人才是。说完他指了指墙上两幅亮闪闪的照片，是旅游咨询处常见的那种巴伐利亚风景照。"瞧瞧，"他说，"真相不仅关乎细节，还关乎色彩，关乎基调。"他的注意力转回到报纸文章上，说："不过这些东西是存心伪造的，这些可怕的谎言抹黑了我们这座城市的形象，而她却蜚声海外，成了与罪恶城市势不两立的好姑娘。"

我试探性地表示，或许问题源自历史被长期掩盖这层因素？不对，多米尼克答道，完全不是这样。"我一向很了解过去，我见过阿尔伯特·施佩尔，还认识戈林的女儿。对了，我甚至还见过希特勒的秘书。所以你说的不对，我对历史一直充满兴趣。我读过施佩尔的回忆录，也读过安妮·弗兰克的日记。我奶奶挨过纳粹的打，我妈妈亲眼目睹过死亡行军。你必须认识到，我们活得比别人更艰难。我生于1946年，老师没教过我们啥。但对于罗斯穆斯女士这代人而言，情况大为不同了。没有什么是遮遮掩掩的。"

我告诉多米尼克，自己走访过集中营旧址，并问他1983年才进行官方公祭是不是有点晚。他乐呵呵地挥了挥手，邀请我去隔壁喝杯上好的本地啤酒。他一边走，一边跟我说，集中营是很糟糕，糟糕透了，但与之相关的无稽之谈也有不少。人们老说达豪是个死亡营。"才不是呢！那儿不过是个劳工营。"

我们呷着啤酒，他的胡须上沾了泡沫，让他看起来比实际年龄显老。我再次把当地集中营和纪念碑为何小而隐蔽的问题抛给他。多米尼克看着有些沮丧。"很难回答，"他承认，"真的很难回答，但我知道你是什么意思。就让我谈谈个人想法吧。假使说你一条胳膊是废的，你不会想让人看见吧。那段时期是我们国家历史的低谷，但这在漫漫几千年历史中不过才占了十二年。因此人们倾向于对其遮遮掩掩，这和胳膊残疾的人不太可能穿短袖衬衫是一个道理。"

我注视着多米尼克粉红色的面庞和他挂着泡沫的白胡须。他人不坏，只是十足中规中矩。他和奉行激进反法西斯思想的知识分子同属"六八一代"，但当其他人在抗议或揭露法西斯残余，或审判各自的父母时，戈特弗里德·多米尼克和许许多多的人一样，只是个听话的小男孩，是当地天主教青年协会的成员，是习惯成自然的保守主义者。他从没审判过自己的父母，他的腔调和他们别无二致。

我俩聊得很投机。他问我在忙什么，我回答说在写书。啊，他叫道，我去过一次日本，去的是东京。但他发现和日本人没法交流。他们对德国人面对本国历史的做法完全无法理解。"他们认为我们坦诚直面过去是示弱，让我们在昔日的敌人面前失了面子。哎，我完全无法理解他们是怎么想的，理解不了保留天皇的那套理由。哎，他们有着完全不同的历史观，面对历史的方式也和我们完全不同。"

花冈

1945年夏，战争结束前不久，谷地田恒夫只有五岁，但他至今仍记得"花冈事件"。当然，他那时还不知道后来会这么叫，也不知道 7 月 30 日晚到底发生了什么。他只记得看到一群人把跪在村会堂前、瑟瑟发抖的中国劳工团团围住。人群高喊："杀死支那人！杀死支那人！"据说，"支那人"杀了个日本人，还把他给吃了。

谷地田记得自己看见竹竿像雨点般砸落在赤身裸体的中国人身上，但随即便被母亲带走了，这场面少儿不宜。

实际上，事情的真正经过如下：7月30日晚，日本东北某小镇的八百多名中国劳工逃进了深山。多为农人、商店主组成的当地民兵手持竹枪和棍棒，协助警察追捕劳工。他们管这叫猎兔。中国人被驱赶至村会堂前的空地上，双手反绑，双膝跪地，赤裸着上半身跪了三天三夜，期间没吃没喝。当时正值一年里最热的时候。谷地田后来听说，有些中国人尝试喝自己的尿。而在村会堂内，有大约五十人被折磨致死。一些人被绳子拴住拇指，吊在天花板下并遭到毒打。其余的被掰开嘴，强行往喉咙里灌水，之后被人用脚踩肚子。老师教唆学生朝"支那人"吐口水，他们还分到了用来殴打"支那人"的棍棒。在距离谷地田见到囚犯不远处的某个村子，当地青年团体的少年用棍棒打死了好几个中国人。

这批奴工于1944年从中国被带到秋田县的花冈。这种做法并不罕见。日军将战俘和强掳来的平民交给日本企业，作为奴工使唤，从中获取报酬。战时，大约四万人因此来到日本，约七千人后来客死异乡。这一数字，和七百八十万在纳粹德国从事劳役的外国人中的死难人数相比，也许并不算什么，但中国人遭受的野蛮对待可谓骇人听闻。当时约有二百万朝鲜人旅居日本，但由于朝鲜是日本帝国的一部分，而且所有朝鲜人都被视作日本国臣民，他们与中国人的境遇就不太一样了，虽然未必好多少。约有一半旅日朝鲜人都是战时强征来的民夫，往往受尽虐待。从数据来看，"花冈事件"的规模并不大，而且八成有诸多类似"事件"，但机缘巧合的是，这是人们清楚来龙去脉的唯一一起。

花冈的华工为鹿岛建设组卖命，这是一家大型建筑公司，与同和矿业株式会社有合同关系。华工负责开铜矿。到了隆冬时节，他们被勒令在河道上架设水坝，改变其流向。即使在冬天，整个秋田都被覆盖在皑皑白雪之下时，他们身上也只穿着破旧的单衣。每日的伙食是烂苹果皮和一碗稀薄如水的米汤。一次，某位厚生省*官员造访花冈，指出这么对待华工太客气了，"应该像绞一块湿毛巾一样榨干他们，直到一滴水都不剩下"。九百八十六名华工多为农民和战俘，只有五百六十八人熬过战争，活了下来。

7月30日的暴动经过了粗略的策划——华工打算与关押在附近一所小型集中营里的美澳战俘会合，一起逃往海边，再找条渔船，驶向北海道。他们估计那里已经解放。一旦计划失败，将会葬身大海。事实上，他们到达的最远地方不过是劳工营附近的山林。战后很久，劳工营旧址附近才竖起一块纪念碑，形容暴动是为"捍卫人类尊严"所作的殊死一搏。1945年9月，日本投降后，秋田市一座法院审判了幸存的华工。他们因为在战时暴动，危害日本国家安全，被判有罪，并处终身监禁。

若不是因为鹿岛建设组的员工挖掘乱葬坑，以隐匿虐待华工罪证时凑巧被美国占领当局发现，"花冈事件"也许永远也不可能称之为事件——换言之，它会同其他战时日本外籍劳工的遭遇一样，变得无人知晓。这一发现的结果是，日本国内举行了唯一一场将私营企业列为被告的战争罪审判。中国囚犯从秋田的监狱获释，出庭作证，指证他们过去的雇主。1948年，八名鹿岛建设组的当地职工被设在横滨的盟军军事法庭裁定有罪，其中几人被判处绞刑。但他们当中没有一个重要人物，于是所有人在1956年都获释了。几年后，同样获释的还有战时劳工项目的正式负责人岸信介，我们都知道，他后来升任首相。而鹿岛建设组如今更名为鹿岛建设株式会社，是世界上规模最大的建筑公司之一，在华拥有巨大的经济利益。

在"花冈事件"中幸免于难的个别华工后来留在了日本，其中一位在1972年中国同日本政府签署协定后选择了自杀。在这份协

---

* 近现代日本国家机构，主要承担日本的国民健康、医疗保险、药品和食品安全、社保、就业、救助弱势群体等职责。

定中，中国表示放弃对日本的战争赔偿要求。昔日的受害者不仅被斩断了获赔的念想，而且在当时的排外逻辑中，那些战时待在日本的中国人本身就值得怀疑。"文化大革命"期间，曾经的劳工被控做过日本间谍。我们只能想象他们在红卫兵手里的遭遇。

但起码还有相关记载，虽然大部分都保存在美国的档案馆。根据《信息自由法案》，大部分资料在1980年代末被公之于众。与此同时，所剩无几的中国幸存者也可以赴日提出索赔要求了，哪怕告不了日本政府，至少也可以把鹿岛建设株式会社告上法庭。1990年，一支由四名幸存者组成的团队在战后首次造访花冈。但他们几乎什么也认不出，因为所有地标都不见了。他们唯一能依赖的只有记忆。在花冈——如今是大馆市的一个区——他们受到了几位日本人的接待。有两个人尽管面临各种艰难险阻，也拒绝让记忆消亡。其中之一便是谷地田恒夫。

* * * * *

谷地田从事的是工会组织者的工作，他请了假，带我游览当地。他操着一口有浓重东北口音、吐字短促的土话，据说，这和当地寒冷的气候很契合。他穿着随意，有那种自豪于摆脱了企业生活的日本人的风范：花衬衫领口敞开，下身是宽松的长裤，上身套了件运动夹克。前一天晚上，我俩在一家朝鲜餐馆小酌，因为他希望我见见经营这家店的朝鲜夫妇，听他们讲日本人排朝的故事。夫妇俩是当地为数不多的朝鲜侨民之一，是谷地田的朋友。当晚，谷地田不止一次地指出，日本人曾视朝鲜人和中国人为劣等人。他记得，在他就读的学校有个朝鲜女孩，他和他的日本同学都不把她当人看。而且这还是在战后。

过去是中国劳工营的地方，如今依然归同和矿业所有。在标注昔日劳工营位置的石碑前，泥土地上竖着块标牌："危险！请勿擅入。"我们没理睬，继续朝前，这时看到有辆同和矿业的车远远地跟在身后。谷地田哈哈大笑，说一直都是这样。四周风景虽美，但这是种有毒的美。淡红色的土壤上铺着冰冷坚硬的石板，上面附着青苔。同和矿业把一个大湖当成了有毒废料的倾倒池。湖面漂着层橘红色的薄膜，但朝水里扔块石头，厚厚的黏液下会泛起黑色的水泡。原华工营就位于湖底。

站在距原劳工营不远处的一座小山山顶，谷地田用手指出几个主要地标。花冈坐落在一片广袤而平坦的盆地中，四周山峦环抱，山顶覆盖着积雪。从远处看，就好像巧克力蛋糕上裱了层奶油。不光是平原上的城镇和村庄有了变化，就连自然风光本身，和1945年一比也已然变样了。湖泊是新近形成的，河道改了流向。一些山峦不见了，取而代之的是公路和新建大楼，或者是另一些由板岩和泥浆堆积而成的山峦。当年的一个湖泊如今已经干涸，只剩下一片湿漉漉的灌木丛。市政厅消失了。村会馆在1960年代被夷为平地，代之以一栋乏味的混凝土建筑。其矗立在空地一端，另一端是过去扣押中国囚犯的地方。昔日村里店铺的位置，现在是一家大型超市。稻田则被扩张的城市所占据。

但并非一切都消失了。谷地田指向成排破败的营房，这里以前是美国战俘的住处。我问他美国人是不是也开过矿。"没有，"他说，"我们日本人对白种人总是很关照。"说罢嘴一咧，挤出一丝狡黠的笑。我也冲他笑笑，并想起自己听过的所有关于缅甸铁路和荷属东印度"鬼子营"的故事。不过相对而言，谷地田说得真是没错。

他还指出华工逃进深山时走过的那条路。路旁遗留着一堆密密麻麻的木屋。谷地田说，上了年纪的人还记得，大逃亡当晚曾听到有人光脚走路时发出的沉闷脚步声。他还模仿了下这种声音：啪嗒啪嗒，啪嗒啪嗒。1945年，华工已无鞋可穿。

我们参观了公墓，那里矗立着两座纪念碑。一座缅怀战死日本军人的"忠魂"，另一座凭吊"牺牲的中国英雄"。在经过一连串的激烈争论后，该碑于 1963 年落成，由大馆市、同和矿业和鹿岛建设株式会社共同设立。1985 年，大馆的社民党市长决定将 7 月 30 日宣布为"和平纪念日"，并计划每年在纪念碑这儿举行仪式。但光看外观，此碑似乎已被人遗忘。地上摆着一束塑料纸包着的花，花朵已经枯萎。纪念碑基座前有个开了盖的塑料饭盒，里面的饭团早已腐败变质。

河道曾是中国人和朝鲜人干活的地方，他们常常因为遭到毒打、饥饿和体力透支而葬身于此。河道附近也有块石碑，不过体积要小多了。上面的字难以辨识。石碑表面龟裂得就跟碎玻璃一样。地上横七竖八散落着一堆罐头盒和供奉给亡灵的食物残渣。碑文这样写道："献给中国死难者的佛碑。"纪念碑的由来与其要缅怀的历史一样不堪。鹿岛建设的员工在挖掘华工遗骨时被当场抓获，后被勒令修建一座像样的佛教墓穴，用以陈放遗骨。但他们不肯，转而将骸骨移葬在一座佛教寺庙的后山。1949 年，邻近中国劳工营的地方又挖出了更多骸骨。新发现的遗骸和原有尸骨一同归葬，不久后，石碑便立了起来。近年来，鹿岛建设株式会社主动提出想修建一座体积更大的纪念碑，但是为幸存华工权益而奔走的小型团体拒绝了这一请求，说除非先交付一定数额的赔偿金，并建立一座博物馆。"他们造起纪念碑来挺在行的，"谷地田说道，"但一说起历史研究和经济赔偿，我们就一点帮助也得不到了。"

* * * * *

从大馆到东京，乘火车的话约七个半小时，和从柏林出发到帕绍用时差不多。与日本中南部相比，日本东北，特别是秋田地区的萧索程度至今令人吃惊，甚至可以算得上贫穷。市中心不仅晦暗，而且毫无亮点：混凝土建筑外观粗糙，昏暗的购物街上架着塑料顶棚，防止冬季时大雪封门，堵住商铺。城市郊外的木屋边上被人漫不经心地扔了一地的垃圾。这些说是房子，但常常只能算是窝棚。除开无处不在、同日本各地别无二致的广告牌外，为大馆增色的只有小小的居酒屋了。暮色降临，男人们会在里头喝得酩酊大醉。

尽管是日本的产粮区，但东北地区向来很穷。战前，尤其是大萧条时期，农民穷得走投无路，只好出卖自己的女儿。日本和南洋的妓院里总是挤满了来自东北的姑娘。另外，由于长子要继承家业，他们的胞弟常选择参军。虽然军旅生涯很凄惨，但起码还能吃饱饭。东北地区的艰苦生活让人们心生怨气，矛头直指政客和商人，后者被认为既贪婪又腐化。这种看法并非全然没有道理。身为共产党员的小说家小林多喜二出生在花冈附近，在比花冈还要靠北的北海道长大。1933 年，他因为传播危险思想，被警察拷打致死。我有种感觉，谷地田的左倾思想，以及他的朝鲜裔朋友对朝鲜的政治认同（即使他们出生在韩国），是与此地的传统一脉相承的。他们并非脱离实际的马克思主义者。他们反对腐败、歧视和贪欲，视之为"资本主义"。基于同样的理由，激进的右翼"农耕思想"在战前也很流行。

寒冷的北方孕育了一种吃苦耐劳、坚忍不拔的自我形象：人们具备忠诚、诚实、勤劳等品质。大馆的车站前有一尊塑像，原型是在日本人见人爱的一大偶像，忠犬八公。小狗每天早上都会始终如一地守候在车站前，等着迎接主人的到来。一天，主人在抵达车站前身故了，但八公依旧守在原地，一步也不肯挪。狗儿就这样一直坚守岗位，直到老死的那天。今天，八公石像的脖子上依然装点着鲜花——且比所有华工纪念碑前摆放的花束都要新鲜和茂盛。

东北的村庄和城镇是民歌里歌颂的对象。它们还是日本版《故乡》或乡土故事的绝佳背景。志在寻根的导演通常会选东北作为取景地。秋田和青森至今仍弥漫着一种远古的神秘气息。套用城市知识分子中间流行的一句话来讲，东北"散发着泥土气"。出生在那儿的人往往渴望逃离，背井离乡者还真不少，但对于远在东京的作家、艺术家和诗人而言，同样的乡土（furusato，汉字"古里"，顾名思义是指"老村落")在他们眼里则笼罩在一层温润的乡愁之雾中，这是日本人阔别已久、泥泞不堪的"故乡"（Heimat）。

阿信是日本迄今最风靡的电视肥皂剧的女主人公，她就出生在东北的一个村子里。该剧名为《阿信》（'おしん'），由准国有的NHK电视放送协会在1984和1985年间播放。这恰巧也是《故乡》在德国上映的时间。这部总共297集、每集十五分钟的电视剧于每天早上首播（收视率可达63%），下午重播（收视率降至20%）。从风格来看，《阿信》和《故乡》有很大差异。德国电影是个人化的艺术创作；《阿信》则是一部精心制作的情节剧。而且，尽管《阿信》同《故乡》一样，既是对传统乡村价值观的讴歌，也是对其沦陷的挽歌，但日本女主人公很小就因为家里无力供养她而背井离乡。故乡的失去是实实在在的，这点对于工业化时期的许多日本人而言（德国人和许多其他地方的人也不例外）亦是如此。但是家的概念并不一定局限于地区。在《阿信》中，整个国家都成了某种故乡。特别地，战争年代也是透过家的角度来审视，这在莱茨的《故乡》中也一样。德国电影和日本电视情节剧都是对好莱坞式历史的一种本土化回应，是"我们"这个民族大家庭记忆中的历史。两部作品的感染力主要源于此。

在《故乡》中，母亲是家族历史的基石，同样，阿信也是所谓传统价值观的集大成者。她象征着保守日本社会的理想：坚忍、勤劳、诚实、开朗、礼貌。她待人接物温文尔雅，同时严于律己，说话轻声细语，客客气气，但为人也很坚强，是所有人仰仗的对象。如果说埃德加·莱茨属于左派乡愁浪潮一分子的话，那么《阿信》或许能被称作是官方认可的历史记忆。阿信是个安分守己的女人。她反对战争，但对其无能为力。正如旁白不止一次告诉我们的那样，她的职责是"照顾好家人"。这部剧在响亮地表明反战立场的同时，也歌颂了多数日本人对战争发自内心的支持。

故事里所有的日本兵都是相貌堂堂之辈，为人诚恳，正直，且彬彬有礼，就连阿信的小叔子也是如此。他是个激进的爱国者，老是怂恿阿信把儿子送去军校。阿信的丈夫龙三后来也沉迷于军国主义宣传。他并不掩饰自己的投机倾向；作为军队的供应商，他的生意蒸蒸日上。但他对老婆孩子越来越专横，思想也愈发沙文主义。从某些方面来看，这部有日本官方背景的肥皂剧在对剧中人物的批判上，要比莱茨的《故乡》更不留情面。沙巴赫善良的人们既不是狂热分子，也不是沙文主义者；只有邪恶的党卫队军人才是这般模样。不过，阿信的丈夫并不缺乏同情心。他其实是个好人，发自内心地相信国家（而若要勾勒一个善良而真诚的纳粹形象则明显要困难些）。当阿信抗议说为部队提供物资无异于充当战争同谋时，龙三答道，日本打国仗的时候，每个日本人都应尽到自己的义务。

　　攻陷南京值得欢庆。在一幕构思精妙的慢镜头中，我们看到整座小城倾巢而出，打着灯笼参加游行。人们那帧数被放慢的笑脸看着很瘆人，甚至十分狰狞。尽管阿信信奉和平主义，但她也很高兴。念旁白的女声介绍到，阿信"感到有一股正在塑造日本未来的强大力量，但不知道这股力量的本质是什么。南京已被征服，全家人都出门参加游行。阿信也是欢声笑语的日本人中的一员"。

　　紧接着的下一集里，我们看到阿信对发生在亚洲大陆上的战争的残酷性一无所知（同样，观众也一无所知：敌人从未出现，遑论落入日本兵之手的敌人的遭遇了）。阿信在得知两个儿子变得和他们的父亲一样狂热、表示愿意为国家捐躯（注意，不是为天皇捐躯：在NHK版的历史里，天皇被小心翼翼地剔除了出去）后既忧心忡忡，又郁郁寡欢。我们看到了阿信作为母亲的痛楚，但同样触动我们的，还有她两个儿子的年少轻狂、一腔热血和单纯思想。在家里的餐桌旁发表爱国演讲时，灯光照亮了他们俊朗的脸庞，这跟好莱坞电影里播放詹姆斯·史都华*前往华盛顿时的镜头是一样的。与沙巴赫不同的是，这里没有害群之马，没有类似党卫队恶徒那样的人。

这也许是德国"故乡"（Heimat）和日本"乡土"（furusato）之间最大的区别：日本的村庄里没有纳粹，有的只是军人。从未出现过驱逐，附近也没有集中营。没有"水晶之夜"，邻居也不会在夜里消失。人们也许不喜欢战争，不喜欢其带来的经济困窘，也不喜欢乡村学究和军队恶霸的趾高气扬，但几乎所有人都贡献了自己的一份力量。至于说战争本身，那发生在其他地方，与家门口相距十分遥远。不过也有例外。对于那些不幸生活在冲绳的岛民而言，1945年，战火惨烈地烧到了家门口。冲绳人被视为二等国民，帝国军队信不过他们，许多平民百姓因此成了与美国海军陆战队交战时的牺牲品。约有十六万平民——超过当地人口的三分之一——死于交火，另有上百号人选择了集体玉碎。撇开东京大轰炸、广岛和长崎的原爆，这段经历留给冲绳的苦涩感要远甚于日本其他地区。

但是，与花冈一样，广岛和长崎同时也是劳工营所在地。类似的劳工营遍布日本全境，日本老百姓肯定知道它们的存在。每天，花冈的良善之人都能在路边看到监工手执皮鞭，抽打形销骨立的中国奴工；但同样是这些良善之人，却在奴工逃跑后协助警察"猎兔"。在大馆的时候，我和谷地田喝个不停，其间，他跟我谈到自己的父亲，说老头儿从骨子里憎恶战争，以至于在征兵体检前喝下一整瓶酱油，好让自己不达标。在国内，他也尽力不去做和战争有关的工作。但是"猎兔"开始后，他却参与其中，跟着一群暴民上了山。和所有人一样，他尽了自己的义务。所以战后人们不愿谈论过去的事。1979年前，当地历史教科书里甚至对"花冈事件"只字不提。

---

* James Stewart（1908—1997），美国著名演员。在电影《史密斯先生到华盛顿》（*Mr. Smith Goes to Washington*，1939）中，他扮演一个深受爱戴的地方童子军领袖，当选为参议员后来到华盛顿与腐败体制斗争。

当年，一些学童被教唆朝"支那人"吐口水，野添宪治便是其中之一。他从未忘记那段经历："每当我就'花冈事件'向人发问，往事就会掠过脑际，而我也会变得难以启齿，并开始颤抖。我意识到，自己也是侵略者中的一员。"然而，野添从未停止发问。三十年来，他一直在设法弄清当晚到底发生了什么。正因如此，他的家人遭到威胁，孩子在夜里没法走出家门，窗玻璃也叫人砸了。他还接到过匿名电话，多半是后半夜打来的，对方向他发出死亡威胁。1975 年，在他将自己的发现整理成书出版后，局面进一步恶化。没人否认书中的事实，但他还是被骂成是出卖同胞的叛徒，辱没了"故乡"、"乡土"的名声。[2]

我在野添的家里拜访了他，他住在距大馆市不远的一座小镇上。这是座典型的日本东北小镇：街上空空荡荡，铁皮屋顶呈波纹状，房屋破破烂烂。野添家的大门藏在一家干货铺子后的狭窄小巷内。屋里闻着有股潮气，以及陈年木材和下水道堵塞后的气味。他的书房在二楼。我俩坐在榻榻米地板上，身旁围着成堆的书籍、档案和期刊。野添穿着一套旧和服，又大又圆的脑袋上长着一绺绺白发，乱蓬蓬的，没梳过。论气质，他像个教授，但实际上连高中都没毕业。他过去靠干零活为生，一生清贫，如今靠撰写"花冈事件"系列丛书勉强度日（至今已发表四本）。这些书成了他毕生的事业，也是他唯一想写的话题。

在和野添交谈的过程中，我想起了把他介绍给我的人，一位年逾五旬、身居大阪一室户公寓的华侨。他叫中八戒，这是日本官员强迫他把自己的姓名日本化后所取的名字。中八戒是垃圾场的卡车司机，他把自己的收入全部花在了搜集战时华工历史的相关资料上。同野添一样，他也没什么机构背景。有人告诉我，没有一位日本学界的历史学家就此课题做过研究。因此，跟野添一样，中八戒得亲自跑去中国寻找档案，找生还者做访谈。

刚开始，野添遇到了巨大的困难。关于"花冈事件"，根本没有留存档案,因此,他能做的只是寻找目击证人。他说,起初登门拜访时,吃过四五回闭门羹。有些人还报警撵他走。这之后,尽管不情不愿,但有人在查看巷子里里外外,确信没邻居看见后,会请他进屋喝茶。起初,他们只扯些无关紧要的小事。但渐渐地,见了四五回后,真相开始浮出水面,一个个人名蹦了出来,话匣子打开了。这一过程进展得如此缓慢,以至于他花了二十多年时间,才为自己的第一本书凑齐了素材。

"我从没挨过打,"他告诉我,"但同和矿业株式会社雇了帮会成员,确保我不会在原劳工营周围游荡。帮会还有警察撑腰。"

他从同和公司那里当然得不到任何帮助,但工会也不希望蹚这摊浑水。我问他是否和其他调查战时历史的人有联系。我知道有这么一群人存在,因为其成员帮忙介绍不少人给我认识。中学老师森正孝与中八戒相识,而中八戒又把我介绍给一位幸存华工的代理律师,后者又认识长崎市的某人……就这样,我结识了一连串的人。"没有联系,"野添回答我,"直到三年前,我一直都是孤军奋战。"

这么说或许略有些夸大其词。毕竟,1985 年前后,官方的确做出过样子,在花冈市举行了纪念"花冈事件"的活动。另外谷地田也一直在做这方面的研究,虽然时间没有野添那么长。但是,在和这个圈子里的若干成员聊过后,很快就会意识到他们之间的关系并不总是十分融洽;对别人的冷漠评价折射出嫉妒心理和严重分歧。当然,对于坚持一项不得人心事业的边缘群体,事情向来如此。总之,到了 1980 年代末,情况稍许好转。那时,华工和韩国人已能自由赴日,尤其是战后被遣返至韩国的朝鲜侨民。秋田广播公司制作了一部"花冈事件"的电视纪录片,不仅得了奖,还在全国播放。

话说回来,野添是个真正的勇者,因为他清楚自己毕生的心血只会招致社会对他的排斥,而鲜有日本人会为了献身事业甘于接受这一命运。好奇心再度涌起,是什么在驱使谷地田、野添、家永或安雅·罗斯穆斯,激励着他们独自坚持?我把这个问题抛给野添,他模棱两可地回答说希望把真相传递给下一代，此外很难再让他多说什么。不过他曾经写过自己的学生生涯，写到校长命令学生朝中国人吐口水。他是个恃强欺弱的家伙，这样的人当时很常见。他逼男孩子拿棍棒互殴，说是要锤炼他们的气魄。这位军国主义的信徒成天叫嚣要跟美利坚-盎格鲁妖魔战斗到底，但在战败后却若无其事地照常过日子，对他做错过事或说错过话没有半点表示。别的老师也一样，在乡里名流的撑腰下声援战争。"正因如此，"野添写道，"我才对那些自称老师的人产生了一种发自内心的不信任。"[3]

依我看，将野添、罗斯穆斯和其余同道串联起来的，正是这种基本的不信任、对官方控制他们思想的拒斥，以及坚持提问和认识真相的那股子切劲。无论在日本，还是在其他什么地方，这样的人都不会多。我猜，不管他们身居何地，恐怕都不太讨人喜欢。如果说罗斯穆斯在德国不像野添和谷地田在日本那样孤立无援，这仅仅因为联邦德国过去是、现在也依旧是个更开放的社会。那儿总有拥护罗斯穆斯事业的律师、报章和学者。但在日本，单个学者所能获得的机构支持则要少得多。

然而，就多数人的情况而言，国与国之间的区别其实没有人们想象的那么大。当直面令人不悦的事实时，日本人的反应和德国人差不多。多数人不是转身离开，就是捶胸顿足。1990年，大馆市举办了一场题为"花冈事件"的小型展览。我见到一份特地为此准备的问卷。参观者被要求写下自己的年龄，是如何得知"花冈事件"的，以及对此的感受。人们的回答和德国纪念馆留言簿上的话差不多——都在表达"民族"耻辱。

"日本人是全世界最野蛮的民族！"一位年过三十的男人写道，"作为日本人，我感到深深的愧疚。"关于"花冈事件"，他是从父母那里听来的。另一名参观者是年逾花甲的老媪，事发当时便知情。她写道："作为花冈人，作为日本人，我感到无地自容。这跟'花冈事件'相比或许只能算是桩小事，但我希望人们知道，家父过去利用华工为他工作,自己却借用上司的名义,假装是他们下的命令。"公开悔过——或者用中国人的话来说,叫"自我批评"——并不只在基督教文化里才有。

谷地田打小就是基督徒,但他说自己"耻于"提及。他自视为一介凡人,一位社会主义者。基督徒在日本东北的小镇里并不鲜见。传教士吸引的是穷人,这在哪儿都一样。谷地田的老婆孩子既不是基督徒,也对他有关华工的研究毫无兴趣。太太因为他常去中国怨言颇多,希望老公能带她去欧洲度假。女儿小时候曾帮爸爸分发工会传单,但年纪一大,就对他的事再也不闻不问。儿子则向来不感兴趣。跟我说起这些的时候,谷地田脸上仍挂着笑容。

基督教背景的社会主义者身上往往都有一种宗教倾向,不管他们自认为多么世俗化。我在谷地田身上没有察觉到这点。他身上没有一点宗教热忱的元素——野添亦是如此。谷地田为何会如此关注"花冈事件"呢?为什么历史会将他牢牢攥在手心里?他的回答和野添一样含糊其词,但聊到后来,在我以为他已经忘了我问过什么的时候,他却杀了个回马枪。二十来岁时,他曾在京都呆过几年,在邮局工作。一次,有人让他别用某个杯子喝水,因为这杯子是专供"部落民"使用的,让他吃惊不已。"部落民"是指昔日社会弃儿的后代,他们的祖先从事污秽的行业,譬如屠宰和制革。社会对这类人的歧视在中南部地区尤为严重。在北方,也许是因为开发比较晚,很少存在这一问题。谷地田没有留在京都,但这段经历为他打上了烙印:"我下定决心,永远都要与被歧视的人站在一起。这就是我会对探究'花冈事件'经过感兴趣的原因。不光是为了替幸存者索赔,不完全是这样。我是想让日本人承认事实,还受害者以自尊。"

* * * * *

谷地田驱车带我来到昔日村会堂的旧址，被人五花大绑的华工曾跪在那儿的空地上，遭人唾弃，被人殴打，其中一些还被凌虐致死。院子里种着几棵参天大树，地面灰暗而冰冷。"那棵松树，"谷地田边说边指向一棵看似最老的树，"一定目睹了行凶过程。"新建的社区中心对面矗立着三座大型雕塑：一座是男性半身铜像，一旁是块巨石，光滑的表面刻着一首歌。铜像旁有座裸女塑像，她正引领一群鸭子走向铜质平台的边缘。一块小小的铭牌躲在树丛后，不仔细找的话几乎看不见，牌子上刻着"花冈事件"的来龙去脉。

谷地田说，"赶鸭子的裸女"所在之处恰好是过去村会堂的位置。这点无文字为证，雕塑上找不到一句铭文。从一本大馆市政府发放的名为《和平之城大馆》的介绍册上，我得知这座雕塑名为"和平雕塑"：誓将维护中日友谊。同样是这份册子，还（用英日双语）解释道："和平是美好生活的基本原则。基于这一观念，1983年12月12日，大馆市成为秋田县首座宣布自己为'反核和平之都'的城市，一直在为每位居民倡导和平之城的目标。"并不是所有人都乐见这一和平塑像，或欢迎反核政策，但这些毕竟是一个由社会党执政的城市所取得的成果。

男性雕像引起了我的注意，倒不是因为它有什么特殊之处；诸如此类地方名人的铜像在日本随处可见。然而，眼前这尊却格外华丽，微笑着俯视整个庭院，脸上的神情似乎很满意于自己的诸多成就。此人是畠泽恭一，铜像下方刻着他的一系列职位和头衔。畠泽曾是一位举足轻重的地方官僚、相扑界的顶梁柱、几届奥委会成员，以及数项日本最高荣誉的获得者。光溜溜的石座上所刻的歌词，是专为歌颂他的精彩人生所作。据纪念碑碑文来看，畠泽的人生经历只有一个很小的缺口：1941—1945年期间是一片空白。但他那时其实并没闲着，是主管花冈矿场劳工事务的负责人。

"日本人对历史也就这么点重视了，"谷地田表示。"我没法说服自己带中国参观者来看这个，这可真叫人羞愧难当。"尽管我能理解他为什么尴尬，但他大可无需如此。在我看来，畠泽恭一的塑像所象征的，不只是公众对惨痛真相的无动于衷。我又打量了眼这位成功的地方大员。看着他那得意的笑容，我明白了是什么在驱使野添和谷地田等人坚持过那样的生活。

第十一章
告别废墟

假使说《铁皮鼓》是全世界关于二战最著名的一本虚构编年史的话,那么其主人公、三岁就停止长大的男孩奥斯卡·马策拉特(Oskar Matzerath)可以算是这场战争最有名的文学见证人了。挎着铁皮鼓、嗓音能震碎玻璃的奥斯卡·马策拉特是最理想的回忆录作者,他有着早熟儿童那种不可思议的好奇心。不管有些事在成年人看来多么不堪,都逃不过他的眼睛,而鼓声是对他目睹的惨剧的见证。与此同时,奥斯卡还象征着大人们的恐惧和渴望,尤其是渴望在一个黑暗、温暖、子宫般的世界里寻找安乐窝。这样的世界,就存在于他祖母安娜·布隆斯基宽松的裙底下。她坐在卡舒比亚人的土豆地边上,奥斯卡只要钻进她那"肥大的裙底"下,就能置身另一片世界。对于孩子,这个世界尚未有事可记;而对于成人,一切都可以是过眼云烟。

君特·格拉斯的这部权威著作是从孩子的视角审视过去的扛鼎之作,但绝非仅此一部。由于鲜有成长于第三帝国的德国成年人愿意回顾自己的经历,取材于那一时期的诸多小说便出自当时尚未成年的男男女女之手。在日本,军旅作品多为退伍老兵写就。但若想

第十一章　告别废墟

了解纳粹专政下的日常生活，我们大体上只能仰仗孩子奇幻而痛苦的视角。

对战时日本日常生活的描写则要少得多。即使如此，一些描写战争末期——也就是战火烧到日本本土的时候——的佳作都和孩子有关，或者将孩子作为叙事主体。井伏鳟二以广岛为背景的杰作《黑雨》讲的是一位天真少女的遭遇。而大江健三郎早年的小说《拔芽击仔》（'芽むしり仔擊ち'）则是一群被转移至偏远村庄的孩子的故事，情节类似《蝇王》（Lord of the Flies）*的倒叙版：温和、懵懂的孩子沦为残酷、野蛮的成人世界的牺牲品。不论在日本还是在德国，以战火中儿童为题材的书籍多拥有一个相同的主题：天真与邪恶之间的较量。

诸如此类的小说，为一个静止的宇宙和生来邪恶的成人世界提供了一种感伤且往往带有道德说教色彩的看法。尽管它们多数具有政治意义，但讲述的故事本身不牵扯政治。由于成人世界坏透了，它很难真正发生改变，除非在某个遥远的乌托邦。这其实算不上是孩子的视角，而是大人对童真的渴望，对祖母"保护伞般"裙摆的向往。

德国战败后，奥斯卡决定长大。他将铁皮鼓埋入沙中，身体开始发育却又无法自然成长；最后成了一个驼背怪物。尽管活到了三十岁，但他从未脱离魔幻的儿童世界，从未摆脱魔鬼对他的纠缠："总在我身后徘徊，黑厨娘。如今迎面朝我走来，漆黑……"[1]

* * * * *

日本东北的某个小镇有座高两米、宽一米的石碑，由某个退伍老兵联谊会的成员在1961年所立，那时正值日本经济奇迹发轫之

---

* 英国作家、诺贝尔文学奖得主威廉·戈尔丁（William Golding）的代表作，借孩子的天真探讨了人性的恶这一严肃主题。

际。不过，他们绝非普通老兵，在美占期，他们可都是遭到清算的战犯。纪念碑表面有行碑文写道："献给蠢人的纪念碑。"到底谁蠢，则没有说明。是军官自己么？还是盟军战胜者当中的法官？他们清算和指控起人来随心所欲，也不是一贯公正。还是说，蠢的是人类，因为其沉溺于自我毁灭？也许三者皆有吧；所有人都是蠢货，当然，天真烂漫的孩子除外。

珍珠港事件五十周年纪念日临近之际，檀香山市市长曾提议布什总统邀请日本官员前来参加仪式，不过前提是他们必须为战争道歉。这样就能开启"一个新时代"，他表示。日本政府对此予以拒绝。内阁官方副长官石原信雄称，"全世界都负有战争责任"。美国也应该道歉，他说。"因为战争无法避免，参与其中的各方都应反思……究竟谁对战争负有责任这个问题，要再过个十年二十年才能得出正确结论。"

日本人没通过测试，他们并未获邀，他们仍然是个危险民族。珍珠港幸存者联合会的主席一直都持上述看法。当听说有计划要邀请日本老兵时，他评论道："你觉得犹太人会邀请纳粹参加探讨大屠杀的活动么？"

把珍珠港和大屠杀拿来作对比当然很荒唐，年迈的日本帝国海军幸存老兵和纳粹也是八竿子打不着。但是美国人头脑中的疑问可以理解：在一个国家的官方发言人仍死不承认本国对挑起战争负有责任的情况下，这个国家还值得信任么？日本人的这番遁词就好像一个任性的小孩在跺脚，边跺还边嚷，自己又没做错什么，因为人人有份。这种"别人与我无异"的论调很是奇怪，因为我们习惯听日本人谈论自己在文化上、民族上、政治上和历史上如何独一无二，与众不同。

很容易将这种小孩子脾气看成是文化特质，也许其并非日本独有，但无疑在日本相当显眼。战后日本文化的幼稚病着实发展到了极为恼人的程度：随处都能听到成年妇女叽叽喳喳的说话声，好像

第十一章 告别废墟

她们还是青春少女一样；日本主干道沿途的建筑风格好似迪士尼乐园，清一色的可爱之风甜到让人发腻；"电视达人们"声嘶力竭大喊大叫不算，还在地上撒泼打滚，吵闹不休，跟幼稚园小丑一样；一身蓝西装的工薪族大军在地铁上手拉吊环阅读少年漫画；对老掉牙的校园歌曲和万人迷妈妈桑*的喜爱又显得十分矫情。

套用麦克阿瑟将军的话说，日本这个国家像个十二岁的孩子，充满了渴望停留在十二岁的国民。但有时候它看着更小。在这个黄金年龄，一切安稳有着落，尚无需承担责任，也不必遵从规范。日本人会坐在柏青哥弹球游艺厅里，腰杆挺得笔直，目光呆滞地锁定在弹子游艺机上，对过去和未来均充耳不闻，只盯着倾泻而下的银色小球，耳边闹哄哄地响着背景音乐《军舰进行曲》†。

然而，我不相信日本人天生就是个幼稚民族的说法，同样，我也不相信他们本质上就是危险民族。世上没有危险民族，有的是危险的情境，这既不是自然法则或历史规律造成的，也不是民族性格使然，而是政治安排的结果。当然，这些安排背后有文化和历史因素的影响，但后者并不起决定性作用。如果我们把政治因素注入战后日本迷幻的迪士尼世界里，事情会变得清晰起来。麦克阿瑟将军说的没错：1945年，日本人在政治上就是群小毛孩。在此之前，他们被迫完全屈服于一个由专制官僚和军人管理的国家，听从一种宗教崇拜——这一教派的教主同时还是武装力量的名义首长和帝国的最高首脑。

自那时起，这一局面有所改观，但还不够。既然日本人得到了危险民族的评价，就得被迫——尤其是屈从于麦克阿瑟本人——从邪恶的世界当中抽身而退，躲藏在美国的裙摆之下。实际情况是，日本被置于一份慷慨的《凡尔赛条约》之下：虽丧失主权，财政却

---

* 日文音译，在日本和台湾等地对中老年妇女或老板娘的称呼。

† 日本帝国海军军歌，从明治维新时期沿用至今。

未遭压榨。美国鼓励日本人致富,但他们危险的双手不得再染指战争。此时的国家管理者,和当初管理日本帝国的几乎是同一批官僚。选举体制被人操纵,使得一个腐朽的保守派政党在几乎长达四十年的时间里一直大权在握。这一安排既合乎美国的心意,也很对日本官僚、自民党政客、大财团的胃口,因为其确保日本一直会是一个富强、稳定的反共盟友。但这种安排扼杀了政治辩论,阻碍了日本人走向政治成熟。从二战历史来看,这一辩论止步于1940年代末冷战开始之时:官僚和保守派政客靠为过去辩护,或至少无视过去,为他们的统治授予了合法性;而人数较少、大致左倾的反对派,则把矛头对准了军国主义亡魂和人类的邪恶本性。

许多人相信日本人无药可救,他们势必永远都会是一个危险、神秘和孤立的民族。就连一些日本人也相信这一说法。坂口安吾在战后不久即写道,日本人"在面对历史时,就像听天由命的小孩"。[2] 他们要是想成为人,只有在堕落到只剩下基本人类欲求的层次,且被剥夺伪装的谦虚、习俗、传统和理想后,方有可能。他们倒的确是堕落了一阵子,但人类无力长期消受这一类型的自由,安吾说道。他们很快建立了新体制,以及一套新的习俗、传统和理想,将自己圈禁其中。这一新体制不可避免地会建立在旧体制的废墟之上:"若不发明一套武士准则,或天皇崇拜的话……人就活不下去。"

如果安吾说的是对的,如果说日本人真的不可救药的话,那么理想的情况是,日本动武的能力应该受到一份和平宪法和一个外部强权的永久性束缚。反之,如果他们并非无药可救,那么现状就应维持下去,直到日本人态度转变,真诚地面对过去,更彻底地向昔日的对手道歉。诸如此类的表达,不一而足。但或许我们把日本问题给看颠倒了。没有对政治责任——准确地说,是对战争与和平的责任——的承担,日本就不可能产生一种面对过去的成熟态度。必须先有政治变革,然后才会有心态变化。修宪只是一部分努力,更换政府起码同样重要。因为只有一个新政府才能与战后秩序一刀两断，而这一秩序至今仍然受到战时政权的玷污。维利·勃兰特在华沙犹太区下跪的一幕，发生在联邦德国建立有效民主体制之后，而不是之前。然而，日本在与邪恶世界分道扬镳后，成了个"奥斯卡·马策拉特"：投机取巧、发育受阻、被魔鬼缠身，而它一直试图通过将魔鬼埋进沙中——就像奥斯卡埋铁皮鼓一样——来逃避它的纠缠。

韩国首任民选非军人总统金泳三曾接受日本记者的采访。当后者问及日本政府应如何赔偿原日本帝国陆军军中的朝鲜籍"慰安妇"时，他答道："我们要的不是你们的钱，我们要的是你们澄清真相。只有这样，问题才能得到解决。"

不出一年，1993年夏，也就是柏林墙倒塌后四年，期盼终于成为了现实：自民党的政治垄断被脱党的年轻保守派、社会党、公明党（一个佛教党派）组成的联合政府打破了。新任首相是细川护熙，近卫文麿公爵的外孙。近卫在1937年南京大屠杀发生时担任首相，并于1940年签署了轴心国协约，1945年被控为甲级战犯后自杀。作为日本新首相，细川上台后的首项举措就是公开声明，日本在1930至1940年代的军事行动是"一场侵略战争和错误战争"。虽然这只是个开端，但也是不错的苗头。怀揣着新燃起的一丝希望，我回想起自己最后一次领教老一套说辞的经历，这种说教已经盛行了四十八年。那么多地方，偏偏就被我在迪士尼乐园里见识到了。

东京迪士尼乐园坐落在东京都和成田机场之间一片荒芜的城郊空地上，几乎就是加州迪士尼乐园的翻版，除了某个娱乐项目只在东京才有，名为"与世界相遇"（Meet the World），由松下电气赞助建造。松下是战后日本最成功的企业之一。"与世界相遇"设在一栋大型白色穹顶建筑内，里面有座旋转影院，散发着一股淡淡的塑料味儿。影院放映的是日本和世界关系简史，讲故事的是一只友好的苍鹭，为其配音的女声欢快而活泼。听众说是两位幼童，实则为机器人。然而，这其实是相当片面的历史：虽承认中国文明的影响，但只是为了突显日本后来独树一帜，自成一派。比中国近得多的邻国朝鲜则压根没有提及。

但最有意思的部分，也是我期待看到的，是1895至1945年那段时期。当时，日本与世界的相遇引发了一系列战争。这一幕紧跟在海军司令佩里率领如恶灵般的"黑船"登场之后——但实际上，"黑船"驶入日本近海是在1853年。军舰淡出视线后，银幕上出现了一门大炮，随着一声炮响，剧院变得一片漆黑。"哦，"儿童机器人开口道，"好黑啊！"欢快的苍鹭附和着，是好黑啊，"现在让我们面向未来吧"。之后就是大结局：一连串幻灯片掠过眼前，友善的日本人向心存感激的外国人介绍高科技工具——其中有马来西亚人、印度人、中国人……还有美国人。耳旁歌声越来越响，副歌不停重复一句歌词："我们用爱迎接全世界，啊，我们用爱迎接全世界，我们用爱迎接全世界，啊……"

音乐还在放，灯亮了。我环顾四周，发现影院里只剩下我和女儿两人。

* * * * *

瓦尔特·本雅明对保罗·克利（Paul Klee）的画作《新天使》（*Angelus Novus*）的描述是最美妙的历史比喻之一。新天使是历史天使；他长着一张人脸，却有鸟儿的翅膀和脚："他面朝过去。在我们认为是一连串事件的地方，他看到的是一场单一的灾难。这场灾难不断堆起尸骸，并将它们抛在他面前。天使想停下来，唤醒死者，将破碎的一切修补完整。可是从天堂吹来一场风暴，猛烈吹打他的翅膀，令他再也无法将它们收拢。风暴无可抗拒地将他推向背对着的未来，而面前的残骸越堆越高，直至天际。这场风暴，正是我们所谓的进步。"[3]

进步观连同英国炸弹一起，把德累斯顿变成了一座遍布废墟和

第十一章　告别废墟

畸形巨物的城市。走在德累斯顿市中心丑陋的大街上，看着老城只剩下残砖碎瓦，宛如一个精致的古董广口瓶摔成的碎片，我心中无端生起一股自己也牵连其中的罪恶感。在写到奥斯维辛和广岛时，我曾抨击过同样的罪恶感。究其原因，与各自死亡人数无涉（德累斯顿死了大约三万人），因为不管实际上有多少人罹难，大规模的杀戮总归令人震惊。（正如某人指出被杀害的犹太人要远多于被害的同性恋者时，克里斯托弗·衣修伍德反问："你干嘛呢，在聊不动产么？"*）而我格外遗憾的情绪谈不上有多高尚。因为就德累斯顿大轰炸而言，最令人震惊的莫过于，几个世纪以来凝聚的美，一夜间就这么毁了。同布拉格和威尼斯一样，德累斯顿是世界建筑奇迹之一。其被毁纯属丧心病狂之举，就好比拿斧子将一把齐彭代尔†设计的椅子砍个稀巴烂，拿刀把米开朗基罗的作品刮花，或烧毁一座价值连城的图书馆。由于轰炸没有令人信服的战略依据，因而更反衬出其丧心病狂。从人性的角度而言，这并不是说轰炸丑陋的贫民窟没有摧毁德累斯顿的巴洛克式心脏那样可怕。只是，置身德累斯顿新形成的空洞中——过去那是心脏的位置——时不时都会感到若有所失。

　　老城的一部分战后本可保存下来，一些宫殿和教堂的残址足以进行修缮和复原，这点同纽伦堡和慕尼黑的情况相似。但是东德首任共产党领袖瓦尔特·乌布利希认为，过去必须连根铲除。他的口号是"德累斯顿，当下最美"（Dresden, schöner als je）。于是乎，这座城市再次沦为了丧心病狂的牺牲品：艺术史专家被迫起草方案，摧毁德累斯顿残余的部分；御用文人拿着佣金，负责设计一座将成

---

*　此处背景可参见 http://www.gorevidalpages.com/essay-selections/。衣修伍德指出同性恋者也遭到了惨无人道的屠戮，但年轻的犹太导演不为所动，因为犹太人死难人数远比同性恋多。于是衣修伍德反诘："这算哪门子话，这又不是在买卖不动产，还要斤斤计较！"

†　Thomas Chippendale（1718—1779），18世纪英国最杰出的家具设计家和制作师，被誉为"欧洲家具之父"。

为社会主义样板的丑恶城市。建于18世纪的茨温格宫对面是索菲亚教堂，它曾是德累斯顿最漂亮的哥特式教堂，却惨遭拆毁，取而代之的是一座低矮的混凝土堡垒，里面是工人食堂。这就是乌布利希的进步观。

但不是所有残砖碎瓦都被清理一空。茨温格宫于1960年代修复一新，同样被复原的还有一两处别的废墟。18世纪兴建的圣母教堂遗迹则维持原状，因为无论是乌布利希还是别的什么人都拿不定主意，不知道在里面造什么好。就这样，这堆伤感的石头成了一块警示地，一座"献给上万死难者"的纪念堂（套用官方铭牌上的说法），以及对于那些活着的人来说，作为他们"对抗击帝国主义野蛮行径、为人类和平幸福而斗争的一种勉励"。

我问市立博物馆新馆长马蒂亚斯·格里贝尔（Matthias Griebel），帝国主义野蛮行径到底指什么。格里贝尔回答："指每一场帝国主义战争：以色列入侵西奈半岛、美国入侵越南，以及除开社会主义战争之外的所有战争。"

格里贝尔光头，留着浓密的连鬓胡子，这让他像是一只硕大的德国老鹰。在德累斯顿，一小群人试图通过举办讲座和非正式展览，维持历史意识的鲜活，格里贝尔正是其中之一。起初，共产党政府反对这么做，因为德累斯顿的"封建"历史属于历史的垃圾箱。只有到1980年代，共产主义教条彻底丧失对公众的吸引力后，当权者才试着通过宣扬历史合法性，来巩固其公信力：从农民起义领袖闵采尔（Münzer）一直讲到普鲁士的腓特烈大帝。就连卡尔·迈（Karl May）都被当成自己人。这位19世纪浪漫派作家笔下的老沙特汉德（Old Shatterhand）是德国的狂野西部英雄。希特勒和爱因斯坦都爱他的小说，读起来手不释卷。沿着易北河顺流而下，"沙特汉德别墅"就在德累斯顿西北，对游客开放。

沿易北河顺流而上几英里，在德累斯顿的另一边，是小城皮尔纳（Pirna）。小城虽然破败，却古色古香，不仅有19世纪的精巧别

第十一章　告别废墟

墅，居然还保留了部分后哥特时期的建筑。我前去寻找一处历史遗址，它在德累斯顿地区的所有旅游手册上都不见记载。皮尔纳有座古老的医院，曾收治过精神病人。我之所以知道它还在那儿，是因为先前看过照片。格里贝尔也跟我确认有这么个地方。这座精神病院很有来头，因为正是那儿的医生率先在病人身上试验名为"齐克隆B"的毒气。逾一万人死在了索能斯坦（Sonnenstein）安乐死研究所。

这地方挺难找。一位老太太愉快地送我上了山，但随即我便迷路了。"你说这地方叫啥？"过去叫安乐死研究所。"什么时候的事啊？"希特勒时期。"抱歉，这我可真不知道。"

最后还是被我找到了。索能斯坦城堡毗邻一座风景怡人的公园，内有几栋建于世纪之交的房屋。一栋别墅的黄色墙壁上刷着一行字："为病患和老人提供桑拿设施。"我进了屋。一位姑娘问我有何贵干，我告诉她所为何来。她皱皱眉说道："不，不在这儿。我们这儿只收需要特殊治疗的病人。您要找的是那边那栋建筑，过去是座工厂，造涡轮机的。"

"那边那栋建筑"外围着生锈的铁丝网，看外观着实够阴森，想必就是安乐死研究所。我还看到块牌匾，纪念一位名叫阿尔伯特·巴特尔（Albert Barthel）的人，"我党同志，于1942年被纳粹杀害"。

结果也不是这里。我走进一间屋子，见到几个年轻人正在吃午饭，他们是负责照看智障儿童的教会执事。"原安乐死研究所？不，不，感谢上帝，不在这屋里。不，应该是在隔壁那幢楼里。"

我来到隔壁屋子前，这是栋别致的法式别墅。我朝地窖里瞥了一眼，下面一块牌匾也没有。门闩着，周围杂草丛生，高及膝盖。我听着沙沙作响的树上传来鸟鸣声，想起方才在教会执事房里看到的一堆泰迪熊，横七竖八地躺在过道上。

格里贝尔先生说过，建筑是时间凝固在石头中的表达。可问题是，石头提醒德累斯顿市民记住的是一段他们想要忘却的历史。第三帝国不过是一场恐怖的噩梦，但从乌布利希再到昂纳克，他们的专制作风在每个粗制滥造的住房项目、每座混凝土工人餐厅背后都清晰可见。你无法责怪人们深深迷恋那个有着宫殿和教堂尖塔的老德累斯顿。正如格里贝尔所言："我们活在一个城市的残渣里，当然想帮她恢复原貌。"

为了抄录纪念匾上的文字，我最后去参观了圣母教堂遗址，却不见它的踪影，有的只是一堆被围栏围起来的碎砖块。一个身穿蓝色制服的男人正对着一伙工人发号施令。我翻过围栏，想凑近瞧上一眼，结果被身材敦实的小个子"制服男"看见了，他大步流星朝我奔来，满脸怒气，带着浓重的萨克森州口音冲我吼道：没什么好看的，严禁擅入！一瞬间，所有孩提时代的偏见再度涌上心头。这可真是典型的德国人，我暗自思忖。但我还是屈服于他的喝令，退回至围栏后，远离了这个依旧怒火中烧的男人。我又打量了眼工人，他们正在堆石块。一两年后，圣母教堂就会再次矗立于此，并完全恢复其往日的风采，就像什么都没发生过一样。

* * * * *

战后，奥斯卡·马策拉特和他的朋友克莱普成立了一支爵士乐队。两人周游西德，去过杜塞尔多夫，或者准确地说，是杜塞尔多夫与凯塞尔威尔斯（Kaiserswerth）之间的莱茵河流域。他俩坐在岸边，演奏拉格泰姆音乐*。那是在1949年，一年前的货币改革见证了德国马克的诞生。他们被邀请在一家名为"洋葱地窖"、收费高昂的"高档"夜总会里演出。夜总会的装修是仿古的德式风格，有着圆形玻璃窗，门外的熟铁绞架上挂着块珐琅牌子。夜总会客满时，

---

* Ragtime，美国流行音乐形式之一。产生于19世纪末，采用黑人旋律，为爵士乐鼻祖。

第十一章　告别废墟

主要娱乐活动就上演了。客人们分到一块小砧板、一把削皮刀和一个洋葱。洋葱用来干吗？"它做到了全世界和全世界的悲恸都做不到的事：它让人落下一颗泪珠。它让人哭泣。他们总算可以再度哭泣了。是正确地哭，不加克制地哭，发疯一样地哭。"[4]

当然，对于治疗"无法哀悼"即战后德国人普遍的道德和精神麻木而言，"洋葱地窖"只是一剂昂贵且治标不治本的药方。我遇到过的许多有思想的德国人都很讨厌这个词：无法哀悼。哀悼什么呢？他们问。哀悼谁呢？你会哀悼逝去的亲人，但你如何悼念死在自己手里的受害者？我的德国自由派友人会问。反思么，没错；道歉么，肯定的；赔偿呢，那是自然；但哀悼呢，万万做不到。因此，在有思想的自由派人士圈内（这些圈子估计会欢迎那些爱管闲事的友人加入他们）已经做了——现在仍在进行——大量的反思和道歉。但是凭吊德国死难者，不管是军人，还是被盟军炸弹炸死或被一心寻仇的波兰、捷克或斯洛伐克邻居赶出家园后杀害的平民，这种凭吊都令人难堪。这么做的多半是右翼民族主义分子，或是驱逐行动的幸存者，满怀对失去故土的乡愁。

在西半边的德国，村庄广场上和教堂墓地里有不少凭吊一战战殁者的纪念堂，但纪念二战死难者的就凤毛麟角了。一个例外是乡下啤酒馆臭烘烘的地窖，那儿不太欢迎外国人。实际上，东德的二战纪念堂似乎要多于西德，或许是因为对过去的罪恶感在民主德国从来就不称之为问题。

赫尔穆特·科尔试图通过将罗纳德·里根拉到比特堡公墓来实现某种平衡，但他行事既笨拙又冒失，挨骂也就理所当然了。不过在游历德国期间，我时常感到，一味道歉或许会造成一种妄自菲薄。毕竟，哀悼有其目的。仪式性地表达悲伤和失落会强化延续感和共同体意识。但有思想的自由派德国人担心的恰恰就是这点：民族共同体（Gemeinschaft）过去曾遭到扭曲，沦为杀气腾腾的种族主义，而在一个历史上背负血债的国家中，文化延续性已成为一种很微妙的东西。

1991 至 1992 年我旅居柏林，在这一年中，我觉察到德国的亲犹主义思潮出现了一种有趣的新老交替。在那些经历过战争的德国人家里，时而能看到墙上挂着以色列日历。对此，罪恶感起码有一定解释力。但是，那些泡在东柏林原犹太教堂外咖啡馆里的非犹太裔德国青年又怎么说呢？一些德国青年干吗非要给自己取个祖父或伯叔祖那代人的犹太姓氏呢？但凡是来自中欧的犹太作家，几乎都能拿文学奖，难道不有些奇怪么？或许与一种或残存于内心、或继承自祖辈的罪恶感有关，但我相信，还有一些因素在起作用：比如对一种消逝文化的追忆，以及尝试对被抹去的过去建立认同。简言之，这是一种哀悼之举。

玛琳·黛德丽*不是犹太人，但她属于柏林犹太区被毁的那个世界。她死后葬在柏林，葬礼很低调，排成一字走过她坟前的吊唁者，年龄几乎统统在四十岁以下。这同该市官员拒绝为她举行官方葬礼的小心眼形成了鲜明对比。一些德国人永远都不肯原谅黛德丽，因为她在德国城市遭到轰炸的时候正穿着美军军装。但她代表了另一个德国，一个那些年轻吊唁者渴望认同的德国。

所谓的缺乏认同感和共同体意识，是联邦德国人反复对灵魂进行自我解剖的一个原因——问题是，似乎已经没什么灵魂可供解剖了。这也就是为何左右两派的一些浪漫主义者都将东半边的德国视为蕴藏德国身份认同的宝库。但在我看来，让联邦德国在智识上变得令人振奋的，是其对历史神话建构和国家浪漫主义的怀疑。我喜欢"宪政爱国主义"这一说法。也许光有这点还不够，也许在改造一个昔日的危险民族上，还有很多事要做。但我很难认同剧作家阿瑟·米勒（Arthur Miller）的担心，他在两德合并时说过，德国人

---

* Marlene Dietrich（1901—1992），德国著名女演员。生于柏林，1930 年代往好莱坞发展，战争爆发后加入美国籍，是二战期间劳军艺人中最受欢迎的一个。

缺乏"对联邦德国那种至高无上的感情",另外,"联邦德国似乎并未带给他们情绪上的大起大落,即便对那些视其为德国公民意识从战争废墟中崛起并获胜的人而言,亦是如此"。[5] 无疑,德国人在过去的一百年里经历了太多这样的大起大落。米勒担忧的是,德国人在面临危机时也许不会捍卫他们的民主体制,因为"没人为其诞生洒下过一滴热血",况且这是舶来的民主。

借一位早已被人忘却的纳粹理论家的话来讲,永远都会有德国人(还有他国的同道)想要"从德国神话的废墟中挑选石料,在经过清洗和打磨后,修建一座全新的德意志神庙,在断壁残垣的遗迹之上,打造一种崭新的德意志世界观"。[6] 但我认为,德国的神庙已经够多的了,是废墟的就由他去吧。

君特·格拉斯不是唯一担心德国统一的人。多数自由派在这一问题上的焦虑同担心西德没有灵魂恰恰相反。不少人警告道,统一会使德国民族主义卷土重来;刹车已经松开了,危险的德国人就要开始挪动他们庞大的身躯了。然而这点并没有直接的证据。两德统一当晚,我身在法兰克福,除了寒空中鸣响的旧爆竹外,我并未发现民族主义狂欢的迹象。一家时尚的夜总会里,喜剧演员拿神圣的德国马克和"香蕉民主"*开着并不好笑的玩笑。不过,多数人选择待在家里,坐在电视机前,跟平时晚上没啥两样。一年前,德国队问鼎世界杯时,人们可要热情多了。

这之后,新纳粹粉墨登场,光头党青年高喊"胜利万岁!"挥舞老式战旗。他们面目可憎,残暴成性,杀人不眨眼。1992 年,德国发生了 4587 起针对外国人的袭击案,有十七人遇害。一年前,英国就有 7780 起种族主义袭击事件,但纳粹党徽、口号和"胜利万岁!"的敬礼使得历史对比在德国难以回避。从欧洲媒体关于德

---

* banana democracy,来源于香蕉共和国,banana republic,指经济形态单一(主要依靠经济作物如香蕉、可可、咖啡等)、拥有不民主或不稳定的政府。

国青年犯下种族主义罪案的报道中能读出一丝幸灾乐祸的意味，老一套的"我们和他们"又上演了。

我在哈勒*待了一天，等着看一场新纳粹游行。这座东德城市十分败落，那天是 11 月 9 日，正巧是"水晶之夜"和柏林墙倒塌纪念日。哈勒的居民提心吊胆，警方封锁了每条主要街道。该市主广场上，一个老头儿冲市长叫骂，说这么大张旗鼓的，搞得好像希特勒时代又卷土重来了一样。一家咖啡厅的老板在放我进来后，锁上门，骄傲地给我看了看他的枪。终于，新纳粹出现了，男的后脑勺和两侧头发剃得精光，女的脚穿白袜，长长的金发扎成辫子，活像希特勒少女联盟成员。一位带有维也纳口音的胖男人和英国史学家大卫·欧文（David Irving）向他们发表了讲话。战前设计的老式电车吱吱嘎嘎地行驶在锈迹斑斑的轨道上。穿着汗衫的胖墩从窗户里探出身来一看究竟，《德意志之歌》（*Deutschlandlied*）这首歌词对仗的禁曲（"从马斯到默默尔，从埃施到贝尔特，德意志，德意志，高于一切……"）响彻空中。这一切让人很不自在，而且荒诞不经——野蛮的子孙穿着他们祖父母的衣服，历史以大木偶剧†的形式自我重复。

但这不是在演戏。极端分子的行为——他们在一年后烧毁了东西德的难民收容所，致人死亡，一旁的警察却无能为力——证明了一点，德国人仍能做出伤天害理之事。大喊大叫的德国青年抬起穿靴子的脚，蹬向可怜无助的外国人的脸部时，邻居居然还嗤笑叫好，这一幕着实让人作呕。然而，在欧洲其他地方——更别提其他大洲——也发生过类似事件，有些情节更为恶劣，这证明国籍、种族和文化不足以解释人类野蛮的根源。当领袖掌握的权力不受限制，追随者又获准可以欺凌弱者时，世界各地的人都可以成为危险分子。

---

* Halle，德国城市，位于萨克森-安哈尔特州，是该州主要大城市之一，相邻莱比锡。

† Grand Guignol，意为"大木偶"，原为 19 世纪末成立于巴黎的一家木偶剧场之名，由于上演极度血腥写实的恐怖剧，后来也用来指代此类型戏剧。

第十一章 告别废墟

脱缰的权力会勾起个体和暴力团伙心中的野蛮。尽管程度和形式并不相同，但奥斯维辛和南京大屠杀永远都是其例证。可是，在联邦德国，或者说在日本，今天的形势并不是这样。人性并未改变，政治格局却已今非昔比。这两个国家的人可以用选票把卑鄙无赖赶下台。那些选择无视这点而去寻找民族性"该隐记号"[*]的人，并未从过去当中吸取教训。

1993年，德国最成功的一部电影是约瑟夫·维尔斯麦尔（Joseph Vilsmaier）执导的《斯大林格勒》，片长两个半小时，重现了当年德国人经历的炼狱。至少有十五万德国人死在了战火中，这既是希特勒对苏联人民犯下的罪行，也是对德国人自己犯下的罪行。该片讲述的主要是德国人的苦难，而非对犹太人和斯拉夫人的暴行。影片中的德国士兵死于饥寒交迫或苏军火力。我们可以从几个角度来解读德国年轻人为何尤其钟情于《斯大林格勒》。历史好奇心或许是原因之一；另外，德国人新近产生的逆反心理或许是原因之二：我们受够了奥斯维辛，现在来哀悼哀悼自己吧。是有这种可能，但也有可能是因为新一代德国人可以在没有罪恶感的前提下进行反思。这些人兴许是少数，不过我觉得其人数总要多于那些根本不会反省的光头党恶棍。

1992年，慕尼黑的电影博物馆放映了维特·哈兰（Veit Harlan）的影片《犹太人苏斯》（Jud Süss），叫人看着不作呕都不行。这是经戈培尔授意、摄于1940年的反犹主义政治宣传片。苏斯这个邪恶的犹太人由费迪南德·马利安[†]饰演，他意图破坏18世纪符腾堡公国的罪恶计划险些得逞。最后，犹太人像耗子一样被驱逐出城。该片的公映在慕尼黑市掀起了一连番公众讨论，有一次还

---

[*] The mark of Cain，来源于《圣经》，寓意是"杀人罪"。据《创世记》记载，该隐犯有弑兄之罪，上帝把他逐出家园，并在他身上做了一个记号，标明他犯有杀人罪，同时也警告别人，谁要是杀该隐就要遭报七倍。
[†] Ferdinand Marian（1902—1946），纳粹德国时期奥地利男演员。

吸引了两位右翼激进分子的参与。他俩试图否认大屠杀。出了这种事也是无可奈何，作为讨论发起人的德语文学教授说道："不管怎样，作为民主国家，我们理应放映该片。"

是年，我观看了《犹太人苏斯》，地点在柏林电影学院。片子是放给学生们看的，结束后一样引发了讨论。多数学生来自西德，部分来自东德，都才二十出头。他们的装束是"国际标准制式"：牛仔裤、防风衣配工装衬衫。授课教授年逾花甲，名叫卡斯滕·维特（Karsten Witte），属于"六八一代"。发起讨论时他说，希望学生偏重影片的审美层次，而非故事情节。他说，如果只是介绍政治宣传的话，那可就太单调了："我们都知道'发生了什么'，所以现在来谈谈'怎么会发生的'吧。"我联想起十五年前在东京电影学院读书时的同窗。他们当中有多少人知道日本的亚洲战争"发生了什么"？或者更一针见血地说：他们的教授当中，有几个会想到要去放映过去的政治宣传片，好让学生知道"怎么会发生的"呢？

维特就影片的配乐发表了些看法：片头字幕出现时，巴赫的合唱乐一点点被领唱人口中的希伯来语赞美诗所盖过。一个二十岁上下的男生举手发言，说他留意到在影像呈现上，还有一处也运用过类似手法：符腾堡的徽章熔化后成了希伯来符号。另一名学生指出，在犹太恶人被公开处决的最后一幕里，天空中飘起了雪。他试着转述导演想表达的意思："雪洗净了德国，涤荡了大地。冬天过去了，春天这个万物复苏的季节就要来临。"还有人说，影片一直在展示符腾堡宫廷的财富：宽敞的房间、精美的画作、雄伟的宫殿，等等，而犹太人的财产则被藏在暗柜里，藏在逼仄肮脏的屋内。"这旨在说明，德国人的财富是漫长而光荣的传统结出的果实，是历史和文化结出的果实，而犹太人的财富除了钱以外还是钱。"

卡斯滕·维特皮肤苍白，嘴唇红润，再加上一头金色短发，让他像极了纳粹艺术作品中的北欧人典范。他显然对学生们很满意。他们仔细分析了影片，一点细枝末节也没放过。种族主义宣传较为

第十一章 告别废墟

毛骨悚然的范例虽然引发了一片窃笑声,但学生们都很专注。我听着他们的评论,犀利,深思熟虑,具有批判性,但不会满嘴道德话语;自信,但不显得咄咄逼人。最重要的是,都没有因为罪恶感而缩手缩脚。我不禁想起小说家兼和平活动家的小田实曾对我说过的话。海湾战争期间,我在日本拜访过他。他说我从小接受的是从被害者角度出发的教育,而他成长期间被灌输了自己是侵略者的观念。坐在柏林这间狭小的放映厅里,距离当年戈培尔发表广播演讲的大楼只有五分钟的路程,我不无欣慰地意识到,在观看这部丑恶的影片时,大家的视角完全一致。

注释

第一章　反对西方之战

1. Amos Oz, *Frankfurter Allgemeine Zeitung*, February 14, 1991.
2. Wolf Biermann, *Die Zeit*, February 1991.
3. Gordon Craig, *The Germans* (New York: Penguin Books, 1984), p. 87.
4. H. M. Enzensberger, *Der Spiegel*, February 1991.
5. Albrecht Hürst von Urach, *Das Geheimnis Japanischer Kraft* (Berlin: Zentralverlag der NSDAP, 1944).
6. 中村哲,《朝日新聞》, 1991-02-22。
7. 林房雄,《大東亜戦争肯定論》(东京：大和文庫, 1964 年), 22 页。
8. 松本健一,《东京新聞》, 1991-04-08。
9. Aurel Kolnai, *The War Against the West* (London: Victor Gollancz, 1938), p. 24.

第二章　废墟中的浪漫

1. Stephen Spender, *European Witness* (New York: Reynal & Hitchcock, 1946), p. 15.
2. Victor Klemperer, *Lingua Tertii Imperii* (Halle: Niemeyer Verlag, 1957).
3. 吉本隆明,《戦後詩史論》(东京：大和書房, 1956 年), 72 页。
4. Ernst von Salomon, *Der Fragebogen* (Frankfurt: Rowohlt, 1951), p. 648. *The Questionnaire*, trans. Constantine Fitz Gibbon (New York: Doubleday, 1954).
5. 坂口安吾,《堕落論》(东京：角川書店, 1946 年), 95-96 页。
6. Wolf Dietrich Schnurre, quoted in *Vaterland Muttersprache: Deutsche Schriftsteller und ihr*

Staat von 1945 bis heute (Berlin: Wagenbach, 1979).
7. Heinrich Böll, "Bekenntnis zur Trümmerliteratur," 1952.
8. Heinrich Böll, Hierzulande (1960), pp. 367, 373.
9. Alexander and Margarethe Mitscherlich, The Inability to Mourn (New York: Grove Press, 1975).
10. Helmuth Wohltat 寄给经济部主任秘书 Reinhard 的信件，1951 年 6 月 30 日，藏于联邦德国经济部。
11. Nosaka Akiyuki, American Hijiki, trans. J. Rubin, in Contemporary Japanese Literature (New York: Alfred A. Knopf, 1977).
12. 大岛渚，《体験の戦後映像論》（东京：朝日新聞社，1975 年），72 页。

第三章　奥斯维辛

1. Christian Meier, Vierzig Jahre nach Auschwitz: Deutsche Geschichtserinnerung heute (Munich: Deutscher Kunstverlag, 1987), pp. 75, 63.
2. George Steiner, Language and Silence: Essays 1958–1966 (London: Faber & Faber, 1967; New York: Atheneum, 1967), p. 137.
3. Stephen Spender, European Witness, p. 7.
4. Hans-Jürgen Syberberg, Hitler: A Film for Germany, trans. Joachim Neugroschel (New York: Farrar, Straus and Giroux, 1982), p. 9.
5. 这次经历在 Amos Elon 的 Journey Through Darkness (London: Andre Deutsch, 1967) 一书中也有记载。
6. Peter Demetz, After the Fires: Writing in the Germanies, Austria, and Switzerland (New York: Harcourt Brace Jovanovich, 1986), p. 47.
7. 出处同上，55 页。
8. A. Söllner's Peter Weiss und die Deutschen (Wiesbaden: Westdeutscher Verlag, 1988), p. 184.
9. Marcel Reich-Ranicki, Die Zeit, March 6, 1964.
10. Demetz, After the Fires, p. 29.
11. Elon, Journey Through a Haunted Land, p. 244.
12. Das Brandopfer, by A. Goes (Frankfurt: S. Fischer Verlag, 1954). The new preface was written in 1965.
13. Wolfgang Koeppen, Jacob Littners Aufzeichnungen aus einem Erdloch (Frankfurt: Jüdischer Verlag, 1992).
14. Anton Kaes, From Hitler to Heimat: The Return of History as Film (Cambridge: Harvard University Press, 1989), p. 31.
15. 出处同上，184 页。

16. Heiner Müller, interview in *Transatlantik* (Berlin), July 1990.
17. *Holocaust—Briefe an den WDR*, ed. Heiner Lichtenstein and Michael Schmid Ospach (Wuppertal: Peter Hammer, 1982).
18. Martin Walser, *Über Deutschland reden* (Frankfurt: Suhrkamp, 1989), p. 25.

第四章　广岛

1. 宇野正美,《ドルが紙になる日いまこそユダヤの知慧に学べ》(东京：文藝春秋，1987), 234 页。
2. 河内朗,《ヒロシマの空に開いた落下傘》(东京：大和書房，1985 年)。
3. *Die Tageszeitung*, January 18, 1991.
4. Kyoko Hirano, *Mr. Smith Goes to Tokyo: Japanese Cinema Under the American Occupation 1945–1952* (Washington, D.C.: Smithsonian Institution Press, 1992), p. 62.
5. 《日本の原爆文学》(东京：ほるぷ出版，1983 年)。
6. Donald Richie and Joseph L. Anderson, *The Japanese Film* (New York: Grove Press, 1960), p. 219.
7. *From Hiroshima: Three Witnesses*, ed. and trans. Richard Minnear (Princeton: Princeton University Press. 1990).
8. Oda Makoto, *The Bomb*, trans. D. H. Whittaker (Tokyo: Kodansha International, 1990).
9. *Hiroshima: Three Witnesses*, p. 102.
10. 《朝日新聞》, 1992-07-20。
11. 阿兰·布斯,《朝日新聞·夕刊》, 1992-07-20。
12. Ibuse Masuji, *Black Rain*, trans. John Bester (Tokyo: Kodansha International, 1969), p. 283.

第五章　南京

1. 录像名为《語られなった戦争》, 小册子则叫《...そして、みんな戦争に行った》。
2. Ruth Benedict, *The Chrysanthemum and the Sword: Patterns of Japanese Culture* (London: Routledge & Kegan Paul, 1967; New York: Houghton Mifflin, 1989; first published in 1946).
3. 《東京日日新聞》, 1937-11-30。
4. 本多胜一,《南京への道》(东京：朝日新聞出版，1989 年)。
5. 本多胜一,《中国の旅》(东京：朝日新聞出版，1981 年)。
6. 田中正明,《南京虐殺の虚構》(东京：日本教文社，1984 年)。
7. Ienaga Saburo, *The Pacific War, 1931–1945* (New York: Pantheon, 1978), p. 187.
8. Heiner Müller in *Transatlantik* (Berlin), July 1990.

9. Ishikawa Tatsuzo, *Ikiteiru Heitai (Living Soldiers)*, quoted in Donald Keene, *Dawn to the West* (New York: Holt, Rinehart and Winston, 1984), p. 913.

第六章　历史站上审判席

1. Hellmut Becker, *Quantität und Qualität: Grundfragen der Bildungspolitik* (Freiburg: Rombach, 1968), p. 74.
2. Kranzbuhler, 14 DePaul L.R. 333, 1965.
3. Eric Reger in *Vaterland Muttersprache* (Berlin: Wagenbach. 1979). p. 35.
4. *Süddeutsche Zeitung*, quoted in Klaus R. Scherpe, *Erzwungener Alltag*, in *Nachkriegsliteratur in Westdeutschland 1945–1949*, eds. J. Hermand, H. Peitsch, K. R. Scherpe (Berlin: Argument, 1982).
5. 指 *Vaterland Muttersprache* 一书 219 页提到的 Christian Geissler。
6. *European Witness*, p. 221.
7. Karl Jaspers, *Die Schuldfrage: Für Völkermord gibt es keine Verjährung*. My translation is not meant as a criticism of E. B. Ashton's translation, published as *The Question of German Guilt* (New York: Dial, 1947).
8. Peter Weiss, *Die Ermittlung* (Frankfurt: Suhrkamp Verlag, 1965). *The Investigation*, trans. Jon Swan and Ulm Grosbard (New York: Atheneum, 1966).
9. Martin Walser, *Unser Auschwitz* (Berlin: Kursbuch, 1965).
10. Joachim Gauck, *Die Stasi-Akten* (Hamburg: Rowohlt, 1992).
11. 长谷川三千子,《中央公論》, 1983 年 4 月刊, 转载自 *Japan Echo*, 1984 年 11 期。
12. 《日本史》(东京：山川出版社，1984 年)。
13. *Grundkurs Deutsche Geschichte* (Frankfurt: Cornelsen, 1988).
14. 《魔の 731 部隊》, 制作人：吉永春子, 东京广播公司。
15. 森村诚一,《悪魔の飽食》(东京：晩聲社，1982 年)。
16. 秦郁彦,《諸君!》, 1987 年 8 月刊。
17. Kinoshita Junji, *Between God and Man: A Judgement on War Crimes (Kami to Hito to no Aida)*, trans. Eric J. Gangloff (Tokyo: University of Tokyo Press, 1979).
18. *War Criminal: The Life and Death of Hirota Koki (Rakujitsu Moyu)*, trans. John Bester (Tokyo: Kodansha International, 1977).
19. 吉本隆明,《文学者の戦争責任について》,收于《戰後詩史論》全集卷 3 (东京:大和書房，1986 年)。
20. Mignone, quoted in Arnold C. Brackman, *The Other Nüremberg: The Untold Story of the Tokyo War Crime Trials* (London: Collins, 1989), p. 231.
21. 石田雄,《平和、人権、福祉の政治学》(东京：明石書店，1990 年)。

注释 311

22. Brackman, *The Other Nuremberg*, p. 441.
23. 西德外交部长致司法部中央执法机关的信，II 16338/52。
24. 有关山下受审，详见 Meiron and Susan Harries, *Soldiers of the Sun* (New York: Random House, 1991), p. 464；Becker, *Quantität and Qualität*, p. 68.
25. Maruyama Masao, *Thought and Behavior in Modern Japanese Politics*, ed. Ivan Morris (Oxford: Oxford University Press, 1963).
26. Ienaga Saburo, *The Pacific War 1931–1945*, p. 107.
27. *The Other Nuremberg*, p. 276.
28. Margarethe and Alexander Mitscherlich, *The Inability to Mourn*, p. 23.
29. Aristides Lazarus 1989 年 7 月 6 日寄给 *The Far Eastern Economic Review* 的投书。
30. *The Other Nuremberg*, p. 395.
31. Kyoko Hirano, *Mr. Smith Goes to Tokyo*, p. 143.

第七章　教科书风波

1. Nosaka Akiyuki, *American Hijiki*, in *Contemporary Japanese Literature*. See p. 370.
2. *Geschichte: Lehrbuch für Klasse 9* (Berlin: Volk und Wissen Volkseigener Verlag, 1989).
3. *Grundkurs Deutsche Geschichte 2: 1918 bis zur Gegenwart* (Hirschgraben: Cornelsen, 1987); written by Rudolf Berg and Rolf Selbmann，两位作者任教于慕尼黑威廉中学（Wilhelm Gymnasium in Munich）。
4. Jürgen Habermas, "*Apologetische Tendenzen,*" reprinted in *Eine Art Schadensabwicklung* (Frankfurt: Suhrkamp, 1987).
5. 山住正己在 1981 年撰于 *The Japan Quarterly* 的文章中引用山县有朋。
6. *Japan Quarterly*, 1981.
7. *Truth in Textbooks: Freedom in Education and Peace for Children*, published by the National League for Support of the School Textbook Screening Suit.
8. Ienaga Saburo, *The Pacific War 1931–1945*, p. 96.
9. 面向高中生的社会教材《日本史》。
10. 入江隆则，《アメリカが作った戦後神話》，《中央公論》，1982 年 8 月刊。
11. 《日本史》。
12. 森川金寿，《教科書と裁判》（东京：岩波書店，1990 年），13 页。

第八章　纪念堂、博物馆和纪念碑

1. Jürgen Habermas, "Kein Normalisierung," reprinted in *Eine Art Schadensabwicklung*.
2. 江藤淳，《靖国論集》（东京：日本教文社，1986 年）。
3. Michael Stürmer, *Frankfurter Allgemeine Zeitung*, April 25, 1986.
4. Helmut Kohl 1985 年 2 月 27 日于德国联邦议院所做的演讲。
5. Freimut Duve, quoted in *Deutsches Historisches Museum: Ideen—Kontroversen—Perspektiven*, ed. Christoph Stölzl (Frankfurt, Berlin: Propyläen Verlag, 1988).

第九章　一个正常国家

1. Primo Levi, afterword to *If This Is a Man* and *The Truce* (London: Penguin, 1979), p. 395.
2. Theo Sommer, *Die Zeit*, November 18, 1988.
3. 关于本岛枪击案的记载，详见 Norma Field, *In the Realm of a Dying Emperor: A Portrait of Japan at Century's End* (New York: Pantheon, 1991), p. 270.
4. 自民党纪律委员会，《朝日新闻・夕刊》，1988-12-16。
5. Ruth Benedict, *The Chrysanthemum and the Sword*, p. 156.
6. 神道教僧侣，《長崎市長への七三〇〇通の手紙天皇の戦争責任をめぐって》（东京：径書房，1989 年）。
7. Endo Shusaku, *The Sea and Poison*, trans. Michael Gallagher (Rutland, Vt.: Tuttle, 1973), p. 157.
8. 江藤淳、石原慎太郎，《文藝春秋》，1989 年 3 月刊。
9. 加瀬英明，《プレイボーイ》，1989 年 1 月刊。
10. 《朝日新聞》，1989-02-28。
11. 大岛渚，《体験的戦後映像論》（东京：朝日新聞社），275 页。

第十章　两座普通小城

1. *Tausend ganz normale Jahre: Ein Photoalbum des gewöhnlichen Faschismus von Otto Weber* (Nördlingen: Die Andere Bibliothek, 1987).
2. 野添宪治，《花岡事件の人たち》（东京：思想の科学社，1975 年）。除此之外野添还写过两本花冈事件的书，分别为《聞き書き花岡事件》（1983 年，1990 年修订）和《証言・花岡事件》（1986 年）。
3. 野添宪治，《私たちの昭和史》（东京：思想の科学社，1989 年），66 页。

第十一章　告别废墟

1. Günter Grass, *The Tin Drum*, trans. Ralph Manheim (New York: Penguin, 1961), p. 580.
2. 坂口安吾,《堕落論》, 90 页和 98 页。
3. Walter Benjamin, *Illuminations*, ed. Hannah Arendt, trans. H. Zohn (New York: Schocken, 1969), p. 70.
4. Grass, *The Tin Drum*, p. 517.
5. Arthur Miller, *The Guardian*, May 29, 1990.
6. Kurt Niedlich, *Das Mythenbuch: Die Germanische Mythen- und Märchenwelt als Quelle deutscher Weltanschauung* (Leipzig, 1936), quoted in Klaus Antoni, *Der himmlische Herrscher und sein Staat* (Munich: Iudicium Verlag, 1991), p. 111.

鸣谢

在我构思、调研和完成本书的过程中,有许许多多的人帮助过我,鼓舞过我,激励过我,在这里没有办法对他们一一表示感谢。但有些人和机构如此重要,理应提出,以表达特别之谢意。

首先,若不是有机会在柏林的科学研究所(Wissenschafstkolleg)待上九个月的话,我就不可能完成书中有关德国的章节。对于所长沃尔夫·勒佩尼斯博士(Dr. Wolf Lepenies)、于尔根·科卡博士(Dr. Jürgen Kocka)、鲍滕利太太(Frau Bottomley)和她一流的图书馆馆员,以及耶胡达·艾尔卡纳(Yehuda Elkana),我欠诸位很大一个人情。

我还要感谢路德加·库恩哈特博士(Dr. Rudger Kühnhardt)、弗兰克·席尔马赫博士(Dr. Frank Shirrmacher)、卡斯滕·维特博士(Dr. Karsten Witte)、伯恩哈特·加特纳博士(Dr. Bernhard Gattner)、阿摩司·艾隆(Amos Elon)和达利尔·平克尼(Darryl Pinckney),感谢你们为我指引方向,好让我在德国畅行无阻。

在日本,外国媒体中心的北村文雄(Kitamura Fumio)、矢野淳一(Yano Junichi)、小泉和子(Koizumi Kazuko)都以超乎寻

鸣谢

常的热情与高效,屡次为我提供帮助。除了他们以外,我还有以下各位领路人和导师,分别是:林加奈子(Hayashi Kanako)、"日本映画图书馆协会"的工作人员、新见雄(Niimi Takeshi)、森正孝(Mori Masataka)、中八戒(Chu Pa-chieh)、尾山宏(Oyama Hiroshi)、小山优子(Oyama Yuko)、西里扶甬子(Nishisato Fuyuko)和南亨(Minami Toru)。而在所有人里面,最重要的,还是理查德·内森斯(Richard Nations)和吴少英(Koh Siew-eng)给予我的好客、启迪和友谊。

最后,我要向弗里茨·施特恩(Fritz Stern)和威廉·威塞罗(William Wetherall)表达深切的谢意,他们的聪明才智和渊博学识对书稿的改进大有帮助。法勒·施特劳斯-吉鲁出版社(Farrar, Straus and Giroux)的乔纳森·加拉西(Jonathan Galassi)、乔纳森·凯普出版社(Jonathan Cape)的内尔·贝尔顿(Neil Belton)和阿特拉斯出版社(Atlas)的E. 布拉格曼(E. Brugman)都是极其出色的编辑,不消说,书中若有任何错误逃过了施特恩教授、威廉·威塞罗和以上三位的注意,责任完全在我自己。

索引

（按汉语拼音顺序排列，页码参见本书边码）

A

阿登纳，康拉德，13—14, 20, 25, 29, 43, 44, 50, 156
阿多诺，特奥多尔，71, 81, 89, 91
阿富汗，37
阿根廷
　纳粹逃亡阿根廷，138
　福克兰海战，163
阿灵顿国家公墓，219
阿涅莱维奇，莫迪凯，77
阿皮茨，布鲁诺，212
《阿信》（电视节目），282—284
阿伊努人，12
埃雷，伊达，242—243
艾尔哈德，路德维希，55, 57, 60
艾克曼（歌德的朋友），209
艾森豪威尔，德怀特·D., 61
艾希曼，阿道夫，86, 148, 156, 246, 271
爱因斯坦，阿尔伯特，301
《安妮·弗兰克日记》，90, 274
岸信介，61, 64
昂纳克，埃里希，181, 188, 302
奥兹，阿摩司，19, 20
奥崎谦三，174—175
奥斯维辛，18, 21, 27, 29, 69—91, 120, 138, 154, 211, 244, 245, 271, 299, 307

奥斯维辛作为反对统一的理由，60
奥斯维辛旁的修道院，78—79
围绕奥斯维辛的创作，81—88
奥斯维辛与德国历史，182, 185, 186, 237
对比广岛和奥斯维辛，92, 93, 97, 101, 104—105, 108—109
奥斯维辛和媚俗，72—73
奥斯维辛博物馆，75—76, 79
奥斯维辛的电视呈现，88—91
运往奥斯维辛，139
奥斯维辛和战争罪审判，74—75, 114, 142, 148, 151, 152
战争纪念堂和奥斯维辛，224

B

《爸爸》（施耐德），18
巴丹，7
巴顿，乔治·S., 将军，212
巴赫，约翰·塞巴斯蒂安，137
巴勒斯坦人，16, 19, 26
巴特尔，阿尔伯特，302
《八月狂想曲》（电影），99
《八月六日》（丸木位里，丸木俊），100, 103
《拔芽击仔》（大江健三郎），293
白俄罗斯，179

白玫瑰，186
白思华将军，177
百年战争，48
坂口安吾，53—55，296
板垣征四郎将军，166
贝多芬，路德维希·冯，137
贝尔根-贝尔森集中营，149，204，217
贝克，赫尔穆特，143，149，162
贝托鲁奇，贝尔纳多，113—114
贝乌热茨集中营，138
北野政次，163
北约，24，25，30，64
本-古里安，大卫，156
本岛等，249—258，260，261
本多胜一，118，121，129
本尼迪克特，露丝，10，116，253
本雅明，瓦尔特，205，299
比尔曼，沃尔夫，20—21
比尔申克太太，232
比基尼环礁核试验，164
比克瑙集中营，70—72，77，182，212
比特堡军人公墓，217，244，304
俾斯麦，奥托·冯，22，209
币原喜重郎，37
波恩，239
　　海湾战争期间的波恩，14—31
波兰，155，179
　　波兰的基督教，79
　　灭绝波兰犹太人，70
　　德国入侵波兰，47，59
　　《莫洛托夫-里宾特洛普条约》关于波兰的内容，179
　　苏联占领波兰，143
　　奥斯维辛的象征意义，69，76—77
波茨坦的历史博物馆，232
伯尔，海因里希，26，54—56，58，83
博格（党卫队军官），151，152，168
博物馆，209，218—219；另见具体博物馆
布尔什维克主义，48
勃拉姆斯，约翰内斯，91
勃兰特，维利，9，243，297

柏林，179
　　分裂的柏林，234
　　柏林电影学院，308，309
　　柏林原日本大使馆，9—10
　　柏林盖世太保总部，206
　　海湾战争期间的柏林，22
　　柏林法西斯和抵抗运动活动博物馆，206
　　柏林历史博物馆，236
　　柏林犹太咖啡馆，270，304
　　柏林马路重新命名，92
　　柏林的废墟，49
　　柏林建城750周年，235
柏林墙，207，297，306
布痕瓦尔德集中营，72，77，154，182，209—218
布什，乔治，26，35，39，294
布斯，阿兰，106
部落民（社会弃儿的后代），289

C
采勒，罗伯特，214—215
策兰，保罗，81—82，242
查理曼，13
《产经新闻》（报纸），126
长谷川三千子，161
长崎，7，36，38，52，65，99—100，105，114，162，164，249—256，258，264
　　长崎和平公园，251
　　长崎有劳工营，285
　　长崎市民自由言论委员会，250
《长崎之钟》（永井隆），254
朝鲜，39，60，281
　　日本压迫朝鲜，161
　　另见韩国
朝鲜人，194—195
　　朝鲜人被强征为劳工，276，280，287
　　日本对朝态度，12，102，278—279
　　死在广岛和长崎的朝鲜人，96，107，122，251
朝鲜战争，32，99，102，192

巢鸭监狱（东京），160，165，171，173
《沉默》（远藤周作），255
城山三郎，165
赤军派，58，188
池田勇人，60，61
耻文化，116，128，261
冲锋队，233
冲绳，285
川本义隆，107—108
村上初一，110—111

D

大阪，107
大阪国际和平中心，228—231
大村益次郎，219—220
《大地》（赛珍珠），131
大岛渚，67
大东亚战争，48，98，161，223—224
《大东亚战争肯定论》（林房雄），37，48
大馆市，278—282，285，286，288
大冈升平，51，54
《大火之后》（狄美茨），82
大江健三郎，11—12，293
大久野岛毒气博物馆，109—111
大赦国际，237
大屠杀，20，39，42，65，79，216，224，243，244，247，294
　　以大屠杀为题的创作，81—88
　　否认大屠杀，122，308
　　大屠杀的第一阶段，47
　　广岛和大屠杀，101
　　以色列和大屠杀，17
　　莱维谈大屠杀，246
　　大屠杀纪念馆，217—218，237—238
　　课本中的大屠杀，182
　　大屠杀和战争罪审判，148，162，164
　　大屠杀警示碑，204
　　《大屠杀》（电视剧），88—91，148，179，266
大正时期，106
达福，威廉，72

达豪集中营，141，154，215，274
黛德丽，玛琳，304—305
戴姆勒-奔驰，12，58
党卫队，16，29，58，71，75，80，86，91，138，184，208，209，221，241，265，283
　　布痕瓦尔德党卫队，210，212，215
　　党卫队总部，206
　　课本中的党卫队照片，182
　　党卫队暴力的戏谑性，117
　　审判原党卫队军官，148
道奇，约瑟夫，60
德川幕府，219
德国
　　亚洲和德国，13—14
　　对德战争的开始，47
　　德国对日本的文化影响，7—8
　　德国文化传统，50—51
　　荷兰对德态度，3—6
　　东德，见德意志民主共和国
　　德国民俗传统，262
　　原日本驻德大使馆，9—10
　　德国的"罪文化"，116，117
　　海湾战争期间的德国，11，14—31
　　德国的耶宁格事件，239—249
　　德国的纪念堂、博物馆和纪念碑，202—219；232—238，304
　　占领德国，52，58，64
　　战后德国文化和电影，51—52，54—58
　　德国种族主义，12
　　德国的废墟，48—49
　　奥斯维辛对德国的象征意义，69—91
　　德国教科书，161—162，178—189
　　德国统一，8，10，11，59—60，216，305—306
　　德国战争罪审判，137—142（另见纽伦堡审判）
　　西德，见联邦德国；另见特定城镇
德国对波兰人的态度，12
德国共和党，263
德国国防军，16

索引

《德国国家报》，16，17，74
德国基本法，44
德国基督教民主党，13，29，217，235，242，244，251
德国恐怖分子，58
德国马克，55，59，303，306
德国人对土耳其人的态度，12
德国人民联盟（DVU），271
德国社会民主党，25，28，29，156，214，236，241—243，272
《德国之秋》（电影），58
德国自由民主党，242，245
德莱格尔，阿尔弗雷德，235，244
德芒东，弗朗索瓦，148
德意志历史博物馆，236—238
德意志民主共和国（GDR），10，81
    民主德国对大屠杀的看法，88—89
    民主德国的纪念堂、博物馆和纪念碑，77，202—204，210—218，232—235
    民主德国的战争罪审判，155—157
《德意志之歌》，306—307
《德语课》（伦茨），83—84
获次郎，33—35
第二次世界大战，3，6，9，33，196，223，292
    作为二战重要事件的奥斯维辛，149
    关于二战历史的争论，296
    东德二战历史，180
    二战期间德国人的苦难，24
    二战照片，15
    二战纪念堂，224，225，304
    关于二战的博物馆展览，232（另见特定博物馆）
    关于二战的苏联方面说法，211
第一次世界大战，5，15，92，183，233
    一战纪念碑，203，224，304
    一战后的战争罪审判，144，163
帝国主义，300
    日本帝国主义，50，54，61，121
    另见西方帝国主义

抵抗和烈士纪念碑维护委员会，76
狄美茨，彼得，82，83
《调查》（魏斯），82
东京，308
    轰炸东京，285
    东京游行，61
    东京迪士尼乐园，298
    海湾战争期间的东京，31—46
    东京的废墟，49，53
东京大学，119
《东京审判》（电影），164，172
《东京新闻》，38
东京战争罪法庭，114，119，121—122，129，134，159—176，199，219，259
东史郎，129—134
东条英机将军，175—176
毒气，109—110；另见齐克隆B毒气
毒气战，109—110
杜比尔，赫尔穆特，205
渡边升一，121—122
杜塞尔多夫的战争罪审判，148，152
杜维，弗莱穆特，236
《对德意志民族的演讲》（费希特），181
《堕落论》（坂口安吾），53—54
多米尼克，戈特弗里德，272—275

E

《恶魔的饱食》（森村诚一），163
恩岑斯贝格尔，汉斯·马格努斯，25—27，38，54

F

法官劳伦斯勋爵，145
法国，155
    法国驱逐犹太人，143
    海湾战争期间的法国，20
法国大革命，209
法兰克福，306
    法兰克福的战争罪审判，146，148，152
《法兰克福汇报》（报纸），19，85，185，

216, 243
《法兰克福论坛报》(报纸), 85, 89
法兰克福书展, 11
法斯宾德, 莱纳·维尔纳, 59
梵蒂冈, 83, 142
反对暴力的慕尼黑游行, 188
《反对西方之战》(科尔奈), 44
《凡尔赛条约》, 268
反法西斯主义者, 11, 147, 158, 181
    中国反法西斯主义者, 126
    德国反法西斯主义者, 60—61, 274
    波兰反法西斯主义者, 76—77
反种族灭绝法, 148
《燔祭》(格斯), 86
泛亚民主主义, 36, 41
菲律宾, 7, 51, 222
    日军在菲律宾的暴行, 169—170
费斯特, 约阿希姆, 19—20, 25, 150
费希特, 约翰·戈特利布, 7, 34, 181
腓特烈大帝, 232, 301
废墟文学, 51, 55, 65
佛教, 97, 102, 104, 128, 174, 221, 256, 280, 297
福斯坦堡, 80
福冈, 96
福克兰海战, 163
福斯特, 米夏埃尔, 244
弗兰克, 安妮, 90, 274
弗雷, 格哈德, 16
弗里彻, 汉斯, 150
弗罗比, 加特, 4
弗洛伊德, 西格蒙德, 270
覆灭, 49, 55, 56
符腾堡勋爵, 153

G

盖, 艾诺拉(轰炸机), 95
盖世太保, 6, 155, 158, 205
    盖世太保在柏林的总部遗址, 206
盖斯勒, 克里斯蒂安, 147
冈崎功, 200

冈泽尔, 诺伯特, 28—29
高克, 约阿希姆, 157
歌德, 约翰·沃尔夫冈·冯, 51, 91, 137, 197, 209
格尔茨, 约亨, 205
格拉斯, 君特, 11—12, 26, 27, 54, 59, 60, 71, 86, 245, 292, 305
格兰普, 约瑟夫, 枢机主教, 79
格里贝尔, 马蒂亚斯, 300—302
格林, 格雷厄姆, 255
格洛布克, 汉斯, 156
格罗提渥, 奥托, 213
格斯, 阿尔布莱希特, 86—87
戈林, 赫尔曼, 63, 145, 146, 150, 182, 274
戈培尔, 约瑟夫, 48, 63, 182, 246, 308, 309
    戈培尔自杀, 144
哥特式建筑, 300, 301
歌舞伎, 51
根舍, 汉斯-迪特里希, 16
共同市场, 14
共产党, 13, 37, 77, 147, 187, 296
    中共, 193
    德共, 58, 59, 145, 154, 156—158, 178, 180—182, 184—186, 210—214, 216—218, 233—234, 236, 300, 301
    日共, 54, 61—63, 98, 196, 198
    波共, 76
    苏共, 223
谷地田恒夫, 275, 276, 278—281, 285, 287—291
古希腊人, 144
《故乡》(电影), 89, 264—267, 282—283
故乡故事, 282, 284, 286
瓜岛战役, 221
关岛战役, 221
关东军, 171
关川秀雄, 101
广岛, 7, 10, 36, 38, 39, 52, 60, 65, 78,

索引

92—111，162，167，173，219，229—231，293，299
  广岛是美国的战争罪行，62
  以广岛为题材的创造性作品，100—103
  轰炸广岛的理由，105
  死在广岛的朝鲜人，96—97
  广岛的军国主义，106—107
  对比南京大屠杀和广岛原爆，119
  1945年上映的关于广岛的电影，49
  广岛和平公园，93—96，111，251
  课本中的广岛照片，193
  广岛地下埋藏的毒气，110，111
  重建广岛，94，97
  广岛的劳工营，285
  广岛的象征意义，92—93，114
《广岛》(电影)，101
《广岛》(小田实)，102
《广岛原爆之图》(丸木位里、丸木俊)，103
广岛-奥斯维辛委员会，92
广岛和平文化基金会，92
《桂河大桥》(电影)，7
龟井静香，41—43，45
龟井文夫，176
国民收入倍增计划，60，61
"过去永不能正常化"(哈贝马斯)，205

H

哈贝马斯，于尔根，185，205
哈兰，维特，308
哈勒，306
海部俊树，38—39
海德里希，莱茵哈德，86，182，204，206
海明威，欧内斯特，55
海姆，施蒂芬，59
海湾战争，10，11，99
  海湾战争期间的德国，14—31
  海湾战争期间的日本，31—46，228—229，309
《海与毒药》(远藤周作)，255—256
"害怕产生接触"(Berührungsangst)，150

汉堡
  轰炸汉堡，154
  汉堡的警示碑，234
韩国，194—195，199，221，228，287，297
《浩荡的神军》(电影)，174—175
《浩劫》(电影)，84
赫尔德，约翰·戈特弗里德·冯，7，50
赫尔德利奇卡，234
荷兰，155
  荷兰犹太人，4—6，75
荷马，55
荷纳，海因茨，88
荷属东印度，6，280
赫斯，鲁道夫，208
河内朗，98
和平雕塑：誓将维护中日友谊，290
和平教育，98，104，115
和平联系(组织)，107
《黑河的流淌》(漫画)，101
《黑雨》(井伏鳟二)，106，293
黑泽明，99，100
红十字会，75
红卫兵，278
红鹰，78
轰炸巴格达，39
轰炸德累斯顿，143，148，149，299—302
侯赛因，萨达姆，14，24—26，38，39，43
花冈事件，275—291
《花花公子》杂志，122，257
华沙隔离区，9，70，75，77，94，204，243，297
化为灰烬的一代，51
化学武器，109—110，230
《坏女孩》(电影)，263—267
荒木高子，103
霍尔登，威廉，7
霍赫胡特，罗尔夫，83
霍兰，阿格涅丝卡，85
《活着的士兵》(石川达三)，131—132

J

吉本隆明，50，165
吉卜赛人，211，217—218
吉村寿人，162—163
吉见义明，110，195
吉尼斯，亚力克，7
吉田茂，176
祭奠特别攻击队联合会，223
基督教，104，167，174，224，261，270
　　基督教罪文化，116
　　日本基督教，107，221，253—256，258，289
　　基督教象征物，79
基尔，29
基弗，安塞尔姆，103
基南，约瑟夫，160，165，175
基辛格，亨利，42
纪念碑（伦敦），219
纪念地，80，204
纪念日，4
集中营
　　帕绍集中营，271—272
　　铲平集中营，203—204
　　集中营纪念碑，204—206
　　另见奥斯维辛和其他集中营
加尔默罗会修女，78—79
加尔铁里将军，163
加林斯基（犹太社团领袖），269
家永三郎，120，172—173，189—197，199—201，287
蒋介石，126
江藤淳，220，256
教科书，177—201
　　德国教科书，161—162，178—189
　　日本教科书，161—162，178，189—201
《教育敕语》，191，192，199，200
教育基本法，191
解放日，4
捷克斯洛伐克，154，179，214
　　纳粹吞并捷克斯洛伐克，47

杰克逊，罗伯特·H.，145，147
芥子气，110
近卫文麿，297
京都，107
京都世界和平博物馆，133，228—231
井伏鳟二，106，293
靖国神社，63—64，163，219—224，231
经济奇迹，156
敬虔主义，22，104
警示碑，202—206，218，234，247
聚斯金德，帕特里克，28
聚斯金德，W. E.，145
《菊与刀》（本尼迪克特），116
《绝对正常的一千年》（韦伯），266
《君之代》（日本帝国国歌），192，200

K

卡尔滕布伦纳，恩斯特，145
卡佩勒，海因茨，181—182
卡佩修斯，维克托，151
卡廷森林事件，178
凯特尔，威廉，陆军元帅，145，146
坎普纳，罗伯特·M.，144，244
科尔，赫尔穆特，9，217，235，243—245，304
科尔奈，奥雷尔，44
科隆
　　海湾战争期间的科隆，22
　　战后的科隆，49，50
科斯莫德米杨斯卡娅，索娅，182
科威特，36
　　伊拉克入侵科威特，42
　　另见海湾战争
克拉默，约瑟夫，149
克莱斯特，海因里希·冯，174
克雷格，戈登，22
克鲁格，亚历山大，84
克利，保罗，299
克劳伯，阿尔弗雷德，150
柯朋，沃尔夫冈，87
肯德尔，阿尔弗雷德，207—209

恐怖地形图，207

L
拉波伯特，内森，70，77
拉方丹，奥斯卡，25
拉萨鲁斯，阿瑞斯蒂德斯·乔治，175
拉特瑙，瓦尔特，52
拉文斯布鲁克集中营，80，204，214
莱茨，埃德加，89，264—266，283
莱恩太太，178—182
莱什，海因里希，234
莱特岛战役，221
莱维，普里莫，77，245—246
莱希-拉尼茨基，马塞尔，83
浪漫派民族主义，7—8
朗兹曼，克劳德，84
勒华拉杜里，埃马纽埃尔，265
冷战，10，32，38，45，56，58，98，99，296
里格，埃里克，145
里根，罗纳德，217，304
立命馆大学，133，229
历史化，247—49
列宁，弗拉基米尔·伊里奇，234
联邦德国，10
　　冷战期间的联邦德国，56，58
　　联邦德国关于大屠杀的创作，81
　　联邦德国的民主，297
　　联邦德国播放《大屠杀》，88—91
　　联邦德国博物馆，235
　　联邦德国的战争罪审判，74，148，151—153
联邦议院，28，228
　　耶宁格在联邦议院的演讲，239—248
联合国，98，155
　　联合国裁军大会，105
　　联合国和海湾战争，229
林房雄，37，48，170
铃木茂三郎，198
"零时"，49，62
六日战争，19

隆美尔，埃尔温，将军，58
鹿岛建设组（后来改名为鹿岛建设株式会社），276—278，280
鲁登道夫，埃里希，将军，163
路德，马丁，50，51，202
路德维希堡，153—155，157
卢卡斯，弗朗茨，151
《裸露在狼群中》（阿皮茨），212
罗马帝国，13
罗姆，恩斯特，146
罗施，奥古斯丁，187
罗斯穆斯，安雅，267—274，287，288
吕贝，赫尔曼，151—152
绿党，16，241，244，258
绿十字株式会社，163
伦茨，西格弗里德，83—84
《论无法哀悼》（米切利希），21，56，117

M
马尔克斯，加布里埃尔·加西亚，99
马利安，费迪南德，308
马克思主义，63，82—83，100，119，120，180，193，197—100，256，258，281
马尼拉
　　屠杀马尼拉平民，64
　　马尼拉浩劫，7，169—170
马瑟，维尔纳，150
马伊达内克审判，148，152
毛特豪森集中营，271—272
玛丽安教堂（维滕贝格），202—203
《玛利娅·布劳恩的婚姻》（电影），59
迈，卡尔，301
迈尔，克里斯蒂安，69，91
麦克阿瑟，道格拉斯，将军，37，45，60，170，173，175，295，296
《漫画喷趣》（杂志），101
满洲，171
　　日本吞并，47，125，223
　　医学实验，162—163，189，194
美国
　　阿登纳和美国，29

中国和美国，127
德国和美国，55，56，64，178
海湾战争期间的美国，20—21，35—36，39，42
美帝国主义，161
日本和美国，43—46，52，54，60—66，97—102，105，223，256
阵亡美军纪念馆，219，224
越南战争期间的美国，41，230，300
美国和战争罪审判，145—147，268
二战期间的美国，116，189，285
美国海军陆战队，95，285
美国陆军，32，231
美国空军，48
《美国羊栖菜》(野坂昭如)，65—67，177—178
美国印第安人，78，102
美军占领日本，50—52，64，176，197，220，294
美浓部达吉，198
《美日安保条约》，231
媚俗，72—73，84，85，89，262，266
梅西特斯海默，阿尔弗雷德，17
《美元变废纸的那天》(宇野正美)，97
门格勒，约瑟夫，18，83
孟德斯鸠，201
蒙古人，222
米勒，阿瑟，305
米尼奥内，弗雷德里克，166
米切利希，亚历山大，和米切利希，玛格丽特，8，21—22，56，117，158，173
缅甸，222
缅怀亚太区域战争受害者并将其牢记在心论坛，125
闵采尔，托马斯，301
民族主义
　德国民族主义，8，186，306
　日本民族主义，7，36，41，98，99，107，113，118，121，129，161，172，193，197，199，220，225
民族主义知识分子，118

明治维新，106，219—220，258
《明镜周刊》，25，26，38，85，88
《末代皇帝》(电影)，113—114
莫洛托夫-里宾特洛普条约，178—179
木村伊兵卫，63
木户男爵，176
木下顺二，165，167—169
穆勒，盖特路德，80
穆勒，海纳，60，89，120
慕尼黑电影博物馆，308

N

纳茨维勒-施特鲁特霍夫，141
纳粹，6，8，16，23，50—52，58，63，65，88，90，214，218，235，241，302
　为纳粹的行径道歉，243
　作为纳粹象征的奥斯维辛，77
　纳粹统治下的日常生活，292
　纳粹式教育，245，246
　纳粹题材的影片，264—267，283
　为纳粹工作的外国劳工，276
　原纳粹分子成了共产党，156
　纳粹和德国文化遗产，91，209
　纳粹的图像，15，58
　日本人和纳粹，9，35，115，162
　纳粹统治下的司法机构，29，144
　庸俗作品与纳粹，73，84
　围绕纳粹的文学作品，83
　纳粹德国与苏联签署《互不侵犯协议》，179
　纳粹纽伦堡集会，159
　帕绍的纳粹，267，268，272—274
　纳粹的公众支持度，259
　与纳粹有关联的遗迹保护，80
　战前荷兰人对纳粹的同情，5
　无产阶级支持纳粹，146
　纳粹宣传，153
　纳粹的种族理论，218
　反抗纳粹，26，180—182，186—188，190，269
　纳粹的自我吹嘘，21

索引

对比苏联和纳粹，216，217
斯彭德谈论纳粹，71
纳粹的历史教育，182—188
审判纳粹，137—158，168（另见纽伦堡审判）
统一和纳粹，59
警示碑和纳粹，204，207，210—211，234，
纳粹迫害同性恋，299
纳粹吞并奥地利，47
纳粹兼并苏台德区，47
纳斯太太，178—182
拿破仑皇帝，209
《南德意志报》（报纸），145
南京大屠杀，64，109，112—135，164，166，169，189，197，230，297，307
南京大屠杀会议，123—126
南京大屠杀档案，114—116
南京大屠杀日本老兵文字记载，129—134
纪念南京大屠杀博物馆，127—128
南京大屠杀中极端暴力的竞赛，117—118
南京大屠杀的修正主义观点，118—122
《"南京大屠杀"之虚构》（田中正明），118，121
奈温将军，222
NHK 电视广播公司，282，284
尼采，弗里德里希，241
尼加拉瓜，37
尼克松，理查德，32
你也好不到哪里去原则，143，147，148，164
纽伦堡种族法，47，156，241
纽伦堡审判，17，114，142—150
东京审判和纽伦堡审判，159—161，162，164—166，168
《纽伦堡审判》（施耐德），146
努斯鲍姆（大屠杀幸存者），138—140
诺尔特，恩斯特，185—186，217，244
诺曼底登陆，10
诺门罕战役，10

O

《欧罗巴，欧罗巴》（电影），84—85
欧共体，30，64
欧文，大卫，306

P

帕绍，262—275
佩雷尔，所罗门，84—85
佩里，马修·加尔布雷斯，海军司令，36，48，298
平克·弗洛伊德，207—208
平野共余子，176
PKO 法案，229，231
普勒岑湖监狱，186
普热梅希尔犹太区，138，139

Q

齐柏林广场（纽伦堡），159，160
齐克隆 B 毒气，78，151，301
启蒙运动，15，22，89，120，197
前田和良，107
秦郁彦，163
清理国家社会主义罪行的州司法机关中央办事处，153—155
秋田广播公司，287
去纳粹化运动，58
《全景》（电视节目），79

R

《人的条件》（电影），164
日本
  日军，见日本帝国陆军
  日军的暴行，275—282，285—291（另见南京大屠杀）
  对日战争的开端，47—48
  日本的幼稚病，294—297
  战时官僚在日本东山再起，61—63
  荷兰人对日态度，6—7
  日本的经济增长，60—61
  原日本驻柏林大使馆，9—10
  海湾战争期间的日本，11，31—46，

228—229，309
德国文化对日本的影响，7—8
日本的本岛事件，249—261
占领日本，50—52，64，176，197，220，294
日本战后文学，51—55，65—67
日本种族主义，12
日本近来的政治变化，297—298，307
日本的废墟，49—50，63—64
日本的"耻文化"，116—117
广岛对于日本的象征意义，92—111
日本教科书，161—162，178，189—201
日本战争罪审判，见东京战争罪法庭
日本战争博物馆，219—232
战时日本的日常生活，293
另见具体城镇
日本爱国党，107
《日本的悲剧》（电影），176
《日本的角色》（胜部元），231
日本帝国陆军，31—33，41，110，231
慰安妇与日军，194—195，297
关于日军老兵的纪录片，129，174
日军成立，219—220
日军纪念馆，221
日军在南京，112，127，166
冲绳的日军，285
日军组织的劳役，276
日本封建思想，52
日本国家警察预备队，32
日本教师联盟，98，115，192，193
《日本可以说不》（石原慎太郎），122
日本青年商会，95
日本人对阿拉伯人的看法，35
日本社会党，43
《日本时报》，166
日本无产党，198
日本医学实验，162—163，189，194
日本战殁者家属协会，220
日本自民党（LDP），10，41，196，197，220，249—251，256，296

自民党纪律委员会，252
日本自卫队，32，33，38
日俄战争，106，222
日耳曼民族，10
儒家，116
入江隆则，197

S

萨尔布吕肯，205
萨克森豪森集中营，214
塞班岛，95
赛德尔，伊姆加德，215—216
赛珍珠，131
三岛由纪夫，73
三菱，12，100
桑原住雄，103
森村诚一，163
森正孝，114—118，121，123，124，287
沙赫特，雅尔玛·H.G.，146，150
杉本良吉，196，197
山本七平，118
山本五十六，海军大将，169
山下奉文将军，169—170，177
山县有朋，191
闪电战，149
《上帝的代理人》（霍赫胡特），83
上野泰郎，103
少年团，245
神道教，10，31，51，64，99，162，174，219，223，224，250，257
基督教和神道教，253，254，256
国家神道，220，230
神风特攻队，222，231
神风特攻队纪念馆，223
神风特攻队博物馆，219，225—228
《神与人之间》（木下顺二），167—169
审判瓦尔德海默，155
胜部元，231
石川达三，131—132
石黑雄，166
石原慎太郎，122，125—126，256—257

石原信雄，294
《时代周报》(报纸)，20，248
施蒂默尔，米夏埃尔，185，235
施多德，沃尔夫冈，49，57—58
施瓦茨科普夫，诺曼，将军，35
施莱尔，汉斯-马丁，58—59
施隆多夫，沃尔克，85
施密特，卡尔，184
施耐德，彼得，18
施耐德，罗尔夫，146，167—168
施努尔，沃尔夫迪特里希，54，58
施潘道监狱，208
施佩尔，阿尔伯特，9，61，159，204，274
施陶芬贝格，申克·冯，男爵，186—187
施特拉瑟，格雷戈尔，146
施特莱姆，阿尔弗雷德，154—155
施特劳斯，弗朗茨·约瑟夫，89
施托策尔，克里斯托弗，236—238
施瓦姆贝格，约瑟夫，137—142，153，182
《尸横遍野的城市》(大田洋子)，101
十五年战争，48，98，230—231
手冢治虫，229
舒尔特，迪特，232—233
水晶之夜，16，47，182，211，265，269，306
　　纪念水晶之夜，239—249
斯本纳，菲利普·雅各布，22
斯宾格勒，奥斯瓦尔德，7，34
斯大林，约瑟夫，143，217，244
《斯大林格勒》(电影)，307
斯大林格勒战役，9
斯科特，弗朗西斯·P.，173
斯彭德，斯蒂芬，49，50，54，71，149
斯塔西，155，157，158，183，232，233
《斯塔西档案》(高克)，157
斯坦纳，乔治，50，71，86
斯图加特，137—142，153，158
　　斯图加特的非官方战争罪法庭，17
四七文学社，54
《死亡赋格》(策兰)，81—82，242—243

松本先生，227—228
松本健一，38
松江日大高校，200
松下电气，298
松竹映画，113—114
淞沪抗战，120
苏加诺，223
苏联，3，155，211，223
　　苏联和原子弹，98
　　苏联的暴行，148
　　布痕瓦尔德和苏联，214—218
　　冷战中的苏联，56
　　苏联对日宣战，167
　　东德和苏联，48，51，64，80，178
　　对日本和平条约，60
　　苏联的日军俘虏，222
　　苏联与纳粹德国签署互不侵犯协议，178—179
　　苏联和战争罪审判，143，155，163
　　苏联战争纪念馆，224
苏联内务人民委员会，216
苏联占领波罗的海国家，143
所罗门，恩斯特·冯，52
索默，特奥，248
索能斯坦安乐死研究所，301—302

T
塔文纳，弗兰克，168
台尔曼，恩斯特，188，211，212，218
台尔曼遗孀，213
台湾人，122
泰缅铁路，221，280
《太平洋战争》(家永三郎)，194
《太平洋之鹫》(电影)，169
太田洋子，97，101
《泰晤士报》(伦敦)242，273
唐十郎，53
特别对待，50
特别行动队，50
特攻平和会馆，225—228，231
特莱西恩施塔特集中营，183，214

特雷布林卡死亡营,211
特洛伊战争,55
特殊道路理论,50,51,184
藤尾正行,199
天宁岛,95
天主教,187,236,237,253,267—270,275;另见梵蒂冈
畠泽恭一,291
田中角荣,199
田中正明,118—121
《铁皮鼓》(格拉斯),245,292,303
同和矿业株式会社,276,279,280,287
土肥原贤二将军,171—172
图霍尔斯基,库尔特,267
"托尼",加濑英明,257
托普大父子公司,77—78
陀思妥耶夫斯基,费奥多尔,241

W

瓦尔泽,马丁,91,152—153
瓦格纳,费迪南德,272
瓦格纳,理查德,7,50—51
瓦伊达,安杰依,69
万湖别墅,204,237—238
丸木俊,100,103
丸木位里,100,103
丸山真男,170
《永不消逝的往事》(诺尔特),185
"慰安妇",194—195,228,230,297
韦伯,奥托,266
韦伯,威廉,爵士,168
韦茨卡,伯恩德,140,141,144,182—184
魏茨泽克,恩斯特·冯,142—144
魏茨泽克,里夏德·冯,142,157—158,228,235,243
魏玛共和国,51,197,233,240,259,268
魏斯,彼得,74,82—83,151,167—168
魏斯,亚伯拉军,78—79
维尔斯麦尔,约瑟夫,307

维根斯坦,罗兰,28
维赫文,米夏埃尔,264
维特,卡斯滕,308—309
维特,康拉德,4
维森塔尔,西蒙,141,269
维滕贝格,202—203
威洛比,查尔斯,将军,176
威克岛战役,221
尾山宏,196—197,201
"文化大革命",278
《问卷》(所罗门),52
《我的奋斗》(希特勒),131
《我国的进展》(历史教科书),191
"我属于废墟文学"(伯尔),55
《我们的家园》(电影),263
沃尔夫,克里斯塔,86
沃尔夫大主教,262
乌布利希,瓦尔特,213,300,302
乌克兰,179
乌拉赫,阿尔布莱希特·福斯特·冯,35
无法容忍石原言论之京都市民协会,122
物质主义,59
武装党卫队,16,183,268

X

西贝尔贝格,汉斯·于尔根,73—74,89
西伯利亚的日本战俘,103—104
西方帝国主义,40,4
  与西方帝国主义之战,38,48,161
席勒,约翰·克里斯托夫·弗里德里希·冯,137,153
希尔格鲁伯,安德烈亚斯,186
希姆莱,海因里希,76,150,187,188,206,241,246,271
希特勒,阿道夫,4,19,20,29,44,58,92,195,146,168,184,232,244,246—248,259,271,274,301,306
  暗杀希特勒未遂,186—187
  希特勒传记,150
  希特勒出生地,263

索引

希特勒藏身的地堡，207—209
希特勒是斯大林主义的抵抗者，217
摧毁让人想起希特勒的东西，203
希特勒和灭绝犹太人，70，89，240
对比裕仁和希特勒，172，173
希特勒的形象，59
日本和希特勒，9，35，131
希特勒最后的照片，48—49
哀悼希特勒，22
希特勒的大众支持度，267
反抗希特勒，180—182，197，269
希特勒掌权，47
对比萨达姆·侯赛因和希特勒，24—26，38
德国人在希特勒时期吃的苦，307
希特勒自杀，144
《希特勒：德国制造》(电影)，73
《希特勒青年所罗门》(电影)，84—85
希特勒青年团，26，27，84，154，245
细川护熙，297
《夏之花》(原民喜)，102
小林多喜二，281
小林正树，164，172
小田实，39—43，45，73，102，229，309
宪兵队，221
宪政爱国主义，185，197
乡土博物馆，209
乡土史，264
香月泰男，103—104
谢尔，瓦尔特，185
《新德意志报》(报纸)，156
新加坡
　　新加坡大屠杀，7
　　驻新加坡英军投降，177
新纳粹，138，188，208，271，306—307
新世界秩序，36
《新天使》(克利)，299
《信息自由法案》，278
新政，60
新左派，165
信仰者集团，79

兴登堡，保罗·冯，将军，163
《凶手就在我们中间》(施多德)，49，57
匈牙利，155
薛恩胡伯(德国右翼政治领袖)，263

Y

《亚伯拉罕的金子》(电影)，271
雅恩，弗里德里希，181
《雅各布·利特纳写自地洞里的笔记》(柯朋)，87
雅克尔，艾伯哈德，218
雅斯贝尔斯，卡尔，149—150，259—261
阳光城(东京)，160
野坂昭如，50，65—67，177—178
《野火》(大冈升平)，51
野添宪治，285—289，291
耶路撒冷的战争罪审判，146，148，
耶宁格，菲利普，239—251，253，257—259，261，264，268
耶稣会，187
伊丹万作，260
《1945年8月6日》(上野泰郎)，103
以色列，16，17，85，300
　　以色列和德国罪行，90，137
　　海湾战争期间的以色列，18—21，24—26，39，42
　　以色列入侵黎巴嫩，15
　　科尔在以色列，244
　　以色列的宗教定居者，79
　　以色列入侵黎巴嫩，15
衣修伍德，克里斯托弗，5，299
印尼，223
英国
　　不列颠战役，15
　　英国法庭，140
　　海湾战争期间的英国，14，20
　　英帝国主义，42，161
　　英国阵亡将士纪念堂，219
　　英国博物馆，209
　　英国占领德国，55
　　英国种族主义袭击事件，306

英德电视节目的差别，23
英国和战争罪审判，143—146，149
英国和侵华战争，223
一站中的英国，92
二战中的英国，177，226，299
英国广播公司，195
英帕尔战役，10
永井隆，254
尤斯特，古斯塔夫，156
忧思与国家修复协会，107
犹太人，10，20，74
　柏林的犹太人，8，304
　布痕瓦尔德的犹太人，211，214—216
　犹太人和纪念"水晶之夜"，239—244
　荷兰犹太人，4—6，75
　海湾战争期间的犹太人，25
　日本和犹太人，34，39，42，92，97，98，102，118，197
　犹太人纪念碑，77
　哀悼犹太人，21—22
　纳粹迫害犹太人，29，47，141，143，155，156，180，217—218，268—269，299（另见大屠杀）
　新纳粹和犹太人，138，208
　帕绍的犹太人，269—271
　战后德国的犹太人，17—18
　奥斯维辛对于犹太人的象征意义，69，78—79
　犹太人和战争罪审判，148
　献给犹太人的警示碑，202—203，205
　犹太复国主义者，88
《犹太人苏斯》（电影），308—309
宇野正美，97，98
裕仁天皇，63，221，225，249—261，275，284
　裕仁天皇的生日，254
　天皇崇拜，64，99，134，162，256—259
　裕仁天皇驾崩，129，228，249—251
　裕仁天皇葬礼，252
　裕仁天皇投降讲话，48，49

裕仁天皇和战争罪法庭，165，171—176
裕仁天皇在靖国神社，222
原民喜，102
原一男，174
原子弹，120
　比基尼环礁核试验，164
　另见广岛、长崎原爆
《原爆图》（丸木位里，丸木俊），100，103
《原爆圣经》（荒木高子），103
远藤周作，255—256
越南战争，11，19，37，78，147，230，300
　越战照片，15
　日本和越南战争，39—40，61，99，193

Z
雑贺忠良，93
"在战争火灾后的焦土废墟长大的一代"，51
"战败"（1945日本），49
《战犯：广田弘毅的生与死》（城山三郎），165
战争罪审判，137—158
　东德战争罪审判，155—157
　另见纽伦堡审判，东京战争罪法庭
增田六助，132
昭和维新，221，249，256
《朝日新闻》（报纸），36，37，105—106，118，258
珍珠港，7，38，47，65，101，169，170，193，223，225，249
　珍珠港事件五十周年纪念，294
珍珠港幸存者联合会，294
殖民主义，48
中八戒，286，287
中村哲，36—37
中国，7，9，39，98，221
　中国历史上对日本的影响，298
　日本侵华，40，47，112，115，126

索引

日本对华投资，277—278
中日和平条约，60
19世纪中国，106，222
中国革命，62
在日中国劳工，228，275—282，285—291
中国的战争，48，63，65，109，161，171，173，193—196，223
另见南京大屠杀
中国长城，222
《中国之旅》(本多胜一)，118
中曾根康弘，9，221
"终战"(1945日本)，49
轴心国协约，297
朱可夫将军，10

竹田宫，223—224
竹下登，196
主宰者民族，5，9，172
转向，63
资本主义，60，89，180，181，233，282
作为资本主义极端表现的奥斯维辛，151
作为资本主义最后一道防御的法西斯主义，146—147
自然保护法案，209
罪文化，116，128，261
《论德国人的罪责问题》(雅斯贝尔斯)，149—150
最终解决方案，84，142，149，172，204
佐伯裕子，171—172